U0458600

三　成　集

梁元成教育教学三十年汇报

梁元成　著

山西出版传媒集团

山西人民出版社

图书在版编目（CIP）数据

三成集：梁元成教育教学三十年汇报/梁元成著.
—太原：山西人民出版社，2016.6

ISBN 978 - 7 - 203 - 09617 - 7

Ⅰ．①三… Ⅱ．①梁… Ⅲ．①中学语文课 – 教学研究
– 文集 Ⅳ．①G633. 302 - 53

中国版本图书馆 CIP 数据核字（2016）第 119354 号

三成集：梁元成教育教学三十年汇报

著　　者：梁元成
责任编辑：员荣亮
封面设计：张镤尹

出 版 者：山西出版传媒集团·山西人民出版社
地　　址：太原市建设南路 21 号
邮　　编：030012
发行营销：0351 - 4922220　4955996　4956039　4922127（传真）
天猫官网：http：//sxrmcbs. tmall. com　　电话：0351 - 4922159
E - mail：sxskcb@ 163. com（发行部）
　　　　　sxskcb@ 126. com（总编室）
网　　址：www. sxskcb. com

经 销 者：山西出版传媒集团·山西人民出版社
承 印 厂：太原新华印业有限责任公司

开　　本：787mm×1092mm　1/16
印　　张：14. 25
字　　数：200 千字
印　　数：1 - 2000 册
版　　次：2016 年 6 月 第 1 版
印　　次：2016 年 6 月 第 1 次印刷
书　　号：ISBN 978 - 7 - 203 - 09617 - 7
定　　价：42. 00 元

（如有印装质量问题请与本社联系调换）

作者近期工作照　　　　　　　　　　作者大学毕业照

2009 年在运城市政协会议上发言

2010年山西省高评委专家照

2013年赴贵州威宁民族中学帮扶照

2014年12月
运城市语文教育教学研究会挂牌照

2015年12月
山西省金钥匙奖评委照

30 年前 198 班王鸿雁作文照　　　　　　30 年前知识卡片照

多年前使用的教案本照　　　　　　多年前学生的祝福卡照

近年来和高三教师集体照

所带班级毕业照

一个真正的教育人

路胜利

梁元成老师要出一本书，希望我来作序，我欣然应允，一改往日遇到此类事情的推辞和谦让，因为于公于私实在没有拒绝的理由。我较他早两年分到康中工作，一晃同一阵地育人都逾三十年了，对他的为人做事、优点、缺点、特点我自认为还是相当了解的。其间，既有同一课头的并肩战斗，也有不同年级的共同育人，虽然三十年间我们彼此的具体工作岗位都有诸多变化和调整，但都始终共同为康杰中学的育人大厦当砖当瓦做梁做栋。所以这件事我乐意做，我希望向更多的人介绍推荐梁元成老师，也希望更多的人能像梁老师那样，做一个有思想、有追求、有智慧、有收获、有境界、有故事的语文人和大写的教育人。

应该说梁元成老师首先是一个认认真真、干好本职工作的实在人。

1986 年他大学毕业，便义无反顾地一头扎进康杰中学这片育人的沃土中，如鱼得水摸爬滚打了几十个春秋，可以说三十年如一日，有滋有味地教书，无怨无悔地做班主任，有条不紊地干教导主任和年级组长应该干的管理工作，不改初心。由于肯吃苦愿意与同学老师交流接触，能深入到师生、教育教学的最基层，故屡遇不少具体问题，其中自有许多问题属棘手之列，因他的有心、除及时解决眼前之事外并能及时反思总结，故多有小得，使教育教学中遇到的问题，大都升华为工作中的课题，有些还成了数十年来无时不在思考不在试图破解的重大教育命题。正因如此，才有了今天这本带有浓郁教学育人一线气息的工作心得、教学感悟、育人反思和为人之师的深层思考，使这一集子很有校园色彩、"教育味道"以及教育人的情怀，读起来无论是学生、老师还是家中有过学生的人都很有亲切感。

梁元成老师还是一个用心工作的人。作为一名语文教师，教师生活中所遇到的能遇到的该遇到的所有酸甜苦辣、喜怒哀乐他似乎全经历过，但几乎没有听到过他的哪怕是微弱的抱怨声，他把天天都要做的简单的备课、上课、批改作业、辅导自习、开班会、检查纪律、个别谈话等工作，一做就是十年、二十年、三十年，并且做出了不一样，甚至有了别样风景，演绎出了吸人眼球的几多精彩，着实让人唏嘘不已、赞叹不已，真应了那句耳熟能详的话，把简单的事情做到极致就是不简单。由此可以得出结论，梁元成老师既是一位普通的老师，普通的教育工作者，又确属一个不简单的人。

作为班主任，他亦师亦友的工作理念，也是每每让人称道的亮点。他几乎没有高声批评过学生，但几乎没有不怕他的学生，他几乎没有与学生嘻嘻哈哈过，但几乎所有的学生都与他有着一份天然的亲情和友谊，特别是学生离开学校步入社会后，有太多的人成了梁元成老师的至交、诤友和莫逆之情的好兄弟，那种深沉的、真挚的师生情谊着实让人羡慕敬佩。

梁元成老师把自己多年来的有特色的教学课例、管理心得、与学生谈话体会、做人感悟等收集整理编辑到一起，使我们能从中清晰地看到他从一个翩翩青年老师成长为一位两鬓染霜小有收获的中年老师的奋斗足迹。本集子所带给学生老师的励志效果十分强烈，满满的全是正能量，使人由衷地发出如此感喟：梁元成老师真是一个自己努力、同事点赞、家长称道、学生高度依赖甚至是到了崇拜程度的好老师，他的信徒、粉丝已然是一个不容小觑的大群体，作为特级教师，真乃实至名归，名副其实。

人生匆匆如过客，转眼间写书人与看书人都又失去了不少光阴、朝着共同的归宿前行，但有理想有追求的奋进者的人生自然成为同龄者的楷模，引领着人们前行。来人世一遭、做一回教师、当一回孩子王，若能如梁元成老师这般在学生、同事、家长心中，在教学、教育、管理等方面留下充实的、丰富的、亲切的、能持续传承和回味发扬的东西，这样的教育人生确实是令人欣慰而骄傲的。

假如像梁元成这样的老师能多点，教师队伍的整体形象和美誉度一定会更高更好，学生中认为遇到好老师是他生命中一大幸事的人也会越来越多，对老师职业向往关注的群体也会越来越大。当然，作为教师本身的独得之乐则会越来越浓，越来越受用。

愿在教书育人的路上再多一些如梁元成这样的同路人、共行者！

是为序。

2016 年 4 月 26 日

（作者为运城市教育局局长）

自　序

　　大学毕业参加工作就满三十年了，在朋友们的鼓励下，我把自己多年来的所做所想整理出来，于是有了这本书。

　　我一直在康杰中学工作，走过的路可概括成三个方面。三十年站讲台教语文，一脚一脚走过来，虽不精彩却算得上厚实；二十四年班主任，风来雨去，谈不上桃李满天下，但留下一串好的故事；十八年教学管理，无显赫业绩，但毕竟影响了一方教育水土。书名取"三成"，是基于这三方面考虑的。从另一个角度讲，教育教学的过程，就是成就自己的同时也在成就学生和成就教育，即成己成人成物，"三成"这个书名，也有此寓意。

　　书中大多篇幅是夜里完成的。夜是个好时段。夜能让人激动得手舞足蹈，又能让人沉静得冥然兀坐；夜能开放得让人思接千载，又能封闭得让人只听见自己的怦怦心跳。总之，夜很自由，夜很自我，最容易让人说真话，说实话，说心里话。

　　往事历历，如梦如歌。面对那褪色的老照片和那纸页泛黄的文字，我怦然心动，一个个日子从中走来。虽幼稚却可爱，虽笨拙却实用，虽艰难却执著。我之所以在矛盾中鼓起勇气把过去整理出来，就因为我于天地父母良心无愧无怍，向真而做，实处落脚。

　　书就要出版了，对爱我助我的人，我深表感谢。如果这本书能给同行的辛勤者以鼓励，给探索者以启发，我将感到莫大荣幸。

梁元成

2016 年 4 月

目　录

一个真正的教育人 ＼ 路胜利

自序 ＼ 梁元成

语　文　教　学　篇

蓦然回首

一、许身教育十八岁，执教康中三十年\2

二、不惑之年频回望，教海茫茫觅舟楫\6

三、语文修养背书始，读读写写路自宽\13

四、寻章摘句雕虫老，编书听课春秋新\18

五、小荷才露尖尖角，为我学生赞几声\23

六、嘤其鸣矣求友声，研究会里乐陶陶\27

课堂例举

一、《药》——校从教过关第一课\29

二、《中国人失掉自信力了吗》——校青年教师赛讲课\32

三、《雷雨》——校学术委员示范课\35

四、《〈黄花岗七十二烈士事略〉序》——校学术委员示范课\38

五、《祖国啊，我亲爱的祖国》——校学术委员示范课\40

六、《祝福》——校资料保存录像课\42

七、《鲁迅旧体诗赏析》——校"河东读写社"专题课\44

八、《茅屋为秋风所破歌》——地区德育能手选拔课\51

九、《胡同文化》——市课堂教学改革观摩课\53

十、《庄暴见孟子》——市课堂教学改革观摩课\57

十一、《荷塘月色》——省学科骨干教师选拔课\59

十二、《五柳先生传》——省教学能手选拔课\61

十三、《逍遥游》——省学科带头人研讨课\63

十四、《秋兴》——省学科带头人研讨课\65

十五、《我与地坛》——省特级教师选拔课\66

教学感悟（上）

一、 鉴赏一法——比较\69

二、 谈谈课堂提问\70

三、 记叙文写作如何选材和加工\73

四、 字词复习的7个要求\74

五、 这八年的成语高考题\75

六、 关于科技说明文阅读的三个话题\77

七、 为周朴园流点泪\80

八、 从蔺相如形象看司马迁用心\81

九、 和舒婷一起看祖国\83

十、 《项脊轩志》之悲情\86

十一、 《静女》的审美阅读\87

十二、 用背书助推语文学习\87

十三、 和高一学生谈语文\90

十四、 和高三学生谈语文\92

十五、 高考复习三问\94

教学感悟（下）

一、语文教学的目标困惑\97

二、语文教学的改进思路\97

三、语文课堂的三维评价\98

四、转变观念的几个话题\99

五、课改要处理好三个关系\102

六、求深之路\103

七、语文学科的德育渗透原理\104

八、批判性思维在作品评价中的运用\106

九、从形成模式到走出模式\108

十、多反思找出路\112

十一、 古诗就这么远离我们\115

十二、 "我"读文本\116

十三、 我的语文自信\117

十四、 我教书，我快乐\118

十五、 光荣啊，康中教师\119

班 主 任 工 作 篇

相聚是缘

一、198 班的故事\121

二、193 班的故事\122

春风化雨

一、 新年的话\125

二、 向玩电子游戏机者进一言\125

三、 请大方一些\126

四、 面对矛盾\126

五、 同学之间\127

六、 致学习成绩优异者\127

七、 争做执行纪律的模范\128

八、 积极参加学校活动　抓紧抓好个人学习\128

九、 "我只迟到一点点"\129

十、 自习喧哗何时休\129

十一、 想一想父亲\130

十二、 说"狠"\130

十三、 学习状态三段论\131

精耕细作

一、 主题班会系列设计\132

二、 升入高中走向自立\133

三、 少年心事当拿云\135

四、 学会学习\136

五、 把每周总结做实在\136

六、 个别谈话效果好\137

七、 狠抓班风建设，力促学习进步\138

八、 我们的班长了不起\141

九、 选择一种美姿让班主任站立\142

十、 永不褪色的好故事\145

不离不弃

一、 17 岁学生的认识水平\147

二、 一个孩子的心理挣扎\148

三、 致迷茫中的同学\148

四、 早恋的疏导\148

五、 代沟在哪里\150

六、 教工子弟管理\150

七、 考试失利时，请再坚强些\151

八、 学生成绩差，教师难脱其责\152

九、 学生成绩落后，家长进退两难\152

十、 家长不要管孩子学习\154

十一、 学生犯了错，如何和家长交流\155

十二、 请给学习落伍学生多些关爱\156

教 学 管 理 篇

年级组长的板报

一、 致高二同学\158

二、 高二的我\158

三、 我为何而学\159

四、 预则立\159

五、 早早早\160

六、 在反思中学习\160

七、 预习\160

八、 考试闲话\161

九、 课堂笔记\161

十、 关于背书\162

十一、 礼\162

十二、 学会复习总结\163

十三、 想想你的寒假作业\164

十四、 春天的呼唤\164

十五、 有魅力才有实力\165

十六、 脸和面\165

十七、 网之祸\166

十八、 擦干眼泪，负重前进\166

十九、　多动手，什么都有\167

二十、　狼来了\167

二十一、　心静天自凉\168

教学部长的讲话

一、　九月寄语\169

二、　莫负春光\170

三、　再接再厉\170

四、　时代使命\171

五、　打造一流团队\172

六、　考试成绩评析\175

七、　促进学习落实\177

八、　教师队伍建设\179

教导主任的担当

一、　明确职分，把握重点\183

二、　常规管理，从严从细\184

三、　课堂改革，快步慢走\187

四、　"教学信息"，统筹引领\188

五、　高考复习，十条建议\196

六、　墙壁说话，又闻书香\198

七、　将心比心，尊重教师\202

政协委员的呼吁

一、　整顿网吧挽救学生\204

二、　高考复习大军对教育生态的破坏\205

三、　生源大战当休止\206

四、　关于我市教育均衡发展的建议\207

五、　陪读现象该叫停\208

六、　关于整顿学校门口食品摊点的建议\209

七、　关于市区增加新建学校的建议\210

八、　农村寄宿制学校有苦难言\211

九、　中学周六补课急需合理安排\212

十、　关于对校外辅导部加强监管的建议\212

语 文 教 学 篇

和语文结缘，幸甚至哉！

因为爱，我读了一些书，背了一些书，抄了一些书，写了一些短文章，这些积累助我提高语文素养。

因为爱，我力求自己备好每一节课，在讲台上站得直些高些。年复一年，教过的课文很多，留下一摞教案本，还有各成长阶段有代表性的几堂课。

因为爱，我的很多时间花在语文活动上，听课评课、编书、命题、扶持文学青年、办学会，乐此不疲。

蓦然回首

一、许身教育十八岁，执教康中三十年

2013 年 7 月

1986 年我从山西师范大学中文系毕业，分配到康杰中学工作，一直在教学第一线，当了 24 年班主任。我爱教育，爱语文，爱学生，爱康中。我把师德看作第一要求，我把教学看作毕生追求，勤勤恳恳，任劳任怨，长年累月超负荷运转。

回顾自己的教学之路，我想从四个阶段和四个方面来总结自己。所谓四个阶段，是我把自己的成长概括为奠基——起飞——沉思——入道；所谓四个方面，是我结合教育教学谈四方面认识，即我的教育观、教师观、课堂观和读书观。

（一）四个阶段

1. 奠基

我把自己参加工作的最初 7 年称为奠基阶段，或者叫过关阶段。这个阶段，我送走了三届毕业生，工作重点是夯实基础。

那时很年轻，精力充沛。每天早早起床，把宿舍门前林荫道从东往西打扫得干干净净，然后陪学生出操。洗漱毕吃完早饭，开始大声念书背书。每天下了晚自习，在宿舍拧亮台灯，备课批改看书。当时康中教师圈似乎不容其他娱乐活动，比如打牌看电视泡歌厅等，大家都很忙碌很充实也很幸福。

真正站在讲台上，我才意识到大学所学太笼统太偏文学，语文上有些问题自己压根就没弄明白，所以当时备课量非常大。教文言课文时，我先把课文整整齐齐抄在备课本上，行距很宽，再用红笔仔细批注，一字一句，如小学生写作业般认真。

为了加快自己专业发展步伐，在工作第二年暑假，我自费去西安，参加雁塔区教育学会举办的教师培训，历时半个月。第三年暑假我又自费去北京，到人大附中、101中学等名校取经。

有件事情当时让我很受刺激。有一次，我们几个青年教师听一位老教师讲苏轼的《念奴娇·赤壁怀古》，那位教师年过半百，抱着一摞书走上讲台，讲课中一会儿翻翻这本书，一会儿翻翻那本书，书页泛黄，也许原来的批注已经字迹模糊，他讲得很吃力，我们听得很吃力。当时我发誓：第一，今后教科书上不批一个字；第二，今后上课绝不带备课本。这些年我坚持做到了。

就这样背书备课，埋头苦干，7年时间经历三次高考，总算夯实基础，站稳讲台了。

2. 起飞

我把自己工作的第二阶段称为起飞阶段，时间是8年。说是起飞，主要指自己如何上进如何积极表现，以及在语文圈产生些影响。

1995年我评上中级，1996年我第一次参加地区教学能手讲课比赛，第一次在全区高三研讨会上专题讲座。1997年到2000年全省新课程改革，在省里培训三年，我年年代表运城地区发言，还代表地区参加省里优质课比赛。

这几年似乎每天都在进步，频繁地在校内外讲公开课示范课研讨课，编资料、做讲座、命题、主持研究会……很活跃，信心满怀，也有了小小知名度。

工作就是这样，越做越觉得需要做的太多。语文高考和复习花了我很多时间，研读考纲，揣摩命题，进而制定复习策略。课堂教学效益问题是个充满矛盾的问题，越深入其中，越觉得心有千千结。还有阅读教学问题、作文问题等。在广阔而深邃的语文教学面前，我不断地尝试折腾，寻找制高点，从而让自己飞得更高。

1999年我被评为省模范班主任，2000年我被评为省教学能手，2001年我成了一名高级教师。

3. 沉思

跨过两千年门槛，被评为高级教师后，我走进沉思阶段。这个时段大约有4年光景。

话还得从1997年那篇指斥语文教学"误尽苍生"的文章说起，那篇报告引发了全国语文教学大讨论，尽管这场讨论不了了之，最终没达成什么共识，但给我带来了巨大的心理震荡。语文教学的目标、性质、内涵、任务以及教学边界等一系列问题一时间都成了我脑中挥之不去的问题。

为了获得对语文教学清晰的认识，这个阶段我一方面回顾了自己十多年的教学实践活动，另一方面对语文界前辈大家和新时期涌现的名家尽可能多地了解，了解他们的想法和做法。这个阶段我把自己多年订阅的语文专业杂志如《语文学习》《中学语文教学参考》《语文教学通讯》等加以整理并有选择地重新研读，我还读了《给教师的建议》《不跪着教书》等教育类书籍，还把自己一直喜欢的《随笔》杂志翻了翻。

经过沉思，虽然没有大彻大悟，但在梳理整理探寻过程中，明确了应该坚持的一些做法，应该调整的一些教学行为，应该摒弃的一些干扰。

4．入道

我把自己 2005 年以来的教学工作归为"入道"阶段，"入道"就是按照教育教学规律去做，我知道自己还达不到"道"，但"心向往之"。如果说此前偏重靠热情靠经验来工作，在"技"上用功多，那么现在该回到理性轨道上了，不跟风，不取巧，踏踏实实回归本真去做，围绕四个"重视"去做。

第一，重视学生背书。我自己爱背书，且从中受益，所以我对学生学语文的第一要求就是背书。课堂上教师精彩地讲固然有益，但很可能结果是学生们宝山归来两手空空，比起听讲，背书使学生更有收获。我要求学生每天都背，有计划、有布置、有检查、有总结和有比赛，让背书成为习惯，让背书带来享受。

第二，重视学生自己读课文。作为教师，受职业影响，我一遍遍地读课文，读得畅快，读得有心得，但这替代不了学生自己读。学生读可能生涩肤浅，但那是他的真体会。我反对以练习题代替读课文，有人说这是落实的好手段，可我怀疑这样做久而久之学生们会失去对文字的敏感。还有，读就是读，不是用看电影来替代读。电影中的画面和形象是别人读来的结果，看电影是省事，但同时省去了借助文字想象的过程。可惜啊！有些好课文学生没有读进去，字面意思都没搞明白，就糊里糊涂过去了。

第三，重视学生问中学。高中生因为好面子往往不多发问，有了不解处跟着大家混过，外观上看不出，测试完不深究也显不出，于是，年复一年，得过且过。这是伪学习，不发问就不解决问题，不解决问题怎么进步提高呢？为了鼓励学生问，当有人问时，我总是把问题展开，谈很多相关知识，让学生感到请教老师后比想象中收获大得多，不但问题解决了，思路也打开了。

第四，注重挖掘教学中的情感因素。高中语文教学有一大任务，就是丰富学生情感，可是因为情感这东西不好把握且难测试，所以往往被忽视。教学中每遇到情感浓烈的文字，我先动容动情，然后调动学生回忆和联想，一起走进情感场。在有情人眼里，每一个文字都含有喜怒哀乐，都有表情的妙用。语文教材是个丰富的情感库，取之不尽，用之不竭，学生如果真正走进去，受熏陶，那将是一生的财富。

语文是一本大书，我仅是个肤浅的读者，虽说入了道，但"路漫漫其修远兮，吾将上下而求索"。

（二）四个认识

1．我的教育观

人们对教育有太多的解释，在众多解释中我认为教育首先是爱。参加省高评委时，和临汾一中杨东俊老师闲聊，他讲过一个故事：学生们照毕业照，有个学生头发稀疏，老师怕他难堪，用墨汁为该生画头发。这是一个令人感动给人温暖的故事，是对爱的最好的诠释。我还想说，要多给差生一点爱。有了爱才会不抛弃不放弃，才会接近他了解他，才不会放大其错误，才会主动承担帮助他的责任，才会认真分析，对症下药，一步步帮扶。

2．我的教师观

我只说一条，语文教师最重要的能力就是对文本进行个性化解读的能力。不唯上，不唯书，不人云亦云，不把教参当拐杖，依靠自己的学识，从文中读出一个"我"，并带领学生读出无数个"我"。

3．我的课堂观

有效课堂或高效课堂的关键是学生动起来，手动心动脑动。不是热热闹闹搞活动，不是挖空心思搞训练，而是从文字出发，多读多思，形成心与心的交流，情与情的对接。

4．我的读书观

一定要让学生们读好书，读经典，读进去，反复读，比照着读。现在学生读书少是个让人忧心的问题，学生们的时间被电脑网络占了，被铺天盖地的练习题占了，读书的空间越来越小了。在有限的空间里，只读些娱乐搞笑的书，或一夜成名成功的书，或所谓心灵鸡汤的片段故事的书。孩子们心里没有好书扎根，没有好书引领，也就没有战胜自我和拒绝诱惑的内驱力。语文教师和语文课堂有责任正视这个问题，改变这种状况。

在语文的路上，我是一个行者，跋山涉水，一路走来。多年来备课上课辅导批改、命题讲座做课、编资料做课题，这些是我年复一年的常规工作，32 张荣誉证书是对我工作的肯定，25 本主编和参编的教学用书、11 篇发表和获奖的论文以及作为主研人员参加 3 个国家级课题渗透了我的心血，省教学能手、省学科带头人、省教科院兼职教研员、省高评委成员、省高考评卷组语文专家组成员这些所谓的头衔是对我的激励，这些是我工作的一面。

除此之外，那厚厚的几大本摘抄，100 多篇教学心得，若干教育小故事小资料的收集，2004 年到现在剪贴的《教育文摘报》《中国教育报》文章，多年订阅的一摞摞《语文学习》《随笔》，以及保存的刚参加工作时学生们的作文，这是我真实工作的又一面。今天，我有幸把全面的我呈现给各位，以求得了解和理解。

岁月把青葱的容颜雕刻成沧桑，固然使人感伤；岁月同时让心更执着情更充盈，这又给人以欣慰。

二、不惑之年频回望，教海茫茫觅舟楫

2002 年新绛海泉中学教师培训讲稿

感谢贵校领导给我这样一个机会，和同行交流是我的荣幸。下面我想从欣然上岗、打好基础、瞄准高考、潜心教研、转变观念这几个方面，谈谈我的所做所想。

（一）欣然上岗

1986 年，我毕业于山西师范大学中文系，在离校和班主任告别时，张老师满怀期望，语重心长地说："小梁，你分配去的康杰中学，是全省一流的中学，一定要好好干，你会成功的。"班主任的话成了我从教的信念，就像一粒种子，埋在我心底，不断地发芽、开花、生长、结果。

我出生在一个普通的农民家庭，父母鼓励我念书"跳龙门"，他们眼巴巴地盼到我成了一名康中教师。他们只有一种朴素的想法，工作挣钱比当农民好。这就够了，这就是他们的心愿。我珍惜这份心愿，我只有努力工作才对得起他们。

80 年代中期，教师这一行在社会上还算有位置，到 80 年代末，这一行便不入流了。"脑体倒挂"作为社会批评语，能很好揭示这一点。一个小角色融入大社会，如果社会对你不太苛刻，那么介入相对容易。很多学中文的学生总是怀着两个想法，要么当作家，要么到政府部门当秘书等。可事实上，大量的中文系毕业生是要当教师的，要勇于接受这个事实。如果处理不好个人与社会这一矛盾，那就很可能使你青春之光失色。

我就是这样走上工作岗位的，班主任的鼓励，父母的期望，社会的恩赐，恐怕在座的都有感受，但可能有人不大看重，因而思想恍惚，一恍惚便多了许多抱怨，抱怨自己学历低，抱怨工作地偏僻，抱怨领导不够宽松等。

请不要抱怨吧！当代教育改革家魏书生本是辽宁盘锦市一个国企厂子的种子干部，在很多人看来前途无量，但他几次打报告要求到中学去。他没有学历，但他硬是用教鞭把盘锦中学这块贫瘠的土地开发成沃土。他是一个初中语文老师，后来成长为盘锦中学校长，盘锦中学也成为省级重点中学。咱们语文界还有一位新秀是山东的程翔，他是泰安一个普通中学的语文教师，但经过不断努力，成为特级教师，现调到清华附中任教。去年我还结识了河北石家庄中学一位教师，他出生在太行山区，当年以全乡镇最好的成绩考到县中。县中毕业后考大学，全县考了七个，他是第八名。是继续复习再考？还是回乡执教？条件所迫，他回到乡镇中学教英语，很快出了名，调到县里，名气更大，调到省里。他是成功的。他少一份抱怨，多一份实干。

所以，如果你真的认为自己不适合当教师则罢，如果想当一名好教师，请相信，先吃苦，打好底子，再确定突破口，一定会成功。

（二）打基础的三年

为什么确定这三年为人生的一个阶段来谈呢？1986 年到 1989 年，是我从教的学徒期。这期间打下的底子，我终身受益。一进康中，感觉压力很大。学校开大会，我们几个刚分配来的大学生坐在第一排，校长介绍我们在全体教职工面前亮相，当时我害羞得头也不敢抬，不过内心热血涌动，我暗暗嘱咐自己，绝不能丢人，一定长志气。

记得刚到学校那阵子，有诸多不如意。报到时，住房是刚改造过的学生宿舍，门一开，湿气逼人，满地毛毛虫。开学后，学校安排我带最差一个班，至今我都不明白到底为啥，好像有意为难人。就连学校电工也没有好脸色，别人房里可以安两个插座，我要求了，他却不理睬。还好，我没有多在乎这些，只管埋头干自己的。

三年中间，我工作中遇到三大障碍，但我把它们化解为三大喜事。

第一件事是我带的是差班，学生特调皮，主要成分是电业局子弟、541厂子弟、地区领导关系生。这班学生是我工作的第一批学生，我投入了全副精力，几乎完全扑在班级管理中。一年中间，我住的单身宿舍几乎没锁过门，学生们在这儿，想吃、想穿、想玩，随他们的便，我的家也是他们的家。学生特讲义气，你真心待他们，他们会跟你谈知心话，谈心中的秘密。学年结束时，我们班和其他班差距很小，有的科目还略显优势。带这个班，锻炼了我，考验了我，特别是可爱的学生们的表现净化了我的心灵。多年来我对教育的执著，和这批学生有很大关系，因为我时常感到背后有几十双眼睛。

第二件事是升入高二文理分科时，我所带的班拆散了。尽管这是学校正常的工作安排，但我当时怎么也不愿接受，日日呼酒买醉。记得新学期教师节那天，我烂醉如泥，泪流满面。几个好心的同行来开导我。到了晚上，我门前站了一片人，全是原班学生，他们来祝福老师节日快乐。进入高二，我接手了一个正式班，由于和原班学生感情太深，一下子适应不过来，新学生和我隔阂很大。有人甚至有抵触情绪，有的干脆把话说到我当面：老师，你没能力带好这个班。怎么办？只有一种选择，把课带好，让学生心服口服。我过去就有背课文的习惯，现在更是把课文一篇篇地背。另外，改进教学方法，尝试多种教学方法，一次一个样。一段时间后，学生们从心里佩服我，慢慢地班级有了向心力，原来反对我的学生对我逐步有了好感。到高三时，这个班又换了班主任，但高中三年，他们接触了三个班主任，印象最深的是我，感情最深的是我，高考报志愿采纳我意见，高考分数下来第一个给我报喜，直到现在很多人还和我保持着良好的情谊。

以上两件事我谈班主任方面的似乎多了些，但更多地反映出一个教师的心态和情感，我非常感谢这段经历。这期间为了做好班主任工作，我必须全面严格要求自己，特别是要求自己备好课讲好课。每天早晨，出完操，洗漱完毕，拖起扫把，把门前打扫干净，然后泡一杯热茶，开始背书。茶香与书香共飘，鸟声与书声同鸣。每天下午，打一阵篮球，冷水浴后上自习。夜深人静，拧开收音机，一边听歌，一边备课或写作，其乐无穷。

第三件事是升入高三，我丢了班主任。高二一结束，我去北京考察，一去四十天，参观了部分大学中学，买图书资料，当我把我的工作情况谈给朋友们时，他们非常高兴，觉得一个人能干上自己喜欢的工作，且乐在其中，那是上帝才能享受到的滋味。正当我兴冲冲准备大干一场时，一回来，傻眼了，学校停了我的班主任工作，尽管当时同组其他老师替我力争，但政教处不改其志。我感觉到很委屈，也替学生们委屈，因为我爱他们，他们也爱我。尽管后来我找到校长，说明事实，据理力争，但最终还是无力挽回，当时的情绪糟透了，简直是失魂落魄。教务主任说，你要是不好面对学生，可以换个班上课，我断然拒绝。说实在的，我真不知高三第一节课是怎么上完的，还是老地方，还是老学生，但我成了局外人，一站上讲台，我两眼发黑，两手发麻，语无伦次。后来有个学生说："原以为是传言，谁想你竟真的不带了，你不带班，我的学也难上成。"我知道我和学生感情很深，可我绝没想到，我们间默默形成了教父与信徒般的关系。这个学生一个月后，和别人打架，挨了批评；两个月后，一个傍晚，发泄愤怒，把门砸了一个大窟窿；三个月后，在教室把书全部焚毁，痛哭一场，去参军了，后来在部队考上大学。

回想这三年，在我成长中太重要了。它使我懂得教育的本质是爱，没有对学生的爱，就没有成功的教育。人生的本质是吃苦劳作，吃得苦中苦，方成人上人。做教师是良心活，又是实在活，一分耕耘，一分收获，卷子不会哄人，分数成绩不会哄人，正像庄稼不会哄农民、产品不会哄工人那样。第三，挫折是磨炼，历尽磨炼方显英雄本色，弱者在挫折面前只会摇头叹息，抱怨牢骚，庸碌度日。最后一点，想当一名好的语文教师，请从当一名好班主任开始吧！

还有个插曲，高考结束后，西安雁塔区教育学会举办一个语文教师培训班，我向校长申请 50 元想去参加，校长不干，算了，自费去得了。

（三）瞄高考的四年

我把成长的第二个阶段定为 1989 年到 1993 年。

1989 年秋天，我送走第一批学生后，当了新一届高一年级学生 222 班班主任，开始了我的第二个教学阶段。这个阶段我结婚，我爱人生孩子，忙忙碌碌，家校两不误。有时和学生们开玩笑，我说我和大家一同成长，你们长大了，我长老了。

这个阶段我的主攻方向是瞄准高考，有了一次高考辅导经验，对教材有了整体把握，也相应建立了一套语文教学知识体系，教材编排重难点心中有数。就像庖丁解牛那样，每看到一头牛，只看到下刀处；每看到一篇课文，只注意字词句语修逻、观点结构等。这样教起来就明确和轻松。

班主任工作也有了改进，以学生为主，以思想教育为主。如果说以前由于年轻气盛、学生调皮等原因，工作方法简单粗暴，现在回过神来，发现最有魅力、最具艺术性、最讲科学原则的管理，是以思想教育为主的教育，学生们更认可晓之以理、动之以情的管理者。所以我先是每周一次在班上和学生座谈一次，从他们感兴趣的话题入手，扯到很远很远的地方，最后再收回来，把自己意图渗透进去，让他们接受，保留在心中，并发酵成力量。后来我每周在黑板上写一篇小文章，就班内事务和同学们的思想认识，发表一些看法。记得毕业前，最后一次班会主题是"一颗红心两手准备"，我和同学们谈了很多人生话题，希望各位同学树立正确的人生观、价值观。这个班学生很争气，高考时取得全年级达线人数最多的好成绩。上大学后，学生们写回来的信说，最爱听语文老师闲聊，闲聊不闲，其中自有天地广。

1992年，受国家教委考试中心委托，我校语文组承担一项编写任务，即对近五年高考语文试题进行分析总结。编者8人，我是其一，参编文言部分。这次编书对我震动很大。因为要翻阅大量资料，进行科学统计，恰如其分地表述，提供相应的复习策略等。每一步工作都相当细致和科学，这根本不是一般意义上的摘抄和选题，确实是在编书。严格训练和不断揣摩后，我感觉登堂入室了，认识到高考就在平时教学中，它不陌生，也不遥远。对高考的认识由感性捕捉到理性把握，由模糊印象到结论清晰。这次编书经验不亚于带三次高三。此后给地区命题，或是评价一份试题好坏，心里不再茫然。

这两年正逢语文试题内容大幅度改革，高考语文命题组组长章熊在杂志上连篇累牍地引入"消极修辞"的概念，即简明、连贯、得体，这标志着语文由传统走向现代，由重基础和理论走向重阅读和应用。

当我对高考有了一些认识和把握后，平时教学不知不觉就渗透这方面知识。1993年我带复习班，高考成绩揭晓，我班语文成绩在全校15个应往届班上名列第一。

（四）潜心教研的五年

1993年到1998年我潜心研究教学。教师一定要进行教学研究，摆脱教书匠的束缚，追求专家的境界。一个教师尽管教书多年，但他不研究教材，只会照本宣科，他只是个搬运工，他几十年教书和活人，质量太低，总是低水平重复。有一天，他身体衰竭了，脑子迟钝了，人也就没用了。

研究教学首先是研究教材，在吃透教材的基础上，把问题引向深入，多问几个为什么。如《念奴娇·赤壁怀古》中的"人生如梦"，古往今来，无数人发出这种感叹，但人生和梦究竟像在哪里？相似点有多少？哪些是苏轼当时的想法？哪些是他那个年龄、那种环境、那种个性下才有的感受？再如，杜甫的《江南逢李龟年》中"落花时节"，可进行三个层面的分析：①指相见时间；②暗示李龟年人生落魄；③象征唐王朝经安史之乱由盛到衰的历史等。还有"床前明月光"中"床"如何解，《木兰诗》里关于兔子"傍地走"是什么样等。

研究教学就是要研究教学方法。如果说在这之前，我比较注重积累相关的语文知识，充实自己所建立的知识体系，所带来的效果是讲课眉飞色舞，游刃有余，左右逢源，自我陶醉。现在我的教学侧重点变了，由关注自己和关注教材走向关注学生，教学生方法、思维，教学生少走弯路。每个学科的学习都有自己的特性和方式，不能像学数学那样学语文。研究教学方法不是赶时髦，是找适合自己的、适合学生的方法。有些方法可能很古老，但很实用，比如教师读课文时故意把某个重要的字读错，或停顿，或隔过，这是为了强调。

研究教学就是要走出自我，加强校际教研、地际教研、省际教研，通过交流，和善思考者对话。我们很容易年复一年，把一些问题搁置起来，每次总是绕开走。不进行教研，就领略不到无限风光在险峰、在别处、在高处。1997年我首次参加北京一个高考研讨会，听了海淀区、西城区一些特级教师及教研员的报告，觉得眼界大开，眼前顿亮。从1996年开始，咱们地区教研，我大多都参加，和地区各校中坚力量多次交流。1997年到2000年省新课程培训会，我年年代表运城地区发言，多次给全区上公开课，也到省上讲课。

研究教学还要关注语文教学热点问题，如1999年全社会引发的语文教学大讨论和近两年语文性质的工具人文之争等。

（五）思想转变的三年

（这部分内容后来进行了两次整理修改，一次是2006年7月在河津中学教师培训会上，另一次是2006年8月学院附中教师培训会上。）

2000年山西省第一轮课程改革试验结束，课改三年我受益匪浅，而年龄上又奔四十，外界的刺激和内心的涌动，使我的思想发生了很大变化。想法多了，想法新了，每每有跃跃欲试的冲动。细细想来，自己的思想变化表现在两个方面：教学思想和教育思想。

从教学方面来讲，我真正开始重视学生在学习中的作用。在过去相当长一段时间内，我把精力放在备课和课堂展示上，追求讲得投入，自我陶醉。事实上，这不是最科学的，教学成功的关键是学生收获了多少，应该以学生的学习实践和学习体验为主。教师要对学生起到引领作用和帮扶作用，而不仅仅作为一名演员让学生欣赏。教师课讲得精彩，学生会用表情给教师以鼓励，这时候教师一定要冷静下来，要问学生得到了多少。

从教育方面来讲，我接受了一些思想，也主动思索一些问题。

1. 守望教育

"守望"就是坚守和瞭望。农民在麦田守望，不让禽兽糟蹋庄稼，祈求免受风雨摧残；战士在哨卡守望，不让领地受侵犯，时刻观察敌情动态；教师也是个守望者，守望我们心中的教育梦想。现实有种种不如意，但是凭着我们对人的自由全面发展的渴望和对人的完善的理念，我们才会对现实的教育、现实中人的命运心怀依恋，对纷繁复杂的教育现象保持一颗平常心，对细微的教育事件持一种深切的教育幽思，对我们的点滴思考坚持一种温暖的人间情怀，同时也对现实中各种教育问题以理性的批判和必要的反思，以一颗平凡、挚爱、理性的心来守望教育，守望我们心中的教育梦想。

守望教育就是坚守教育理想，用教育的理想来打造理想的教育，这是一种信念，也是一种情怀。大家很清楚，坐在我们教室里面四五十个学生，能正儿八经考上大学的很少，将来在社会上成就一番事业的人更少，但通过我们的努力，孩子们取得进步和发展，我们便无悔。不这样想，就没有原动力，也就不会全身心地投入，自然也就失去了成为好教师的根基。

守望教育其中很重要的内涵是对差生的关爱、呵护、期待。关于差生，我写过几篇文章，有过一些思考，我愿和大家多多探讨。

2. 不跪着教书

"不跪着教书"就是要挺直腰杆教书。当教师要具有自由的思想，独立的人格，这是走向学术峰巅的最重要的品质。有些教师精神上缺"钙"，向领导威权屈服，向所谓名师的话语霸权低头，向名利跪拜，甚至向有些家长献媚，这都是缺钙的表现。做学问就要有一身傲骨，不唯上，不唯书，但求实，但求真。假如我们是一棵挺立的大树，那么我们身后的学生就会变成一片喜人的森林。有一篇文章《老师，您站着》推荐给大家。

3. 做有思想的芦苇

教师应该成为一个善思考有思想的人，而不是知识的搬运工。西方哲人说：人是有思想的芦苇。的确，如果我们只会照本宣科，只发挥留声机的作用，那就太平庸了。想成为名师，就得对社会、对生活、对知识、对学生、对于各种教育现象，用眼去观察，用心去思索，用笔去记录。有人说，我也想思考但没有角度，没有广度，没有深度，原因何在？读书太少。文科教师理应多读书，为教学引来源源不断的活水。《中国教育报》刊文《读书也是备课》。当我们欣赏名师风采时，要知道他在一堂课的背后有着厚厚一摞书在垫底。理科的教师也应多读书，开发思维，提升品位，洗去浮气，脱去俗气，除去匠气，里外都像是知识分子。

思考的力量是强大的，不断思考会使人不断超越。今年暑期语文培训会上，我向在座老师提议，我们应该经常逼问自己，拷问自己：我是谁？我从哪里来？我要到哪里去？我上课顺心不？我的学生满意我不？我的教学成效如何？新学期我会有什么改变？等等。

老师们，希望大家坚守教育理想，保持独立人格，不断思考，不断超越，如此这般，才接近名师，才能活出精彩。

三、语文修养背书始，读读写写路自宽

2016 年 3 月

2016 年 1—3 月，我陆续完成下列篇幅，我始终认为，没有积累就没有语文。

（一）语文修养背书始

我的家乡在盐湖区解州镇。解州有两个标志性建筑：一是城西武庙，即闻名天下的关帝庙；一是城东文庙，即驰誉晋南的解州中学。我的高中在解州中学度过，母校引我步上背书路。

母校有一批好老师，我一辈子感念他们。给我们上课的有三位。第一位姓相，亦慈亦严，会唱蒲剧，教学得意时会哼几嗓子。第二位姓姜，戴一副黑边眼镜，讲一口普通话，很斯文，有气质，据说是《东北文艺》总编辑，因为右派身份，屈尊来到我们小镇。第三位姓刘，女的，漂亮贤惠，深受同学们爱戴。他们的共同点是：出口成章，字字珠玑。

没有给我上课却带给我影响的有两位老师。一位是郭老师，他每天都在教室外黑板上写一黑板古文，他从不带书本，只带粉笔和板擦。那字啊，简直是印刷出来的，我后来再也没见过那么工整的字。另一位是樊老师，小黑板不离身，上面总有一首古诗。我会背的"黄四娘家花满蹊"，就是从他那儿偷学来的。

母校的语文老师给我少年心中投下一道彩虹，我那时想，做人就做这样的人，于是下功夫背书，肚里有货何愁口里无文？校园西南角有座水塔，东北角是片菜园子，水从我们教室旁流过。在水渠边，我背了《伐檀》和《硕鼠》、《梦游天姥吟留别》和《茅屋为秋风所破歌》、《陈涉世家》和《廉颇蔺相如列传》、《友邦惊诧论》和《拿来主义》，还背了《物种起源导言》等等。渠里的水清凉清凉，水里的草嫩绿嫩绿，我摇头晃脑如痴如醉地背书的影子在水里荡啊荡。

我敢肯定：那时背书不为高考，只是自己高兴。那时背书囫囵吞枣，内容不甚了了，有些字眼都背错了，但总体印象很深，身心愉悦。那时背书仿佛和作者有个约定，或者说朦朦胧胧里有种契合。就这样，背来背去便养成习惯，如果哪天没有背书，就好像日子过得有欠缺。

上大学后背的多是古文，也背了一些现代诗和毛泽东的诗，算是没有荒废这门"手艺"。

工作以后，我们学校语文组前辈也给了我激励。杨恩选老师已经半百之人，每天在康杰花园高声背书，铿锵有力，坚持不辍。牛淼祥老师是个古文专家，据说和带数学的李志荣老师隔墙用《论语》聊天。

早读时间是最佳背书时间，我和同学们比赛背书，看谁用的时间少，看谁流畅不出错。最壮观的景象是：师生同背，声响天外。

有一年暑假，我在家休闲，不知怎么想起了林觉民的《与妻书》。一边踱步一边背，背着背着泪流满面，哽咽不已。哎，无可救药。

评审学科骨干教师时，市局来人验收，准备了好多写有课文题目的小纸片，反扣在桌上，让选手们随机抽着背。验收的老师因为人熟怕我过不了关，暗示我拣些好背的篇目。感谢他的好意，我装作不知情，有意挑战那些所谓难背的篇目。

我始终认为，背书是我国古代教育最基本最重要的方法，切不可肤浅地认为那是"死读书""读死书"。

（二）多读多思天地广

书是好东西，开卷有益，多读多受惠，语文教师应比别的人读更多的书。读好书是和高尚的人谈话，这话太雅，我愿意把读书比作艳遇，是因为在读书中获得一次次惊喜，始料未及，余味无穷。

大学时顺着文学史线索、借助图书馆便利，我读了一定数量的书，给后来读书打下良好基础。《中国新文学大系》第一辑共 10 卷，我完完整整地读了 7 卷。那时读书兴致很高，往往读某一作家某一作品时，和他相关的作家作品也一并搜罗来读。如读了庐隐的《海滨故人》，就找冰心的作品读，之后读石评梅，读萧红，读张爱玲，逐渐地脑子里形成一个民国才女系列。2004

年去北京开会时,我和几位老师还特意到宣武区陶然亭公园凭吊石评梅夫妇,也算是阅读延伸。

外国文学作品,一开始我不大能读进去,只看过《钢铁是怎样炼成的》《丹柯的故事》《铁流》《毁灭》等苏联时期的红色作品,还有高尔基的《在人间》三部曲。后来才读大小托尔斯泰的作品,读陀思妥耶夫斯基的作品,读安德烈夫作品,读《静静的顿河》等。《让历史来审判》一书让我震惊,我第一次看到集权的恐怖,看到斯大林的另一面,多年后读《古拉格群岛》时,两本书得以互证。

法国文学洋洋大观:从文艺复兴时拉伯雷的《巨人传》,到启蒙时期卢梭的《忏悔录》《爱弥儿》,从浪漫主义时期雨果的《巴黎圣母院》《九三年》《悲惨世界》和大仲马的《基度山伯爵》、小仲马的《茶花女》,到现实主义司汤达的《红与黑》、巴尔扎克的《人间喜剧》、福楼拜的《包法利夫人》、罗曼·罗兰的《约翰·克里斯朵夫》,到意识流先驱普鲁斯特的《追忆逝水年华》。这些作品里对我影响较大的是《基度山伯爵》、《欧也妮·葛朗台》、《悲惨世界》和《约翰·克里斯朵夫》。

日本文学忧伤静美,德国文学偏哲思,英国文学显幽默,拉美文学透着诡异——不同国度不同民族有不同风俗和不同审美,领略这些作品让人感觉在漫游世界。

在所有作家作品中,我不间断阅读、翻阅次数最多、一直关注和体会的是鲁迅的作品。喜欢鲁迅是受"文革"影响的,从读他的杂文开始,后来发现他的小说和散文也别有洞天,再后来发现他的诗歌和书信隽永厚重。于是读有关鲁迅的传记评传及相关文字,如萧红的回忆录,曹聚仁的《知堂回想录》,朱正的《鲁迅传》,刘再复的《鲁迅传》。越读越觉得,鲁迅很高很深,很宽很广,鲁迅能哭能笑,敢爱敢恨,实乃苦难中国的一位天才!1988年8月我去北京阜成门内大街鲁迅博物馆拜访。2001年3月,我拜访浙江绍兴鲁迅故居。先生遗风,高山仰止,我心向往,追随不已。

二十世纪八九十年代,国内文坛很活跃,好文好书如雨后春笋,获奖小说和报告文学满世界都是。我们这些文学爱好者,争着抢着比赛读新书和读好书,相互推荐,分享心得。《高山下的花环》一读完就找《山中那十九座坟茔》。听完王蒙和丛维熙的报告,就一头扎进北京作家群的书堆里。读完《人生》就追着读《平凡的世界》,读《白鹿原》《废都》《最后的匈奴》《穆斯林的葬礼》。老鬼的《血色黄昏》,运城没有卖,到省图书馆也没找到,后来在北京王府井书店,一狠心买了两本,送同学一本。

除了文学作品,我还涉猎历史书和哲学书。

读书就像交友，通过张三认识李四，通过李四认识王五，认识赵六，就这样"朋友圈"越扩越大。

读书就像挖井，第一锨下去，嗅到水气，受到鼓励，不停歇地挖，最终到井底，收获一汪清水。

读书就像种树，一棵幼苗栽下后，不断地浇水施肥，眼看着长大长粗，枝繁叶茂，硕果累累。

读书就像喝酒，喝多了就会醉，醉几次就上瘾，上瘾了就难舍弃，最终甘心为伴，愿受奴役。

上学时为功课需要而读书，工作后为专业发展而读书，虽有兴趣在，免不了功利化。读着读着，功利渐隐，兴味居上。读书给我以滋养和愉悦，书籍成为我生命的一部分。三日不读手发痒，一月不读心发慌，一年不读头撞墙。

（三）抄来抄去总收获

这些年，我陆陆续续抄了一些书和诗文。因为是亲手抄的，所以印象深。抄的时候，有选择，有思考，有沉淀；抄过之后有模仿，有化用，有创新。不管是化玉为石，化石为玉，说到底，都有化人为己之功效。表面上看，抄书很苦很费力气，是个体力活儿，其实不然，趣味横生。

我还记得最初抄的是一个小册子，关于如何写好作文的，里面有很多精彩的片段，讲开头的，讲结尾的，写景的，议论抒情的。按说写好作文不能靠这些小手段，但对于初学写作的人，这毕竟是个抓手。我从此尝到了甜头，一发不可收，不间断地抄些自己欣赏和觉得有用的东西。

弗兰茨·梅林的《马克思传》闪烁着思想的光芒，我从书中抄过许多片段，在教《在马克思墓前的讲话》一文时，翻阅过所抄的片段，得到过帮助。读《西行漫记》时，我也没让手闲着，时不时抄些段落。受《西行漫记》的影响，我连带读了《领袖们》，也留下些摘抄文字。

《第四代人》这本书似乎已经绝版，但阅读时我如痴如醉。尽管此书称不上经典，可是书里作者观点和他阐述问题时所用的语言，引起我共鸣。心向往之，笔自录之。

不怕人笑话，我先后抄过《论语》《大学》《三字经》《增广贤文》，选抄过《唐诗三百首》《宋词选读》《毛泽东诗词》《席慕蓉诗》。现代诗人中，抄过刘半农、俞平伯、刘大白、李金发、应修人、汪静之、潘漠华、戴望舒和闻一多的诗。

明初宋濂在《送东阳马生序》中说，"余幼时即嗜学，家贫，无从致书以观，每假借于藏书之家，手自笔录，计日以还"，"天大寒，砚冰坚，手指不可屈伸，弗之怠。录毕，走送之，不敢稍逾约"。明末的张溥把自己的读书室命名为"七录斋"，他爱抄书，留下七录七焚的佳话。宋濂和张溥是抄书的模范，天下爱读书的人，谁没有过抄书的经历呢？

我在另一篇文章里谈过：曾经抄过余秋雨的《十万进士》，十年后余先生火了，我有一种"他乡遇故知"的喜悦；曾经抄过《永远的蝴蝶》，后来这篇小说选进高中课本，好像我慧眼识珠，因而沾沾自喜。这么说来，抄书有时是披沙拣金。

我珍藏着几个笔记本，上面字字是汗水和心血。自己生出的孩子亲，自己炒的饭菜香，自己抄过的文字自有特别的意义。

每一个文字都是鲜活的生命体，我知道，抄是笨拙的对话方式，但抄的过程伴随一系列心理活动。抄着抄着，古代人外国人走到身边来了，战斗场面生活场景呈现出来了，你会感觉到思接千载视通万里。治学只有思路上的创新，路途上没有捷径，多费些功夫，不怕，自有功效在。一切学习上的俭省的方法，都不过是骗人骗己的玩意儿，要么用来糊弄别人，要么求得安慰自己。

抄书源自印刷落后时代，那时出版物少，人们为了满足求知欲而抄书。岂不知，抄既是一种手段，又是一种目的，这一过程使学习内化，从而产生超越。正所谓"功到自然成"。

现在条件好了，遇到好书就买，遇到好文章就复印，这无可厚非，但据我的经验，买来的书和复印来的资料往往是客人，供奉在书柜里，少问津；自己抄过的才是故友亲朋，往来无妨，时时眷顾。

（四）写写划划成习惯

语文教师要能提笔属文，这既是职业素养，也是提高生命质量的要求。

我很庆幸，求学阶段遇到过几位好老师，在他们的不断鼓励下，我的作文能力得以提高。

初中语文老师宁国钧对我有偏爱，常常在课堂上念我的作文，有时还把我的作文贴在教室外墙上，于是乎，我有些激动，有些骄傲，甚至滋生出自己天生就是块写作的料的心理。高中语文老师是刘玉贤，有次考试结束，她到班上说，本次考试有个同学作文是全校最高分，估计是我班梁元成，说完微笑地看着我。那一次全校最高分是不是我，不清楚，但老师的眼神让我幸福了很久。

大学上了一年写作课，老师名叫谢志礼。老师让我们尝试写小说，我编了一个邻居媳妇孝顺婆婆的好的故事交上去，得了一串好评语。这是学生阶段最后一次受到的鼓励。就这样，我并不比别人有更多的写作天赋，硬是一次次受到鼓励，便不知天高地厚地写啊写，直到现在，把写作变成习惯。

有了学生时代作文的底子，我不再视写作为畏途，觉得写作并不神秘也不神圣，参加工作后，时不时磨磨笔头。有时写一写教学体会，记录教学中收获的喜悦和失败的沮丧，探讨教学规律和教学方法。班主任工作和教学管理工作常常使我产生写作冲动。学生们是一个个活生生的人，百人百样，在和他们交往过程中，他们的思想情感和行为方式，引发我很多思考和联想，对此我难以释怀，于是便形成了一篇篇短文。偶有闲情雅致，也诉诸笔端，写登山下海，写云卷云舒，写黄昏风雨，写月下漫步。

既然写，就得有立意、谋篇布局、遣词造句方面的考虑。下笔时，虽没有杜甫"笔落惊风雨"、"语不惊人死不休"那样高的要求，也没有卢延让"吟安一个字，捻断数茎须"和贾岛"两句三年得，一吟双泪流"那么苦的揣摩，但为了表情达意做到文从字顺，的确有时寝食不安，恍兮惚兮。有了这些体会，品评别人文章和批改学生作文时就多了一层理解，切中肯綮。

写作过程是整理思想和情感的过程。在整理中，自然赋予了文字符号以生命意义。当我写下"亲人"一词时，我会热泪盈眶；当我写下"春天"一词时，我的眼前仿佛百花盛开万木争荣一派生机；当我写下"祖国"一词时，一种庄严神圣的感觉便油然而生，诸如此类。所以写作绝不是个简单的技艺，这里面有奇妙的生命体验。

我不是作家，没有洋洋洒洒下笔千言的潇洒；我也不是学术专家，写不出高深的论文。我只是经常地习惯性地动动笔，笔随心走，留下些工作和生活的记录而已。这样一来，不知不觉中积累了20多万字。

四、寻章摘句雕虫老，编书听课春秋新

2015 年 3 月

（一）编过几本书

真正的专家学者，他们搞研究，有自己的主攻方向，往往有研究成果而以论文论著或课题形式来呈现。中学教师忙上课忙高考，久而久之，学术研究能力弱化，很难有什么学术成果，只好编几本教辅资料充个"论著"的数而已。不过，泰戈尔说得好，"天空没有鸟的痕迹，但我已飞过"。

我第一次参加编书活动是 1992 年，当时国家教委给我校分派个任务，对过去五年的高考试题进行分析，编写《普通高考试题分析与指导》一书。语文组 8 人参加，我忝列其中，承担文言部分。第一次接触"信度"、"效度"、"区分度"这些名词时，兴奋而恐慌。好在初生牛犊不怕虎，凭着猛愣劲，下苦功，翻资料，算是顺利完成任务。这次辛苦使我收获到：除了教书，还得研究；既要研究，就得有抓手和方法；研究是为了提高教学，而不是欺世盗名。

2002 年开发校本教材，我编了《说关公》薄薄一个小册子。本是关公故里人，打小在关公庙里出入，编好这本书，实属情有所钟，义不容辞。这本书以关公一生几个代表性事件为线索，塑造一位义勇之士，对关公精神和关公文化进行了探究。写关公的书很多，这个小册子在每一个代表性事件描述之后都有评论性文字，我想这就是它的存在价值。

编《语文能力培养教程》时，和兰光民老师一起，冒着酷暑，与蚊虫为伴；主编《创新思维同步辅导》时，就"创新"和"同步"问题，绞尽脑汁，寻找对策；主编《学能步步高》时，发现民间自有高人在；参编《高中古诗文串讲》时，着实啃了一回硬骨头，握笔的手都麻了……

奋战在教学一线的我的同行们，一直有人为教辅资料编写前赴后继，呕心沥血。他们不是庸人，他们的心血结晶虽不能给予礼赞，但绝不能受鄙薄，他们是现行考试制度下的能工巧匠。

（二）命题是个技术活

当教师既然回避不了考试，那就要关注命题，勇于承担命题任务。

命题首先要搞清三个问题：性质、对象和范围。基于此，确定考试时间和试题长度、整体布局和结构、难度和区分度。也就是说，命题人要制定双向细目表，命题之前要有如同作文前的立意和构思。

命题要处理好几种关系：知识和能力、基础和发展、常规和创新等关系。每一份试题都应有创新部分，这体现命题人的个性和见识，也是一份题的试验田和亮点。

一份试题含若干子题，这些子题大多是选来的，少部分是改来的，极少数是原创的，其中比例应是 7:2:1。选题的过程是披沙拣金，博观约取。要想题目选得好，平时得进行好题积累，临时抱佛脚，会顾此失彼。

我从 1996 年开始，不间断地给市里统考命题，和同行中的优秀者一次次合作，合作中从他们身上学到很多为人为学之道。和南岩老师合作时他已身染沉疴，我请他吃饭，他再三推辞，坐到饭桌上粒米未进，只喝了一碗汤；和关双全老师合作时，他人在临猗，我执弟子礼，赶 50 里路登门恳请赐教；赵振龙老师人高马大，笑嘻嘻的，但合题时坚持原则，一丝不苟；和一些年轻老师合作时，他们的敏感新锐，常常令我惊喜，颇有启示。

校对是命题的尾巴工程。所谓慢工出细活，这个环节耗时耗力，需要静心耐心精心，绝对马虎不得。无论是题干还是题目，无论是文字还是表述，无论是表格还是符号，一旦出错，罪莫大焉，悔之晚矣！

命定一份题，相当于妇女一次分娩，艰辛在其中，爱在其中，进步亦在其中。一个教师的成长，离不开一次次命题的折腾。

命题逼促人掌握大纲，吃透教材，深入了解学情。命题逼促人胸怀全局，居高临下，进行创新实践。命题逼人走出自我，取长补短，在蜕变中新生。

（三）听课评课也是件大事

由于先后获过一些虚名，如校学术委员、校教学指导委员会委员、市中高级教师职称评审委员会委员、省高级教师职称评审委员会委员、省学科带头人等，自然地，听课评课机会多，可以说不计其数。

听别人课，表面上看自己处于上位，在审视别人，实则不尽然，每一个讲课人极力向听课人展示自己最优秀的一面时，对听课人都有或多或少的启发。也许他的角度很独特，也许他的教法很个性，他的灵光一闪，每每使我眼前一亮。某老师的板书，某老师的朗诵，都曾给我带来惊喜和感动。所以听课评课是一种学习，不断地听和评，就不断地长高长胖。

评别人课，的确要求比别人想多一些，站高一些。你得有一定的教学理论修养，这样才能透过现象看本质，才能对某一教学行为上升到理论层面去认识。你得有厚实的学科专业功底，这样才能拓展对话空间，针锋相对也罢，自圆其说也罢，都得持之有据，言之有理。你得不断学习，不能吃老本，不能摆架子。每一次评课，首先要站在讲课人的角度想：他为什么这样做，他还可以怎样做。

听课中也有让人忧思的事发生。有一次听新教师讲课，课题是苏轼的《念奴娇·赤壁怀古》，5 个教师有 3 个把"阙"写成"阕"。还有一次，有个教师讲"小乔初嫁了"时，竟然随意发挥说苏轼和妻子关系不谐，我劝他读一读《江城子·十年生死两茫茫》。有个老师讲《我与地坛》时，向学生提问"假如你忽然一天双腿残了，你会自杀吗？你如何对待生命？"，真让人哭笑不得！有个教师讲《窦娥冤》时，让学生扮演剧中人，引来满堂哄笑，很不严肃啊！

和其他评委老师交流，会有意想不到的收获。新绛中学数学特级教师薛盛保，我们相处甚洽，他虽然教数学，但擅长编写对联，有俗有雅，兴来即作。2009 年 8 月在省高评委，临汾一中语文特级教师杨东俊给我讲过一个故事，堪称经典，我著文《给学生画头发的教师》，记录如下：

前一段时间在省高评委工作时，听临汾一中杨老师讲了一则趣话。每每想起，会心一笑，继而沉思。

有个小学老师，对学生很好，毕业照相时，看见有个学生头发稀疏，便想了一个办法，用墨汁给该生头发涂黑。可以想象，这个学生在毕业照上留下一个可爱的形象。然而我想说，这个老师在学生心中一定留下了永远不磨灭的形象。

当很多老师把目光紧盯着学生分数时，当部分老师关注学生身后家长的身份时，故事中的老师却为学生的头发而着急。两相比较，为学生头发着急的老师着实让人感动。

教师有了爱生的情怀，就会不自觉地为学生做很多很多事，有些事看起来很小，价值却很大，大到影响学生的一生，大到影响学生爱他人，爱世界，爱生活。

2013 年 10 月 25 日在教学一部阶梯教室，全校语文教师大教研，评析几个青年教师的赛讲课，我发言的题目是《〈前方〉多歧路　与君相与析》，内容如下：

《前方》是苏教版新篇目而非传统篇目，过去一直对其重视不够，最近听了组里几位老师以此为题的赛讲课，听时做了些记录，课后生发些感想，觉得有必要重新认识这篇课文，又考虑了些语文教学的相关问题，现一并整理出来，和同行交流。

教学着力点

《前方》是一篇摄影散文，强调这一点意味着必须抓住联想和阐发。

联想就是面对图片产生的各种想法，虽然课文前面是一个画面，但在作者眼里心里却有了无数画面。所以教学内容之一就是把作者脑子里一系列画面整理出来。

阐发就是在联想的基础上，进行人生思考和探索，由此产生情趣或者哲理。所以另一个教学内容就是把作者的情和理整理出来。

就这一课而言，教学有两个目标：第一是理解，读懂作者要表达的内容；第二是赏析，看作者如何表达自己的情感和思想，如何设题目如何布局如何遣词造句。这两个目标后者更重要，因为这是语文课，不是政治课。作者写出文章，它的内容是我们语文课的内容，它的形式也是甚至更是我们的内容。

所以教学着力点既在于作者说什么，更在于作者怎么说。几位老师讲课不同程度忽视后者。

几个重要句子

四位老师都注意到文中这几个句子："人有克制不住的离家的欲望"，"人生实质上是一场苦旅"，"即便还了家，依然还在无家的感觉中"。

这几个句子在文中确实很重要，可以说是作者体验和思考的结晶。有的老师把这些句子归结为"哲理""观点"，我认为不妥。"哲理"让人敬畏，它们都能称得上哲理？"观点"一词多用于议论文，于散文不当。

我认为，说成"话题"更恰切，更便于讨论交流。用这几个句子组织教学也无妨。

"家""路""前方"的双关意义

这几个词文中多次出现，有时是客观实指，有时作者赋予其象征意义。正因为这样，有些句子单从字面理解，让人费解。

"前方"，是出发时的目的地，是希望之所在；在人生的旅途上，"前方"，是一个不确定的点，是一个不断召唤永无尽头的所在。

课堂内容要少

能看出几位老师课前都准备有大量材料，，下课铃响了意犹未尽。

一堂课到底该给学生多少，这个问题值得研究，肯定不是多多益善。多了自然会冲淡主题。有些信息游离于外，必须忍痛割爱！

留一点时间揣摩词语，真正让学生感觉到作者的良苦用心和作者的文学修养。

留一点时间给读书，重要地方反复读，要相信读比讨论更有价值。

学生活动

学生是课堂主体，所有好课都是要学生在课堂上取得最大收获。

师生互动成为评课指标，目的还是要求学生通过动起来而收获。明白这一点，就不要为动而动，就应该当动则动，就要避免肤浅表象的动和花哨形式的动。

学生念书是嘴动，学生习作是手动，学生讨论发言也是动，归根到底是要学生心动，情感波动，思想活跃。

如果提问时学生回答得好，评价语要因人而异还要体现语文老师用词得当且丰富多变，不可简单地表扬"好""真棒"，那样显得不真诚而且单调；如果学生回答不到位，别着急否定或不明不白地放下，这时候最需要引导，可以先把学生回答复述一遍，让其不足之处凸显，然后抓住要害进行引导。

四位老师的课都下了功夫，各有千秋，进一步打造皆可成精品。

上好一堂课不容易，尤其是语文课，人们太容易品头评足了，常常是预设和临场形成反差，诸多内在矛盾让人寝食难安，正所谓上一堂课掉一层皮啊！

五、小荷才露尖尖角，为我学生赞几声

2016 年 4 月

（一）加油，海升

学生中有个文学青年，名叫胡海升。他个子不高，热情很高，创作欲旺盛。我们的交往始于他请我读他的诗。每天一首，有时上午看了一首，下午又拿来一首，呈井喷之势，不可遏抑。升入高二后，他出了一本散文集——《七彩的少年》。此后不久，他出了一本诗集。

2007 年，"中华叶圣陶杯"第五届作文大赛拉开序幕，我们组织了 3000 人参加预选赛。暑假带领 8 人小团体，赴京参加决赛。最后，学校得了组织特等奖，他得了"小作家"称号。 2008 年， 在他第三部作品出版时，我写了篇序，题目是《加油，海升》，全文如下：

我刚刚翻完的这本诗集，已经是胡海升同学的第三部作品了，看着他人一天天长大，看着他作品一天天成熟，我打心里高兴。

诗是情感的浪花，可能是积久的沉淀，也可能是瞬间的爆发，情感的流动和飞扬，增加了诗的魅力，也增加了诗的神秘。

诗往往是独语，有极强的个性色彩。人与人，谁又能了解谁多少？谁又能理解谁多少？即使是好朋友。相识易相知难啊！所以我喜欢胡海升的诗，却未必能给出合适的解读。

尽管如此，我依然能从诗作的字里行间读出他那颗少年心，那颗纯朴善良的、躁动不安的、勇敢进取的心。对故乡的怀恋，对季节的敏感，对天地的发问，对未来的渴望，形成他诗作里一道道风景。品读中，我听到他的歌哭，看到他青春的旗帜在飘扬。

我是海升高一时的语文老师，收集和批阅了他最初的诗作。我喜欢其人其作，我说不准，说不透，但我感受得真，感受得深。我愿陪他坚定地走下去。

2012年前后，有一天突然接到一个越洋电话，怪亲切的，他说他在马来西亚。通话后不久，他给我邮来一本台湾版《四书读本》，书里夹着一封信，信里述说自己漂泊经历和对我及对母校的思念。

青年人往往喜欢做文学梦，只有很少人把梦做下去，胡海升是一个独特的存在。我陪他多走了几步路，他是我众多扶持过的文学青年中的一个，也是走得较远的一个，谨此纪念。

去年，偶尔看到胡海升回忆我们交往的文章——《回忆我的语文老师》，附录于此：

不知道是什么时候持久地想起了高中时候的恩师，他迈着稳重而厚实的步伐悄悄地走进我的梦里，我似乎还能听见他走路时特有的声音……又回到了记忆中的高中时代，自然想起了我最崇敬的梁元成老师。进入高中后一切都充满了新鲜，特别是来到了如此气派的三晋名校，更是欢喜的不得了。欢喜过后是课程的繁丰和多样，顿时，农村少年有种乱花渐欲迷人眼的感觉。逐渐地我被这个充满现代化的学校抛弃了，等待我的是太多的不适应和烦恼。正在这时，梁老师悠闲地走进了我的世界，一切也都随着这位贵客的到来而悄然地变化起来，在偌大的都市里，我开始找到了生活的感觉和看到了希望……

我对梁老师的敬意，源于倾听他的授课，那是一种陶醉，是一种美的再现和自我内心世界的洗礼。一篇与我们相隔几千年的古文，他竟然可以让全班同学如此着迷。还记得那篇《烛之武退秦师》，我们一起跟着古人恐惧、激动、着急和兴奋，对文学的爱，对真理的追求，也就这样慢慢地形成。还清晰地记得，我和梁老师的互动是从诗歌开始的，起初我尝试写一首诗，然后夹在老师的书中，次日老师上课，会将批改好的诗歌，或者他的感受写成纸条递给我，这种特殊的交流方式，成为我们良师益友感情的开始。在高中后期的学习中，我成为学校的争议人物，各种批评和不满扑面而来，逐渐地很多朋友、老师也开始远离，是梁老师陪我走过了那段艰难的岁月。在他的心中，好像从来没有优差学生之分，他那严厉的教导更是对任何人都从不怜惜。这种严厉同样适用于学术的研究，所以老师对于学术始终是严谨的，从他的日常教学、校内外教材编写、论文著作，我们都不难发现这个特点。老师喜爱喝酒与吸烟，从前总是规劝老师戒掉，现在理解了，那已经是老师思考问题的一种方式了。

还记得，有一次老师外出回来，好像是清明节的晚上，他喝了点酒，似乎有点醉意，老师从办公桌抽屉里，取出了几张纸，然后给我读了起来。听着听着，我的心随着老师的严肃而沉静下来，从那篇精短的散文中，我了解到这篇文章是老师为回忆母亲而写的。从文中，我得知老师的少年生活是那样的艰苦，兄弟很多，母亲靠喂猪，将他们兄弟一个个送进大学。母亲也因喂猪而闻名于乡，最让母亲自豪的是靠喂猪受到了省委书记的接见。老师的声音渐渐地低沉，眼泪不住地从眼角下滑，我的眼睛也变得湿润起来。这是我第一次看到老师流泪。之后，老师对我说："海升啊，做了父母，才知道父母苦，才知道父母的恩，我们在现代养活一个孩子都感觉到不易，在那个缺吃少喝的年代，父母养活我们兄弟几个是何等的不易啊。今天是清明节，我和兄弟几个约好一起去给父母烧香，我很想念他们，他们活着时太苦了。你还年轻，应该多孝顺孝顺父母，不要等过世以后，再自责，难过。"

对老师有着说不完的敬意，是因为老师像一本丰富的书，当你走进这本书，全身不由地肃然起敬，他的每一个行为，每一句话，都让你回味无穷。在高中，我有个很要好的朋友，我们一起学习，生活近7载，有段时间，我们的友情很不顺畅，甚至发生了严重的裂痕。有一天，我和老师在办公室讨论文学，我尝试着和老师探讨人生，说到与朋友的相处，老师告诉我，人和人的相处无非是感情空间和利益空间，就是看两种空间的比例关系。如果利益空间较大，感情就被利益化了，如果感情空间过大，就显得空洞了，所以要维系两种空间的平衡，感情才能越来越深，友情才能更加牢固。起初，我对这种说法，不是十分了解，但是我把这些话记在了心里，涉世后，我才发现这些话语的深刻意义，才知道何为利益，何为感情，才知道如何与人相处。

时间过得太快了，由于特殊的原因，在将近毕业的时候，我转到了其他学校。在我离开之际，老师请我到家里做客，再三地叮嘱我要有远大的理想，要有感恩社会、服务社会的情怀。而且把我写给他的诗稿整齐地从信封中取出，问我要拿回还是留作纪念，我告诉老师，还是放在他这儿，这儿也是我的家，我走了会常回来。在我离开之前，老师专门找了学校的摄影师，在学校大门口和他办公室面前，我们合影留念，这是我高中时期唯一的纪念照。由于我的思想成熟较早，所以和同龄同学的交往甚少，直到我进入大学并参加社会活动，才越来越感受到师生情、同学情的纯真与美好。一种寻找同学的冲动，久久地徘徊在我的心里，终于有一天鼓起勇气，尝试着在QQ群中搜索学校的名字，熟悉的班级群，新颖地出现在我的面前，伴随着怦怦心跳，点击了添加键。原来同学们还记得我，原来我们之间竟然这么的亲切，原来大家都变化很多，回忆起高中生活，有太多的乐趣。他们告诉我，前不久在学校聚会了，彼岸天空的云是否依然，而且还专程看望了梁老师，老师还是那么惦记我们，还特别的询问了我。顿时，眼泪涌出来了，滴落在桌前，久久的沉寂，原来好长时间没有问候老师了。不是因为我忘记了老师，而是自己走了太多的弯路，无颜以对老师的期许和教诲。看到同学发来的合影，老师又显得苍老了许多，但是从老师的目光中，我依然可以看到他坚韧不拔、坚持真理的精气神。祝愿老师一切安好，学生真诚地向您致敬和祝福……

（二）史勇的文学情结

2015年冬，一次晚饭，我和钟龙在一起，他拨通了史勇的电话，他们都是我20年前的学生。史勇是班长，也是个文学青年，他现在在国家审计署工作。今年春节来校看我，说起多年来语文对他帮助很大，还给我带来他出版的书——《涑水集》。不久给我发来如下回忆短文——《感谢我的恩师——梁元成老师》：

梁元成老师是我康中267班的班主任，是我最尊敬的老师。今年是他从教30周年值得庆祝，也是我毕业20周年，有些事值得回忆。记得那时上语文课时，最精彩的就是听梁老师做古文赏析，他抑扬顿挫地诵读和独到的分析，常常让学生们着迷。那时的我由于热衷社团事务，连续3年担任康中学生会干部和班长，学习成绩却一直徘徊不前。有一段时间，不知是何原因，作文课竟然写不出东西，自己苦恼不已。有一次课后，梁老师专门找到我，问我近期学习情况，同时传授我写作文的技巧主要是自己的真实所感所悟，不需要编造。后来我尝试回忆自己发小阿亮的故事，写了作文《阿亮你要坚强》，主要就是写了我们之间交往的一些小事。出乎意料的是，一次语文课，梁老师竟然在全班公开读了我的这篇文章，他依旧是那么声情并茂，我永远会记得其中的一段，"我和阿亮一起在闻喜西湖玩耍时，一起朝湖面投掷石块，湖面掀起漪涟发出的声音……"那堂课课后，在梁老师的肯定下，我觉得自己就是一名真正的文学爱好者。高中毕业后，我考上了武汉一所军校，先后在空军多个部队服役 17 年，后来又转业到审计署广州特派办工作，工作单位一直不停转换，工作内容也不断更新，但是写作和撰写文章自己一直没有丢掉，由于工作业绩突出，自己先后荣立三等功 6 次，出版个人军事作品集《涑水集》一部，多次被提前晋升职务，获得的荣誉不少。应该说，和当时梁元成老师不断鼓励和指点是分不开的，特别是和那堂他公开诵读我作文的课是分不开的。他从教 30 年来，培养的学生不计其数，肯定会有不少他的学生和我一样，得到他某一方面的肯定或鼓励后，就会觉得自己会在某方面有更大进步，从而不断努力不断奋进。

老师的职业是最伟大的，他可以改变很多人，我永远感谢我的恩师——梁元成老师！

六、嘤其鸣矣求友声，研究会里乐陶陶

2016 年 3 月

2012 年，张建文、曹晓丽老师编写了一本《诗意人生》，征求我意见时，我写了下面的文字：

和张建文、曹晓丽夫妇做同事做朋友有些时日了，他们有很多好的想法和做法，我尽可能地理解和支持，这既是一种感情，又是一种责任。

中学语文教师队伍是一支庞大的队伍，队伍中的人大多做得很辛苦很茫然。课堂围着课本转，高三围着高考转，时而雕虫，时而雕龙，俯仰之间，青丝化雪，老于户牖之下，两手空空，遂唏嘘不已。而有人不认命，不抱怨，不沉沦，不跟风，在静默中孕育，用脚踩踏出一片高地，张建文、曹晓丽老师便这样。以此从职业困境中突围，刷出一抹生命亮色。

2014 年，任健老师编写了一本书《诗情词心》，我读了后感觉到里面有她自己许多的体验和感受。柴海军老师的《（论语）新说》，也是我拜读过的有价值的书。

我们运城有一批这样的语文老师，不满现状，不受羁绊，时刻想着突围，寻找心中的真语文。河东大地，人文荟萃，得郭璞于闻喜，得三王（王通、王绩、王勃）于万荣，得柳宗元于永济，得司空图于临猗，得司马光于夏县，得薛瑄于河津，得《弟子规》作者李毓秀于新绛……光耀中华，荫泽后人。语文先贤们提供了一方沃土，后生得其地利，借力发展。

2014 年 11 月 29 日，历尽艰难后，在市教育局五楼会议室，来自各县市的同仁们欢聚一堂，喜不自胜，稷山县鲍新焕老师自拟自书了一副对联："会中人物东西晋，笔下文章大小苏"，张贴在研究会办公室外。作为首届会长的我在发言中，引用鲁迅先生在给白莽《孩儿塔》序文中的几句话，"这是东方的微光，是林中的响箭，是冬末的萌芽，是进军的第一步，是对于前驱者的爱的大纛，也是对于摧残者的憎的丰碑。"

研究会的会刊是《河东新语文》，虽在童年，稚嫩质朴，但却又意气风发，锐不可当。回望历史，捕捉先贤之智慧；直面现实，索解课堂之困境；展示自我，力推会员之风采。这里没有经院派的装腔作势，故作高深；没有泥古派的旁征博引，唯权威是瞻；没有先锋派的云来雾去，标新立异。这是完全的自论自语，有真切的低语，有温润的夜语。

2015 年 6 月，研究会组织举办了首届"运语研"杯教师教学成果大赛和学生作文大赛。

2015 年暑假期间，会员们捐书，成立了图书馆，目前有图书千余册。

2015 年 9 月，研究会成立学生社团"河东读写社"，每周一次读书会。

2015 年 11 月，推出高峰等四位老师参加山西省中语会"金钥匙"奖大赛并分别荣获一、二等奖。

2015 年 12 月，赴平陆中学"送教下乡"。

2015 年 12 月，推荐曹晓丽老师参加全国中小学"文化作文与文化教学"优质课大赛并获特等奖。

2016 年 3 月，组织学生参加"叶圣陶杯"全国中学生作文大赛，其中 20 人进入全国总决赛。

2016 年 4 月，推荐优秀学生参加名校自主招生考试。

2016 年 5 月，申请"以写作为本位"的国家级课题。

2016 年 5 月，赴芮城中学"送教下乡"，筹备成立芮城、平陆、夏县"河东读写社"分社。

2016 年致力于开发并完善"河东读写社"特色课程。

研究会成立一年有余，会员 300 多人，是运城市语文教研的好平台。

课堂例举

一、《药》
——校从教过关第一课

（一）回顾上节课内容

同学们，上节课我们共同完成了三个内容：第一，了解鲁迅对辛亥革命的认识和他对国民性格问题的探讨，这是鲁迅创作这篇小说的思想基础；第二，了解秋瑾被害这段历史事实，这是小说故事构成的背景材料；第三，理清故事情节，看明暗两条线索如何展开如何交汇。这节课我们重点是研究小说中的人物。

（二）对小说中人物进行归类

1. 同学们找一找小说中出现了哪些人

2. 按照对辛亥革命的不同态度，把小说中人物分成三类

第一类是一般群众，他们不理解革命，不理解革命者的死。这类人包括华老栓一家三口、夏四奶奶、驼背五少爷、花白胡子等人及众茶客。

第二类是革命者，他们积极参加这场伟大的社会变革，有人为之献出生命，但他们不被理解。这类人包括夏瑜（秋瑾）和无名献花者。

第三类是反革命，他们仇视革命，镇压革命，愚弄人民。这类人包括康大叔、红眼睛阿义等。

下面我们选取三个典型来看：华老栓、康大叔、夏瑜。

（三）华老栓形象分析

1. 作者刻画这个形象主要运用行动描写和心理描写

行动描写从五个地方看。第一是买药出发时装钱动作，他接过老伴给的钱，"抖抖的"装入衣袋，还在外面"按"了两下。这钱不是一般的钱，是他辛苦积攒来之不易的，是给孩子买药关系孩子性命的钱。从这里我们看出，贫穷的、爱子的、愚昧的华老栓。第二是看杀人时的动作，他忽然"吃了一惊"，"后退几步"，"撩到屋檐下"。当许多人争着围着看杀人的热闹场面时，他却躲着，从中看出他胆小善良。第三是接人血馒头时他的动作，"慌忙"掏钱，"抖抖"给钱，"踌躇"不敢接药。这又一次反映他胆小怕事。

第四是看孩子吃药时他聚精会神充满希望的样子，他的眼光仿佛"注进"什么又"取出"什么。注进什么？新的生命；取出什么？可恶的痨病。这固然反映了他爱子心切，更反映他愚昧无知，一心一意干蠢事。第五是他招待茶客的一系列动作，"一趟一趟"跑来跑去给客人冲茶，驼背五少爷说他"只是忙"。他无疑是一个勤劳的下层人。

心理描写从两个地方看。买药前，走在街上他心里爽快，仿佛一个少年，"跨步格外高远"；买药后，他幸福极了"仿佛抱着一个十世单传的婴儿"，周围的一切都置之度外。愚昧得可笑！

2. 总结

以上描写，写出了一个勤劳善良、胆小怕事、贫穷苦难的华老栓，写出了一个愚昧落后、迷信麻木的华老栓，这就是那个时代城镇贫民的典型。革命者为了救华老栓这样的贫苦人，到头来贫苦人却吃了革命者的血，真是巨大的讽刺！鲁迅"哀其不幸，怒其不争"。

（四）康大叔形象分析

1. 作者刻画这个形象主要运用了肖像描写、行动描写和语言描写

肖像描写集中在他的容貌和服饰上。这个人"满脸横肉，块块饱绽"、"眼光像两把刀，刺得老栓缩小了一半"，这是活脱脱的刽子手形象，满脸杀气，凶残异常。这个人"浑身黑色"，神秘可恶。

行动描写集中在刑场交货和茶馆入场两个情节上。交货时作者用了一连串动词："抢"过灯笼，"扯"下纸罩，"裹"了馒头，"塞"与老栓；一把"抓"过洋钱，还"捏一捏"。这些动词很传神，如果换成"取、扯、包、送、拿、捏"，表达效果就差多了。一连串动作又快又狠，表现其熟练急切、贪婪无耻。他进茶馆时，驼背五少爷话还没完，他就"闯"进，"披"着衣服，"捆"着腰带，嘴里乱"嚷"，衣服不整，举止粗鲁，一副粗鲁野蛮旁若无人的样子。

语言描写集中在课文第三部分。他一个劲地说"包好"，暴露其骗子的嘴脸；"要不是我信息灵"说明其狡诈；"这小东西不要命，不要命就是了"是他凶残的本性。康大叔的语言极富个性化，读者闻其声自然知其人。

2. 总结

康大叔是小说成功塑造的一个人物形象，他暴虐凶残，贪婪无耻，镇压革命，杀害烈士，还沾沾自喜，是一个十足的刽子手。作者有意把他写得很丑，增加人们阅读时的厌恶感。

（五）夏瑜形象分析

1. 作者刻画这个形象运用了侧面描写手法

第一节写夏瑜就义，他为千千万万群众而死，群众却来当看客，而且华老栓还让小栓吃他的血，可见他是一个失败的英雄，一个孤独的英雄。第二节茶馆对话里写出他在狱中的斗争和群众的反应。他是被夏三爷告发入狱的，在狱中"打不怕"，不但不记恨阿义，还可怜阿义，"这大清的天下是我们大家的"振聋发聩。这些说明夏瑜是一个英勇的革命者，临危不惧，坚强不屈，革命事业为重，个人恩怨次之，把牢狱当讲台宣传革命。可惜的是不被理解，从中看出辛亥革命脱离群众的缺陷。第四节写夏四奶奶上坟，脸上"显出羞愧的颜色"，说明不但群众不理解革命，就连革命者的母亲也不理解；坟头的花环，一方面是写出亲戚们不来的凄凉，另一方面是革命自有后来人的希望，尽管黑暗势力打压革命，但革命之火仍在燃烧。夏瑜这位青年革命者，不屈不挠的战斗意志，大无畏的牺牲精神，是投进黑暗铁屋子的一把火炬，它照亮了黑暗，必将唤醒民众。

2. 总结

写夏瑜作者没有正面描写，用的是暗线，是侧面描写，突出了烈士的英雄形象，也不无遗憾地写出其悲凉，发人深思。

（六）总结

作者满怀激情，潜心塑造了一组人物，对华老栓"哀其不幸，怒其不争"，对康大叔厌恶憎恨，对夏瑜给予赞美和同情。这三个人物都具有典型性，他们分别代表了辛亥革命时期，麻木的群众、凶残的刽子手和失败的革命者。作者的目的是，借麻木的群众唤醒群众的麻木，借凶残的刽子手控诉刽子手的凶残，借失败的革命者剖析革命的失败。

（七）课后作业

完成课后练习第四五题。

【补记】

1. 这节课是 1986 年 12 月份上的，这是毕业后给所在工作单位——康杰中学的第一份见面礼。我们学校有个规矩，凡新毕业的老师都要上一堂公开课，或者叫过关课，大家都很重视，都怕搞砸了，都想给人留下好印象。唐代朱庆馀《近试上张水部》诗云："洞房昨夜停红烛，待晓堂前拜舅姑；妆罢低眉问夫婿，画眉深浅入时无？"就是我当时的心境写照。

2.《药》课文长，用三课时分别解决情节、人物、环境三个问题，这里是第二课时的教学。

3. 当年的课粗糙肤浅，但当初的确是很用心的。

二、《中国人失掉自信力了吗》
——校青年教师赛讲课

（一）教学目的

1. 培养学生爱国主义思想，提高民族自信心。
2. 学习鲁迅杂文的特点。
3. 掌握驳论文章写法。

（二）教学重难点

1. 背景的交代和理解。
2. 批驳的过程和方法。

（三）教学计划

课前布置学生预习，指导学生查阅相关资料；一课时授完；采用讲读结合方法。

（四）教学过程

导入新课—背景介绍—分析讨论第一二段—分析讨论第三四五段—分析讨论第六七八段—总结第九段—总结全文—布置作业

1. 导课

同学们好，今天我们学习《杂文两篇》的第二篇——《中国人失掉自信力了吗》。鲁迅先生的文章，在初高中阶段我们学过不少，我相信通过本课的学习，大家会有新的收获。

2. 背景介绍

本文写于 1934 年 9 月 25 日，一个月后发表在《太白》半月刊上，后收入《且介亭杂文》集子里。1934 年的中国充满了血泪，一片动荡。东北在日寇的铁蹄下呻吟，华北形势岌岌可危，民族危机日益加深，值此国难当头之际，国民党政府不采取积极有效的抵抗措施，却寄希望于国联调停。当时反动政府戴季陶等人在北京杭州一些大城市搞"时轮金刚法会"，祈求神灵救国。当时颇有影响的资产阶级报纸《大公报》发表《孔子诞辰纪念》社评，嚷嚷道"民族的自尊心和自信力，既已荡然无存，不待外侮之来，国家固已濒于精神幻灭之域"。一时间，悲观亡国论调笼罩中国上空。中国人有没有自信力似乎成了一个疑问。面对种种情况，鲁迅先生毅然提笔写下此文，对上述问题做出响亮回答。

3. 分析讨论第一二段

先通读全文，取得整体印象。

这是一篇驳论文章，驳论文章首先应该交代敌论论点和论据，即树靶子。那么我们来看怎样树靶子。

第一段用冒号领起三个分句，摆出敌论论据。如果把三个分句对比起来看，就会发现，作者通过一系列准确恰当的词语，从不同角度向读者表明自己对所罗列论据的态度和认识。从时间上看：由"两年前"到"不久"到"现在"，是一天天发展着；从对象上看：由"地""物"到"国联"到"神""佛"，是一个个越空越玄；从程度上看：由"总"到"只"到"一味"，是一步步越陷越深；从性质上看：由"是"到"也是"到"却也是"，表明实实在在存在着。

在这个基础上，水到渠成提出敌论论点——"于是有人慨叹曰，中国人失掉自信力了"。其中"慨叹"一词，讽刺意义极强，画出了反动文人、亡国论散布者的丑恶嘴脸。

这两段文字十分精练，靶子树得具体完整，活灵活现。鲁迅不愧为文学大师，靶子树起来，尚未批驳，就已让人觉得敌方可憎可恶。

4．分析讨论第三四五段

第三段第一句"如果单据这一点现象而论"，虽然这里用的是假设句式，其实全都是事实，对方正是"单据这一点现象"而论的。那么"单据这一点现象"应该得出什么结论呢？作者对前两个"事实"具体分析之后，认为敌论论据只能得出"中国人失掉他信力"的结论。"他信力"是"自信力"的仿词，妙极了。

第四段通过对第三个"事实"的分析，得出"中国人现在是在发展着自欺力"的结论。论证中，作者欲擒故纵，这一段一开始就在让对方感觉到可以缓口气的当儿，用"不幸"一转，当头棒喝。接下来的论述更是入木三分。

以上文字借用对方论据，通过分析论证，得出了和对方不一致的观点。常言道"种瓜得瓜，种豆得豆"，鲁迅把对方置于"种瓜得豆"的尴尬境地，不禁使人拍案叫绝。巧妙的论辩艺术，闪烁着鲁迅式的智慧光芒，展现出鲁迅式的斗士风采。

驳论文章有时指出对方论据的虚假，有时指出其论证的不合逻辑。这里驳的是论证，用的是直接反驳法。

5．分析讨论第六七八段

第六段起过渡作用，在读者面前树起一个和对方完全相反的论点——我们有并不失掉自信力的中国人在。

第七段作者一连列举了四种人，且使用了省略号，表明没列举完。节奏明快，语势奔流，如江河之下，浩气四塞。

"埋头苦干的人"使我们想到千百年来在中国大地上辛勤劳作的人民群众，使我们想到那些造福人类的科学家发明家，如蔡伦沈括张衡等，还有呕心沥血三十年成就《本草》巨著的李时珍。不胜枚举。

"拼命硬干的人"使我们想到历史上的民族英雄，有"壮志饥餐胡虏肉，笑谈渴饮匈奴血"的岳飞，有"人生自古谁无死，留取丹心照汗青"的文天祥，抗击倭寇的戚继光，收复台湾的郑成功。也使我们想到历次农民起义领袖：陈胜吴广和黄巢、李自成、洪秀全。

"为民请命的人"使我们想到杜甫"安得广厦千万间，大庇天下寒士俱欢颜"的不朽名句，关汉卿"天也！你不分好歹何为天；地也，你错勘贤愚枉作地"的愤怒指斥，使我们联想到包拯、海瑞这一类青天大老爷。

"舍身求法的人"指的是玄奘、鉴真和谭嗣同等人。

以上四种人是"中国的脊梁"，是他们，正是他们充满自信，奋斗不息，才使中华民族在相当长的历史时期，雄踞东方大陆，傲立世界民族之林。自信力是中华民族的优良传统，过去有，现在有，将来更有，这是任何人也抹杀不了的。行文至此，作者改幽默讽刺为庄重昂扬，字字千钧，句句浓情，充分表达了爱祖国爱民族的赤子情怀。

第八段以反问句开端，字里行间透出对中国人民的热情赞颂，对敌人的无比憎恨。读这一段文字，我们不难想到，就在作者写作此文时，国民党政府正出动 100 万军队 200 架飞机对苏区共产党人和红军战士进行疯狂的军事围剿；我们不难想到，战斗在白山黑水间的抗日义勇军；我们不会忘记，就在此文发表后一个月，著名抗日将领吉鸿昌在北京被秘密暗杀。鲁迅终于按捺不住，发出"这简直是污蔑"的斥责，真是掷地有声。

段末一句话，引发了我们对"中国人"一词的回味和思考。显然，第一处"中国人"指的是全体中国人，第二三处"中国人"指的是国民党反动政客及走狗文人，后文的"中国人"才是真正的中国人。

追古也好，述今也好，事实证明，我们确有并没有失掉自信力的中国人在，而且为数不少。课文六七八段树起这样一个论点，使敌论点不攻自破。这里用的是间接反驳法。

6. 分析第九段

总结全文，简洁有力，意蕴深刻，耐人寻味。

7. 总结全文

论证过程：树靶子—打靶子—总结。

论证内容：敌论论据和论点—批驳论证—批驳论点。

论证方法：直接反驳—间接反驳。

论证特点：概括精—批驳妙—格调高—意蕴深。

一篇短短 680 字的杂文，是匕首，剥开敌人画皮；是投枪，直刺敌人要害；是檄文，声讨敌人罪恶；是号角，鼓舞人民斗志。读来醋畅淋漓，快哉快哉！驳得对方体无完肤，理屈词穷。有人称鲁迅杂文是"独特形式的诗"、"中国民族文学的奇花"，由此可见。

（五）作业

请同学们把此文和上一篇文章的论证过程和论证方法列表比较。

【补记】

1. 1996 年 5 月，学校组织青年教师赛讲，我执教这篇课文。讲课前不久，运城地区高考研讨会在稷山中学举行，会上我为大家解读高考大纲，这也为我赛讲壮了胆。

2. 这个阶段教学，我注意到自己的教学语言，追求表达有文采，形成自己的话语风格。那时想，我就要走出康中了，有更大的舞台等着我，我必须过好教学语言关。

三、《雷雨》
——校学术委员示范课

（一）教学说明

1. 这篇课文三课时完成。第一课时，教师介绍有关戏剧知识和《雷雨》剧情，学生们有表情地读课文。第二课时，学生继续读课文，在熟读基础上，质疑讨论。第三课时，重点解决三个问题：戏剧冲突，人物性格，悲剧意义。

2. 第三课时安排可能人们意见不一，要结合学情。这样的课文学生们好像能看懂但看不深，教师有责任提升学生认识。

3. 课堂学生活动应视具体情况而定。剧中人物关系复杂，人物心理感情复杂，学生们受经历限制难以把握，所以不可使学生活动简单化、庸俗化。

（二）教学过程

1. **认识戏剧冲突**

戏剧冲突指的是不同思想性格和行动目标的人之间的矛盾交锋。冲突在情节中体现，随情节展开，不断升级，走向高潮。由于是舞台艺术，受时空限制，戏剧冲突比小说更集中、更尖锐、更有高潮性。

课文所选内容是原剧作第二幕的两场戏，有两个冲突：一是周朴园和鲁侍萍的感情纠葛，二是周朴园和鲁大海之间的阶级斗争。今天我们重点看周鲁感情纠葛。这场戏可以简单用"重逢"二字来概括，但曹禺先生把它处理得曲折复杂。

2. 冲突中周鲁二人的各种表现

周朴园误认为鲁侍萍是新来的下人；继而从鲁侍萍关窗的动作中找到似曾相识的感觉；接着从鲁侍萍的答话口音中，引出对三十年前无锡往事的回忆；接下来的问答中周朴园显得恐惧，极力想掩饰和逃避；直到鲁侍萍提到衬衣上那朵绣补的梅花时，他才大梦方醒。哦，原来这个人就是三十年前那个年轻、漂亮、聪明、贤惠的梅姑娘，那个和自己两情相悦、并生了两个儿子的梅姑娘，那个被逼出走、流落他乡的人，那个他三十年来一直供奉着的、挂念着的、纪念着的那个人。

我们再来看看周朴园疑虑重重、不安恐惧时，侍萍有什么表现。鲁侍萍可以说是屡屡暗示，欲言又止。有几次她该走了，反倒没走；有几次被追问她到底是谁，她都从容作答；到后来差点捅破这层纸，她"望着朴园，泪要涌出"，这是相当感人的文字。

这场戏中，周鲁二人一个疑虑重重、恐惧不安，一个屡屡暗示、欲言又止，就这么一拉一拒，环环相扣，使冲突步步加剧。

3. 分析周朴园人物性格

说到这里，我想请同学们单就以上内容，说说周朴园是个什么样的人？念旧，多情，善良等。

可是还没有完，读过后文便发现，在他们相认之后，周朴园忽然换了个人，变得严厉，冷冷地说话，当他感觉鲁侍萍可能给他家庭生活和社会地位产生威胁时，想拿钱来收买侍萍，态度是180度大转弯，前后判若两人。周朴园太让观众失望了，我们只好给他的"善"字前面加一个字"伪"，伪善之人。

想想看，除了这场戏，你还了解周朴园哪些事？从其出身和身份看，他是一个封建地主和资本家二合一式的反面角色；从他的发家史看，他是一个狠毒冷酷的家伙；从他对家庭成员的态度上看，他是一个专制的家长；从他对矿上工人行骗手段上看，他是一个狡诈的资本家。周朴园就是这么个人。

有人给周朴园画了一幅像：年纪大约五六十岁，微微发胖，背有点弯，举手投足间透着威严，这威严在家人面前格外峻厉。像一切忙于操劳大事、疲于社会交往的商界名流一样，他的脸上刻着世故和劳累。椭圆形的金丝边眼镜架在鼻子上，玻璃镜片后，闪着沉稳、阴险的光，再加上偶然在嘴角逼出的冷笑，无不显出他一贯的专横、自信和倔强。年轻时的一切冒失和狂妄，已经被一道道皱纹深深地遮盖，寻不出一点痕迹，只有那半白的头发还保持着昔日的风采，很润泽地梳向脑后。

4. 本出戏的悲剧意义

给周朴园画了这样一张像后，我继续想，曹禺先生通过《雷雨》写了周鲁两家人的命运，给我们讲了一个巧合得不能再巧合的故事，就这么简单吗？一个伟大作家，同时应该是一个伟大的思想家，一个伟大的人文主义者，他真正应该关心和思考的更深广意义上的人生、人情、人性，乃至人类的命运，他必须有一种悲天悯人的情怀。那么，曹禺先生究竟想表达什么？回答这个问题，不妨来点假设——

假如当年周老太爷不棒打鸳鸯，不逼走梅姑娘，不给周少爷婆门当户对的小姐，该是什么情景？

假如鲁侍萍投河自尽被人救起后，从此漂泊异乡，和周朴园无缘再见，曾经发生的事都被岁月风干，又如何？

假如四凤在别的公馆做仆人，鲁大海在别的矿上当工人，那该多清净？

假如繁漪、周萍、周冲、四凤沿着各自的人生轨迹行进，不交叉乱伦，该多好？

可惜，我的很多假如被无情的严酷的剧情一一否定。

鲁侍萍作为社会底层人物，她被侮辱被损害，连女儿也在劫难逃，这就不用说了。可周朴园呢？有钱有势的周朴园也在接受命运的捉弄，或者叫惩罚。有来自家庭内部的乱伦事件，有来自矿上的罢工风潮，甚至三十年前的人和事也鬼使神差如影随形般一齐涌来，为什么呢？

《雷雨》的结局是：四凤和周冲触电而死，周萍饮弹自尽，周朴园瘫了，繁漪疯了。所以，整个《雷雨》是一部悲剧，弥漫着浓郁的悲剧气氛。这部剧作以周朴园为主角，把人性中最复杂、最隐秘、最脆弱、最不愿为外人道的东西抖出来，把它摊在命运这张黑布上。这就是《雷雨》。

《雷雨》创作于1933年，而今70年过去了，它没有被历史尘封，依然让我们激动，这种跨越70年的美丽奥秘何在？正是因为它的悲剧表达。悲剧是一种美，崇高的美，严肃的美。

【补记】

1. 这是2003年4月17日我在校内上的一节研讨课。现代戏曲教学对自己是个考验，我不喜欢让学生热热闹闹表演，怕的是学生把握不好把经典给糟蹋了。

2. 这出戏涉及悲剧问题，课上似乎没把这说透。文学鉴赏是审美活动，戏剧鉴赏的境界在于抓住其悲剧意义。中国古典戏剧多是大团圆结局，震撼力不强，而西方戏剧多追求悲剧效果，《雷雨》是第一部中西合璧的戏剧杰作。

3. 周朴园是一个相当复杂的人物，分析这个人要考虑三个向度：感情，性格，阶级性。

四、《〈黄花岗七十二烈士事略〉序》
——校学术委员示范课

（一）导语

各位同学，今天我郑重给大家推荐一篇文章。这篇文章多年来常常令我激动不已。我知道不单我喜欢，还有很多人也喜欢。在苏教版语文教材里其标题为《〈黄花岗七十二烈士事略〉序》，是孙中山先生的大作。

（二）教学过程

1. 师领读两遍，第一遍解决断句问题，第二遍连起来读，读出气势

2. 学习第一段

这是一篇序文，是孙中山先生为一本书写的序。这本书介绍了广州起义死难的七十二个烈士的事迹，那么，广州起义大家了解多少？1911 年 4 月 27 日（阴历辛亥年三月二十九日）下午 5 点多，黄兴带领一百多名敢死队员冲进两广督署，继而攻占成功。经过两天激战，最后因寡不敌众，惨遭失败。当时有个志士名叫潘达微把烈士尸体埋在黄花岗，清点时是七十二具。这就是著名的广州起义，或者叫黄花岗起义。

我们想，要写这样一篇序文，绝对避不开一个内容，那就是对广州起义的评价，文章得说说烈士们死得伟大，死得有价值。这个内容集中在文章第一段，看看孙中山先生是怎么写的，大家读第一段。

孙先生把广州起义放在革命党人一系列艰苦卓绝的斗争的背景上来写，的确，从 1894 年檀香山兴中会的成立到 1905 年同盟会的成立，直到 1911 年辛亥革命，孙中山领导了一次次起义，在这大大小小十几次起义中，广州起义规模最大，死事最惨。读这一段文字我感觉最重要的是，孙先生对这次战役的高度赞扬：唤醒民心，点燃怒火，催生新政。可以说这一战役直接动摇了清政府的统治，成为武昌革命的前奏。

3．学习第二段

烈士们为开创中华民国流血牺牲，那么民国建立后就应该很好地纪念他们，宣传他们，学习他们，可事实上呢？请读第二段，读出痛和遗憾。注意"变乱纷乘"、"一抔土"、"荒烟蔓草"、"始"、"才"等词语的情感内涵。

4．学习第四段

烈士们长眠无语，无尽的悼念和悲痛固然应该，但纪念烈士告慰英灵的最好方式是实现烈士遗愿，最后一段孙先生忧心如焚，热切希望同人努力。

1921年2月4日孙中山到达桂林，指挥讨伐军阀徐世昌。当时，老同盟会员邹鲁编辑成烈士事略，请先生写序，于是有了这篇战斗檄文。1894年孙中山在美国夏威夷的檀香山成立了兴中会，提出"驱除鞑虏，恢复中华，建立合众政府"，这里先生满怀深情地回顾近三十年的斗争历程，再次明确提出"三民主义、五权宪法"的奋斗目标，激励国人。全文最重要的一个字就是课文最后一个字"勖"。请同学们带着感情好好读课文，争取背诵。

5．点拨深化

刚才同学们背书时，我在想，今天我们不仅仅是看一篇文言文，不仅仅多认了几个字，或者领略孙先生文笔，我感觉更重要的是在接受精神洗礼和精神召唤。短短五百字，铿锵有力，荡气回肠，催人奋进。我仿佛看见孙先生紧锁的眉头，有力的挥手，匆忙的身影。先生一生都这样，致力革命，鞠躬尽瘁，直到临死，留下遗言"革命尚未成功，同志仍须努力"。我还想到前不久学习的鲁迅《灯下漫笔》结尾的话，"创造着中国历史上未曾有过的第三样时代，则是现在的青年的使命"。广州起义距今，一百年了，现代青年中有多少人像当时的仁人志士那样对国家对民族怀有强烈的使命感？相形之下，必须承认，我们一部分同学精神缺钙，站立不起。既没有古代学人"为天地立心，为生民立命，为往圣继绝学，为万世开太平"的境界，也没有现代学人追求真理、勇于创新、敢当责任、服务社会的情怀。所以我想追问：先烈血沃中华草，后生安能苟活之？

【补记】

1. 2008年1月10日，在教学二部阶梯教室，我上了这节课，作为学术委员示范课。

2. 要说上出了什么特色，最明显的莫过于念和背。首先我自己很投入地念，带动学生念，课堂大部分时间都在念，先念出气势，再念出情感，最后达到背诵的目的。我们大声念，给听课人也带来感染。

3. 小资料：

第一、黄花岗墓园门额横着四个大字"浩气长存"。

第二、黄兴在 1912 年 5 月 5 日烈士追悼大会上书联"七十二健儿，酣战春云湛碧血　四百兆国子，愁看秋雨湿黄花"；填词《蝶恋花》"转眼黄花看发处，为嘱西风，暂把香笼住。待酿满枝清艳露，和风吹上无情墓。　回首羊城三月事，血肉纷飞，气直吞狂虏。事败垂成原鼠子，英雄地下长无语。"

五、《祖国啊，我亲爱的祖国》
——校学术委员示范课

（一）　今天借用这个特殊场合，我们共同学习舒婷的《祖国啊，我亲爱的祖国》。中午布置大家读一读，我想听听大家读得怎么样。（板书课题）

（二）　这首诗读起来并不复杂，全诗一共四节，用空行自然隔开。我注意到前三节都用"祖国啊"三个字来收尾，最后一节用诗的题目来收尾。这是重复的手法，是诗歌创作常用的手法，经过不断重复不断强调，达到一唱三叹的效果，从而有力地表达出作者对抒情对象——祖国的无限依恋。

（三）　刚才说的是形式方面的问题，读一首诗重要的是读内容，读懂内容的关键是抓意象。同学们看一看第一节诗选取了哪些意象，哪位同学选好了写到黑板上。

意象有水车、矿灯、稻穗、路基、驳船等，把这些意象排列起来，组合起来，会得出一个什么印象呢？

我们的祖国就是这个样子吗？这是不是丑化了我们的祖国？读了这样的文字有没有感到绝望？我们的祖国的确曾经是这个样子，我们的民族有着太多太多的苦难、动乱，甚至是屈辱，她饱经忧患，积贫积弱。但人民在痛苦中挣扎，没有失望，更没有绝望。老水车尽管破旧，但没有停止那苦苦的歌唱；矿灯熏黑了，但依然照着人们蜗行，摸索，前进；稻穗干瘪了，收获少了点，但毕竟我们的土地并非布满荒草；路基失修了，但路还在，还有支撑；就是那淤滩上的驳船，也只是暂时搁浅，也许它明天会升帆远航。

在这样理解的基础上我们自然就读懂第二节了。

同学们试着在第三节来找一找另一组意象：理想、胚芽、笑窝、起跑线、黎明等。在这一组意象里，很多同学注意到"新"字，说明祖国面貌在原有基础上发生变化，来了一个转身，获得新生。我们有理想，因从神话的蛛网里挣脱，而更加坚实；我们有雪莲，在雪被下掩埋了很久，而今长出胚芽，即将绽放；我们有笑窝，因为挂着泪珠，是更值得珍惜的幸福；我们有新的起跑线，万众一心，整装待发；我们有黎明，喷薄而出，蓬勃向上。这是一个摆脱神话和苦难、重塑理想的时代；这是一个百业俱兴、蓄势待发的时代；这是一个倍受鼓舞、催人奋进的时代。

有了第三节的基础，第四节大家会读得更有滋味。

（四）　我把三组词语列在黑板上：水车、矿灯、稻穗、路基、驳船；理想、胚芽、笑窝、起跑线、黎明；富饶、荣光、自由。现在大家通过所列词语看这首诗的内在联系。中央电视台有过这样一个小品，是崔永元和黑土大爷、白云大妈演的，能想起题目吗？小品的题目是《昨天，今天和明天》，用在这儿正合适。作者抒发儿女对祖国母亲的深情，是从历史说到现状，再说到未来。明白了这一点，读的时候前后语气就应该有区别了，第一二节要读得舒缓深沉，读出历史沧桑感，第三四节要读得急促高昂，读出时代紧迫感，来，大家试一试。

（五）　我们研讨最后一个问题。爱国是一种质朴而崇高的情感，一个人的生命天然地与自己的祖国血肉相连，无论他走到哪里，他的性格、命运、情感和记忆总打上祖国的烙印。不同的是，处在特定时代或有特殊经历的人，这种感情会更浓烈，这种体验会更深刻。这首诗写于哪一年呢？对，写于 1979 年，祖国改革开放后的第一个春天。三十年过去了，祖国面貌发生了巨大变化，我们的农业早已告别老水车时代；我们的交通进入高铁时代；我们有能力举办奥运，向世界展示中国人的风采，刷出又一道起跑线；我们有能力发射神七，把竞争领域拓展到太空，飞天不再是幻想。三十年过去了，当年年轻的女诗人，如今已是花甲老太，我想她再次提笔写诗时，绝对是另一种印象，另一番感受吧！

【补记】

1. 2010 年 3 月，学校搞赛讲活动，身为学术委员自然要起带头作用，3 月 24 日晚自习一在教学三部阶梯教室我上了这节课。

2. 翻了很多资料，对诗人舒婷尽可能多一些认识，对朦胧派诗人多一些认识，对那个时代多一些认识，这些是解读好这首诗的前提条件。

六、《祝福》
——校资料保存录像课

（一）导课

我听过这样一种说法，中学生语文课有三怕，一怕周树人，二怕文言文，三怕写作文。周树人就是鲁迅，今天我们继续学习《祝福》，同学们是重点班学生，怕不怕周树人？

《祝福》这篇课文篇幅长，一节课时间我们只能就一个问题进行探讨，我提议，大家一起来看看祥林嫂的不幸遭遇。

（二）教学过程

1. 同学们找一找祥林嫂有哪些不幸

①课文用空行隔开自然分成五部分。第一部分写她的死，第二部分写她初到鲁镇，第三部分写她改嫁后的生活，第四部分写她再到鲁镇。我们把第二部分作为祥林嫂不幸的起点，试着整理她的种种不幸。

②总结：这是一个不幸的女人。虽然她有过初到鲁镇在鲁四老爷家做女佣的短暂的快乐，虽然她有过改嫁后母子皆胖的不多的幸福，虽然在土地庙捐门槛之后她心里升起重新活人的希望，但命运总和她过不去，每次有好转时，不幸的打击紧跟而来。祥林嫂身上有我们的母亲、姐妹、邻居的身影，作者把很多人的不幸全集中在这儿。读完祥林嫂的故事，我感觉心里很沉重。

这是一个不幸的女人。死了一个丈夫祥林，又死了一个丈夫贺老六，连儿子也让狼叼走；她没有姓名，没有家住，没有工作，没有身份，没有尊严；不幸的身世开始还引人同情，后来就变成笑料；寡妇的身份使她不能插手祭祀，捐门槛后依然遭到鄙视；就连死也受困惑受威胁。祥林嫂行走在人生路上，孤苦伶仃，风吹雨打，挨饿受冻，遭遇冷眼，思想苦闷，活不得死不宁。

这就是祥林嫂的故事，从不幸开始，历经不幸，一直走到不幸的终点。

③鲁迅的悲愤。请大家仔细读 114 页第二段。

2. 同学们讨论祥林嫂身世中最不幸的事件

①死了丈夫是不幸的，被迫改嫁是不幸的，大伯收屋是不幸的，这些不幸多是生活上的，她都挺了过来；儿子的死是不幸的，遭人嘲笑是不幸的，不让插手祭祀是不幸的，这些不幸是精神上的。精神上的打击远超过生活上的磨难。

②祥林嫂捐门槛之后，还是不让插手祭祀，这一次打击把祥林嫂彻底打垮了。请看课文里对她外貌的描写，注意把这一次外貌的变化和前几次对比，

注意此后命运。

③祥林嫂遭受最不幸的打击就是捐门槛后不让插手祭祀，这个打击是毁灭性打击，使她活着的最后一丝希望破灭。求人得不到温暖，求神得不到帮助，活着饱受贫苦和侮辱，死时满是困惑和恐惧。可怜的祥林嫂就这么消失。

3. 师生探讨祥林嫂不幸的原因

（同学们讨论后教师总结）

祥林嫂的不幸遭遇固然有其个人因素，但更重要的是社会因素，是统治那个社会的观念给她制造了一系列不幸，那个观念便是封建礼教和封建迷信，这两条毒蛇把祥林嫂活活缠死。在旧中国像祥林嫂这样活不成死不宁的悲剧式人物何止万千？

4. 课堂小结

鲁迅先生是一个有社会责任感和有悲悯情怀的作家，对下层人民的苦难有着深切的同情，对造成人们不幸的社会原因进行了无情的揭露和强烈的控诉。像这样的作家，我们为什么要怕他躲他疏远他？我们为什么不爱他敬他追随他？

【补记】

1. 学校在信息楼四楼新建了录课室，要求部分教师上精品课，作为资料留存。2012 年 11 月 26 日下午两点半，我在录课室借 2012-3 班学生上的这一课。

2. 导语设计时原考虑以莫言获奖为话题，说到中国作家群不乏优秀者，进而引出鲁迅。后来改换成现在这个样子，为的是亲切，拉近师生间距离，也为了活跃气氛提振信心。

3. 教材处理有为难，一篇长课文，一节课时间，合理的学习内容该是多少？想来想去，只能确定一个重要问题来讲，于是围绕祥林嫂不幸遭遇展开教学。

4. 曾记得当年牛淼祥老师分析本课第一段，叫人佩服。后来在市电教馆评选运城名师，我用这一课征服了在场的 100 多位运城同行，最主要是抓住文中祥林嫂肖像描写四个画面。

七、鲁迅旧体诗赏析
——校"河东读写社"专题课

（一）为什么要学习鲁迅的诗

听说前不久同学们就鲁迅作品进行了阅读交流，我很高兴。郁达夫在悼念鲁迅时曾说过："没有伟大的人物出现的民族是世界上最可怜的生物之群；有了伟大人物，而不知拥护、爱戴、崇仰的国家，是没有希望的奴隶之邦。"

鲁迅是中国现代文学的巨匠，他留给我们一笔巨大的文化财富和思想财富，我们一定要珍惜，要尽可能多地去学习和钻研。

鲁迅的成就是多方面的，他的小说、杂文、散文、散文诗，我们了解得多。他对古代小说史的研究，对文学的研究，对木刻版画的研究，我们知道得少。今天，我想给大家介绍他的几首旧体诗，给大家学习鲁迅打开另一扇门，从中看鲁迅的为人和情感。

为什么要选鲁迅的诗介绍给大家呢？其一，郭沫若曾高度评价过鲁迅的诗和书法，有《鲁迅诗稿序》为证；其二，鲁迅诗歌中个别名句流传很广，影响甚远；其三，有些诗和我们所学鲁迅作品有关联，算是补充学习；其四，从中能看出他的思想、性格，有些甚至是他的另一面人生。

（二）七首诗赏析（大体按照时间顺序）

第一首：《自题小像》（作于 1903 年）

1. 诗作内容：

> 灵台无计逃神矢，
> 风雨如磐暗故园。
> 寄意寒星荃不察，
> 我以我血荐轩辕。

注释：①灵台：心灵。神矢,爱神的箭。这里作者把祖国比作恋人。
②寒星：化用宋玉《九辩》"愿寄言夫流星兮"句。
③荃不察：语出《离骚》中"荃不察余之中情兮"。
④荐：献祭品。

⑤轩辕：黄帝。

2. 写作背景

1902 年鲁迅留学日本，觉得留辫子很异类，于是剪掉辫子，照了一张相，在背后题了这么一首诗。

3. 意义

这是青年鲁迅和封建思想决裂，自觉接受民主思想的鲜明标志。诗中表露了他的爱国情感和鸿鹄之志，这也是他矢志不渝、毕生实践的人生格言。

第二首：《哀范君三章》（作于 1912 年 8 月）

1. 诗作内容

其一

风雨飘摇日，余怀范爱农。

华颠萎寥落，白眼看鸡虫。

世味秋荼苦，人间直道穷。

奈何三月别，竟尔失畸躬。

其二

海草国门碧，多年老异乡。

狐狸方去穴，桃偶已登场。

故里寒云恶，炎天凛夜长。

独沉清洌水，能否涤愁肠？

其三

把酒论当世，先生小酒人。

大圜犹酩酊，微醉自沉沦。

此别成终古，从兹绝绪言。

故人云散尽，我亦等轻尘！

注释：①风雨飘摇:指政治形势的险恶和动荡。

②华颠:头发花白。华指颜色花白；颠指头顶。

③白眼:竹林七贤的阮籍"见礼俗之士"，"以白眼对之"，表示藐视。

④鸡虫:杜甫《缚鸡行》:"鸡虫得失了无时。"比喻那些争权夺利的政客。当时工作环境里有人排挤范爱农,范爱农很鄙视他们。

⑤荼:苦菜。这一句说世态炎凉,使人觉得有秋荼似的苦味。

⑥畸躬:身体畸形之人。引自《庄子》,指与世人不合而合乎正道之人。

⑦海草国门碧:引李白诗"海草三绿,不归国门。"指范爱农留学日本多年,与后面"老异乡"一致。

⑧狐狸方去穴:指清朝统治刚被推翻。桃偶:用桃木做的木偶,这里指新官僚在袁世凯操纵下像傀儡一样登场了。

⑨小:看轻。范爱农有志于改革,看不起那些整天喝得醉醺醺的糊涂虫。

⑩大圜:指天(天圆地方)像喝醉了一般,一片混乱。

⑪绪言:用在一本书或一篇文章开头的话,有启发性、议论性。这里指再也听不见范爱农的议论了。

2. 写作背景

鲁迅是 1909 年回国的,先在杭州师范教学,第二年回到绍兴担任初级师范学堂校长,范爱农是教务长。1912 年春受蔡元培之邀到南京,半年后到北京,也就是他们分手道别后不到半年时间,范爱农便掉进水里死了。

鲁迅为什么要为他写这么三章诗,《朝花夕拾·范爱农》一文里有他们交往的叙述,答案就在其中。

3. 意义

与其说鲁迅此诗是在为一个朋友唱哀曲,不如说他在向这个社会讨公道。为什么改朝换代了,社会还这么黑暗和混乱?为什么正直善良、一腔抱负的人就不能被接纳?鲁迅小说《孤独者》中塑造一个形象名叫魏连殳,和范爱农很像,大家可以参考着读一读。

第三首:《无题(惯于长夜过春时)》(作于 1931 年春)

1. 诗作内容

惯于长夜过春时,挈妇将雏鬓有丝。
梦里依稀慈母泪,城头变幻大王旗。
忍看朋辈成新鬼,怒向刀丛觅小诗。
吟罢低眉无写处,月光如水照缁衣。

注释:①挈、将:都是带领的意思。

②大王：指国民党新军阀和地方实力派的头子。

③刀丛：白色恐怖。

④缁衣：黑衣。

2. 写作背景

1931 年 1 月 17 日,柔石等五位左翼作家被国民党当局逮捕,2 月 7 日夜,在上海龙华警备司令部被秘密杀害。噩耗传来,鲁迅难禁悲痛,写下这首诗。在《为了忘却的记念》一文中, 他写道: "在一个深夜里, 我站在客栈的院子中, 周围是堆着的破烂的什物, 人们都睡觉了, 连我的女人和孩子。我沉重的感到我失掉了很好的朋友,中国失掉了很好的青年,我在悲愤中沉静下去了, 然而积习却从沉静中抬起头来, 凑成了这样的几句。"

3. 意义

这首诗体现出鲁迅思想的进步性和战斗性, 也能从中看出鲁迅和文艺青年的交往和感情。"左联", 是中国左翼作家联盟的简称, 成立于 1930 年, 是中国共产党领导创建的一个文学组织, 由瞿秋白、茅盾、冯雪峰等领导。鲁迅是"左联"的发起人之一, 这个文学组织一成立就遭到当局的破坏和镇压, 但一直顽强地战斗, 传播进步思想, 和中央苏区反"围剿"斗争形成配合之势。五位作家中, 柔石有两部小说较有名:《二月》和《为奴隶的母亲》。殷夫有诗集《孩儿塔》, 鲁迅曾为此作过序: "这是东方的微光, 是林中的响箭, 是冬末的萌芽, 是进军的第一步, 是对于前驱者的爱的大纛, 也是对于摧残者的憎的丰碑。一切所谓圆熟简练, 静穆幽远之作, 都无须来作比方, 因为这诗属于别一世界。"

第四首《答客诮》（作于 1931 年冬）

1. 诗作内容

无情未必真豪杰, 怜子如何不丈夫。

知否兴风狂啸者, 回眸时看小於菟?

注释: ① 怜子: 在《触龙说赵太后》一文中, 触龙求太后把自己的小儿子替补进王宫卫队。太后问: "丈夫亦爱怜其少子乎?"

②於菟: (wūtú)小老虎。古代土族以虎为祭祀崇拜物。

2. 写作背景

当时有些文人称鲁迅是个无情的人,对儿子寡恩。面对攻击,鲁迅予以回击。"答"是反击,"客诮"是文人的辱骂。

鲁迅50岁得子,取名"海婴",即上海婴儿意。他非常喜欢海婴,孩子满周岁时,父子合影。鲁迅在照片上题"50和1"。还有一次父子对话也很有趣,海婴问:"爸爸可以吃么?"答:"可以吃,但最好不要吃。"

鲁迅后来还把这首诗抄给为海婴治痢疾的日本医生。

3. 意义

这首诗写的是父子情。鲁迅严峻的外表下,有着慈爱的目光。他把海婴看作老虎一样顽皮、健壮,也是一种祝愿。

这首诗对攻击者进行了有力的回击。表明自己不是一个无情的人,只是对敌无情。解读此诗可以和"横眉冷对千夫指,俯首甘为孺子牛"联系。

第五首《自嘲(运交华盖欲何求)》(作于1932年10月)

1. 诗作内容

> 运交华盖欲何求?未敢翻身已碰头。
> 破帽遮颜过闹市,漏船载酒泛中流。
> 横眉冷对千夫指,俯首甘为孺子牛。
> 躲进小楼成一统,管他冬夏与春秋。

注释:①华盖运:头顶一个盖子,人被罩住了,只好碰钉子,承受坏运气。
　　　②千夫指:千夫所指,人民公敌,也有人说"千夫"指敌人。
　　　③孺子牛:《左传》里讲到齐景公爱孩子,装成牛,让孩子牵着。
　　　④躲进小楼:讽刺国民政府一·二八事变时迁都洛阳,直到12月才迁回南京。也有说这是鲁迅说自己壕堑战术。

2. 写作背景

1932年10月的一个午后,鲁迅为柳亚子先生写了一副条幅,即这首诗,其实真正写作时间是在一周前,当时郁达夫请其兄郁华吃饭,鲁迅作陪,有感而作。当时政治环境险恶,鲁迅处在被迫害中,经常躲避。

3. 意义

这首诗用"自嘲"为题,写出了自己在险恶环境中的被动,也写出了自己在严酷环境中决不妥协的斗争。最著名的两句诗是"横眉冷对千夫指,俯首甘为孺子牛。"唐弢在《琐忆》中写道:"这是他自己的写照,也是他作为一个伟大作家的全部人格的体现。""是鲁迅先生一生不懈斗争的精神实质，是他思想立场的概括。"在文末有这样的话："真的，站在鲁迅先生面前，我有好几次都想呼喊，我想大声呼喊：我爱生活！我爱一切正义和真理。"

第六首：《悼杨铨》（作于 1933 年 6 月）

1. 诗作内容

> 岂有豪情似旧时，花开花落两由之。
> 何期泪洒江南雨，又为斯民哭健儿。

注释：①两由之：随它去吧。革命者流血太多，看多了，已使人麻木漠然。②何期：哪想到。③斯民：人民。

2. 写作背景

1933 年 6 月 18 日，中国人权保障同盟上海执委杨铨（杏佛）被特务暗杀。6 月 20 日在万国殡仪馆大殓，传说鲁迅也在暗杀名单上。那天，许寿裳劝他不要去葬礼现场，可他毅然前往，并且出门不带钥匙，视死如归。葬礼第二天，鲁迅满怀悲愤写下这首诗。

3. 意义

这是一首悼亡友之作。全诗以自己情绪变化为线索，由压抑低回到高亢喷发，抒发了悲愤之情。

毛泽东在《新民主主义论》里评价鲁迅："鲁迅是中国文化革命的主将，他不但是伟大的文学家，而且是伟大的思想家和伟大的革命家。鲁迅的骨头是最硬的，他没有丝毫的奴颜和媚骨，这是殖民地半殖民地人民最可宝贵的性格。鲁迅是在文化战线上，代表全民族的大多数，向着敌人冲锋陷阵的最正确、最勇敢、最坚决、最忠实、最热忱的空前的民族英雄。鲁迅的方向，就是中华民族新文化的方向。"

第七首：《无题（万家墨面没蒿莱）》（作于 1934 年）

1. 诗作内容

> 万家墨面没蒿莱，敢有歌吟动地哀。
> 心事浩茫连广宇，于无声处听惊雷。

注释：　①墨面：百姓脸色。

②动地哀：引李商隐诗。指看到人民疾苦而唱哀歌。

③于无声处听惊雷：引《庄子》"听乎天声"。

2. 意义

当时军阀混战，民不聊生，万家凋敝。鲁迅看在眼里，痛在心里，对此怀有深广的忧思。同时，鲁迅也怀有对惊雷的期待，对美好未来的憧憬。这首诗和杜甫《春望》有异曲同工之妙，可对比阅读。

"于无声处听惊雷"可谓石破天惊之笔，黎明前最黑暗年代，正孕育着人民革命惊天动地的伟大力量。

（三）总结回顾

今天，我们看了七首鲁迅的旧体诗，大体上能从中看出鲁迅的思想性格。这些诗作虽然是他不同阶段的作品，但体现出的精神是一致的。当然，诗作以抒情为主。从诗里我们能看到鲁迅的爱，他爱祖国，爱人民，爱朋友，爱亲人，他的爱深沉宽厚，诚挚浓烈。从中，我们也能看到他的恨，恨反动当局，恨无耻文人，恨一切黑暗和压迫，他的恨从眉眼到骨髓，是彻底的不可调和的，正因为有恨，所以，他奋不顾身地去拼杀，毫不留情地去揭露。

鲁迅诗作有很高的艺术性，其中用词用典反映了他很厚的学养，信手拈来，恰到好处，随处化用，了无接痕，这一点让我们难以望其项背。至于其他欣赏点，大家下去后自己品吧。

最后用《论语·子罕第九》颜渊感叹孔子的话来表达我对鲁迅的崇敬和追随。——"仰之弥高，钻之弥坚，瞻之在前，忽焉在后。夫子循循然善诱人，博我以文，约我以礼，欲罢不能，既竭吾才，如有所立卓尔。虽欲从之，末由也已。"

【补记】

1. 2015 年 12 月 14 日给"语文读写社"同学上的专题课。

2. 从鲁迅旧体诗中选了 7 首代表性篇目,增加同学们对鲁迅思想性格的了解。准备这一课我翻阅了大量资料，苦乐在其中。

八、《茅屋为秋风所破歌》
——地区德育能手选拔课

（一）教学目的

1. 学习杜甫不计个人利益、关心民生疾苦的思想。

2. 进一步了解歌行体诗歌特点。

3. 背诵全诗。

（二）德育渗透点

通过对杜甫思想感情的认识和分析，对学生进行人生观教育，增强对民族精神的认识。

（三）教学方式

讲读结合。

（四）教学课时

一课时。

（五）教学过程

1. 解题

主要讲清三点：交代背景，分析题目结构，概括歌行体诗的特点。

这首诗作于公元 761 年，当时安史之乱还未平定。在此之前，安史之乱带来关内大饥，民生凋敝，杜甫弃官率家西行，抵达成都，在西郊浣花溪旁盖了间茅草屋栖身，后遇大风，乃作此歌。

题目中"为……所"是文言中常见的被动句的标志。

题目中有"歌"，这是歌行体诗的标志。这种诗唐以前就有，到唐代发展成熟。当时诗人多用"歌""行""曲""吟"等名称为题。这些诗题本是汉魏南北朝乐府诗题用的，唐朝文人仿古，沿用起来。歌行体诗形式自由，句子长短不齐，和格律诗形成互补。

2. 学习前三段

第一段：秋风破屋

"怒号"写风势之大；"三重"不是确指，标明多重，写受害之重；"飞"、"洒"、"挂罥"、"飘转"、"沉"一系列动词细致写出茅草乱飞之状；"秋高"和"高者"都有"高"字，前者讲作程度深，后者讲作位置高。这一段写了风势之大带来受害之重，表明苦痛之深。作为开篇之首段，交代了有关的时间、地点、人物及当时情景。

第二段：顽童戏我

"欺"字概括了顽童的种种表现；"忍"字道出了我的生气和无奈；"公

然"活画出群童戏我之胆大；"唇焦口燥"极言我之狼狈。这一段承接上文，通过我老彼少的对比，"公然"和"唇焦口燥"的对比，写出我不幸中的不幸，苦痛中的苦痛。虽写孩童，却无恨意。

第三段：长夜沾湿

祸不单行啊！一家人经受了狂风的肆虐，经受了无知孩童的戏辱，还要经受骤雨的作践。"向"是接近的意思，文言中它经常解作"刚才"或"过去"；"衾"指被子，注意和"裘"字对比；"恶卧"指睡相不好；"丧乱"指安史之乱，这场由安禄山史思明发动的叛乱，给人民带来深重的灾难，导致了唐王朝由兴盛走向衰败，杜甫亲历了灾难借此指斥；"何由彻"一语双关，既指当夜，也寓意盼苦难日子早结束，渴望安宁幸福的生活。

以上三段文字真实地描述了诗人的生活遭遇，读来生动感人。现在，我们把这些片段绘成一幅整体画面——一千二百多年前的一个秋天，成都平原的一条小河边，横竖排列着几间萧索的茅草屋，屋里老老少少挤着几口人，屋外秋风正紧，持续猛烈的风吹得屋子摇摇晃晃，也吹得住户忧心忡忡。后来有几束茅草被风挟裹而去，有的散落江边，有的高挂树梢。屋里走出一位老人，拄着拐杖，在狂风中东奔西颠，上扑下抓，收拢茅草。这时有几个调皮的小孩，抱着茅草躲进竹林，老人追在他们身后，喊得唇焦口燥，最终只剩下无奈的叹息。天就要黑了，忽然间竟下起雨来，一家人更加狼狈不堪。雨脚如麻，灌进屋里，一家人又冷又饿，孩子早钻进被窝，蜷曲着身子，被子又潮又湿，里破外烂。这一夜老人愁苦难眠，一会看看屋顶无情的风雨，一会看看身边可怜的儿女，嘴里不住嘀咕：什么时候才天亮啊！

3. 分析第四段，进行德育渗透

这一段文字简练深刻而又激情满怀，一个问句，问出了诗人关心民生的高尚情怀；一个感叹句，叹出了诗人甘愿牺牲自己的宽广胸襟。

这两句话，我们听起来很耳熟。在《孟子·梁惠王》中听过"老吾老以及人之老，幼吾幼以及人之幼"，在《离骚》中听过"长太息以掩涕兮，哀民生之多艰"，在《岳阳楼记》中听过"先天下之忧而忧，后天下之乐而乐"，我们听过顾炎武"天下兴亡，匹夫有责"的呐喊，听过林觉民"当亦乐牺牲吾身与汝身之福利，为天下人谋永福也"的遗言，听过共产党人"为共产主义奋斗终身，随时准备为党和人民牺牲一切"的入党宣誓，听过南疆战士"苦了我一个，幸福十亿人"的豪言壮语。这种声音代表了我们民族的感情和精神，在中华民族流淌不息的历史长河中，一代一代优秀的知识分子和仁人志士怀赤子之心、报国之志，以坚强的脊梁挺起民族大厦，真是值得珍惜啊！

曾经很多次和同学们谈人生，今天读这首诗，我从中得到一个准确的、毋庸置疑的答案。一个人当他和他的家庭遭遇不幸时，他却时时想着别人，想着千千万万受苦受难的百姓，想着在风雨飘摇中挣扎的国家民族，这需要何等的胸怀和境界。这样的人才是高尚的人，纯粹的人，永远受人尊敬的人；这样的人生才是壮丽的人生，辉煌的人生，有价值的人生。为什么杜甫被人称为诗圣？为什么他的诗被称为史诗？原因就在这里。

【补记】

1. 1996 年 1 月，运城地区德育能手选拔，我以此课而获选。一个工作十年的教师，有了些经验，更多的是激情和信心。就要参赛了，父亲病故，处理完老人家后事，我忍悲上了这一课。

2. 把诗转换成画面来描述，是本节课的一个亮点。这一教学过程的设计，我用了很多心思，可以说字斟句酌。专家点评时，杨恩选老师对此给予肯定。

九、《胡同文化》
——市课堂教学改革观摩课

（一）教学目的
1. 进一步提高学生概括要点的能力。
2. 认识胡同文化的封闭性，体会作者复杂的感情。

（二）教学重难点
认识胡同文化的封闭性，体会作者复杂的感情。

（三）教学方法和手段
讨论式教学，借助多媒体。

（四）教学过程
1. 导入

（板书"文化"）"文化"一词，大家很熟悉，在我们周围，在这个世界，可以列举若干种文化，如吃饭有食文化，饮酒有酒文化，品茶有茶文化等。我们还可以列出一对对文化概念，如高雅文化和通俗文化，都市文化和乡土文化，贵族文化和平民文化。各朝代有自己的文化，各民族有自己的文化，一方水土养育一方独有的文化，运城有关公文化，山西有晋商文化，北京有胡同文化。今天，我们一起来阅读汪曾祺的散文《胡同文化》（板书课题）。

2．播放多媒体，让学生了解胡同

（教师为画面配音）北京城是块大豆腐，四方四正。城里有大街，有胡同。胡同是贯穿大街的网络，纵横交错的胡同把城市切成一个个小方块，同时又把城市联结成有机的整体。现在大家看到的是一个居民小区，全由胡同连接而成，青砖碧瓦，绿树掩映，显得古朴、深沉。这是北京有名的大栅栏胡同，北门外是前门大街。北京胡同有几千条，各式各样，有宽有窄，有弯有直。胡同两边是一座座宅门，由于主人政治经济地位的不同，宅门成了主人身份的象征。这一座宅门很气派，它的主人也许是达官贵人；这一座略显寒酸，也许里面住着平头百姓。岁月悠悠，风风雨雨，胡同像一位时间老人，默默地诉说着北京城的历史变迁。

3．引导学生阅读课文第二三四五段，从中概括出文意信息

胡同取名来历；胡同的宽窄和数量；胡同与大街的关系；胡同与四合院的关系。

4．引导学生认识胡同文化

大家看了画面，读了课文，接下来我们走进去，了解住在这里的人怎样生活、怎样想事、怎样处邻居，想想生活格局和生存方式会给人带来怎样的心态心理，也就是说，我们要考虑长期生活在胡同里的人会形成哪些比较稳定的心理指向和性格特征。

关于胡同文化，同学们多数人注意到"封闭"这个词，这的确是个很重要的词。那么胡同文化的封闭性具体表现在——安土重迁；过往不多；易于满足；置身事外。（板书出几个词）

也有同学注意到"忍耐"这个词，我个人认为，"忍耐"是对胡同里的人的心理概括，而"封闭"则是从性质上界定，概括性更强。

5．在认识胡同文化同时，揣摩语言

"虾米熬白菜，嘿！"对北京人易于满足的神态刻画得到位；"睡不着眯着"是一种无奈的神情。作者善于运用短语、口语，写出原汁原味的北京生活，让读者感受到浓郁的生活气息扑面而来。

6．既然胡同文化是一种封闭文化，那么作者以什么感情来对待呢

注意文中以下词语：怀旧、伤感、无可奈何、怅望低回、再见吧

这些词语反映出作者复杂而矛盾的心理。同学们有没有这种体验？（教师启发）人是感情动物，生活中小到一张照片一件衣服，大到一棵树一处院落一条河，当它们离去时往往勾起人们无限依恋，使人惆怅不已。这种感情是真实的，也是珍贵的，是人类普遍存在的。

教师谈自己的体验。我家有辆纺车，早已破旧不堪了。看见它，我就想

起过世的母亲。小时候，母亲坐在炕头，在昏黄的油灯下，一夜一夜纺线。纺车发出的嗡嗡声一次次把我带入梦乡，陪我度过难忘的童年。现在这辆纺车闲置多年了，但我们家人都舍不得扔掉它。还有，我家门前原是条土路，从上面走过，晴天一身土，雨天两脚泥。现在这条路修成水泥路了，走起来，脚板舒服，心里别扭。每次回老家，在路上我怎么也走不出那种感觉，走不出黎明时的清新，走不出黄昏时的恬静。

同样，胡同，尽管狭小、阴暗、潮湿，给人们生活带来种种不便，但胡同是世世代代北京人赖以生存的空间，是北京市民生命史的纪念碑。胡同文化尽管封闭落后，走向衰落，有一天会消失，但它是一盏微明的灯，照我们民族在历史的隧洞里顽强前行。我们不可能挽救胡同和胡同文化走向消失的历史命运，但也不能对其潇洒地告别。再见吧，胡同！再见吧，胡同文化！

【补记】

1. 展示

2001 年 11 月运城市教育局要求各重点高中拿出课堂教学改革成果汇报课，校领导把这一任务交给我。在同事们帮助下，预演了两次，越到后来越入戏。23 日我在康杰中学东阶梯教室给全体教师展示，25 日给市领导、教育局领导和各县市教育人士展示，效果不错。后来有一次在校园碰见一个小孩，他喊我"胡同叔叔"。2003 年暑期临汾市教师培训以此为样本。

2. 选课所想

素质教育已成全民共识，课堂教学是实施素质教育的主渠道，课堂教学改革如何发挥学生主体作用是我们面临的一大课题。

高中语文第一册第三单元是现代文单元，共四篇课文，前两篇是讲读课，后两篇是自读课。《胡同文化》是本单元第三课，属于自读课。由于本课篇幅适中，内涵丰富，可读性强，特别是学生已有了前两课的学习基础，概括要点能力已得到训练，能力迁移成为可能，有利于学生在课堂上主动活动，所以选来作汇报课。

3. 教学目标确定

先说语文目标：进一步提高学生概括要点的能力；揣摩语言，认识胡同文化的封闭性；体会作者复杂的怀旧情感。

课改目标：通过学生全员参与、全程参与、主动参与，最大限度调动学生的学习积极性，让学生积极思考、广泛联系和想象，真正意义上发挥主体作用，而不是表面热闹。

突出教学个性：教师个性是贯穿在教学过程始终的极其活跃的教学因素，

反映一个教师对教材独特的感受和他对教学过程的把握（选择切入、掀起高潮），这无疑会构成课堂活动的亮点。课改是为了探索规律提高效益，对教师个性只能张扬不能扼杀。

尝试话题教学：通过师生对话、生生对话，多一些体验，加深认识。

4. 话题教学

虽然备课时不断地考虑这是单元内一篇文章，应充分考虑单元教学要求，但教着教着，更愿意按话题对待。

教材编写者按单元编课文，每单元都设置了相应的训练点，似乎每篇课文是单元训练点的例子。事实上，作者不是紧扣训练点才写成优秀作品的，读者也不是紧扣训练点才去阅读作品的。所谓训练点是编者为阅读教学寻找的一条出路，是一厢情愿式的，貌似科学反科学。

语文教学已进入对话时代，要求多边对话。话题教学走出了单元教学的圈子，把一篇课文看成一个话题，通过实施对话，充分交流，适当延伸，突破一个个问题，在动态平衡中不断深入，把课文读"厚"，最终形成"悟"。

进行话题教学后，就淡化了单元训练点，其实连课文属于讲读和自读这样的问题也不多考虑了。

5. 板块设计理念

处处以学生为中心。以学生认知规律为依据，以学生体验讨论为抓手，以学生受益为目的。

所设计问题呈梯级有层次展开。板块间转化合理自然。

6. 相关知识

词典上关于文化有三种解释：第一指考古学上同一历史时期的遗迹、遗物的综合体，同样的工具、用具制造等是同一种文化的特征。如仰韶文化；第二指人类创造财富的总和，特指精神财富。如文学、艺术、教育和科学；第三指运用文字的能力及一般知识。如文化水平。梁漱溟说：所谓文化，就是一个民族的人生态度和生活方式。

胡同文化是封闭性文化，有着浓重的封建文化因素，也含有浓重的农业文化因素，就某个角度而言，胡同和长城性质上像。

几个词语："离披"，散乱貌；"蛤蟆陵"，唐时长安游乐区，白居易《琵琶行》有"家在蛤蟆陵下住"句；"乌衣巷"，旧时南京繁华地，刘禹锡《乌衣巷》有"乌衣巷口夕阳斜"句。

十、《庄暴见孟子》
——市课堂教学改革观摩课

（一）导语

今天，我们一起学习《庄暴见孟子》。孟子是我国战国时期儒家学派的代表人物，他的仁政观点、性善学说以及他的民本思想，都对后世产生了巨大的影响。《孟子》这部书气势逼人，推理严密，张弛有度，进退自如，智慧四射，文采横溢，是儒家的经典著作。现在我们来看看《庄暴见孟子》一文，欣赏其思想魅力和艺术魅力。

（二）教学过程

1. 学生自读8分钟，查看注释，粗通文意；教师强调几个词语（语、乐、今、鼓、田、王等）；师生齐读

2. 学生找一个在文中出现频率很高的词，这个词是"乐"，齐王和孟子的谈话就从这儿开始，围绕这个词展开

3. 师生一起讨论几个问题

①齐王好什么乐？

世俗之乐。

②孟子对齐王所好之乐持什么态度？表扬还是批评？

孟子无批评责备之意，有开脱解救之心。

③孟子是怎样开脱的？

办法是偷换概念，用"古之乐"、"今之乐"替换了"先王之乐"、"世俗之乐"。

④孟子为什么要这样做？他达到目的了吗？

孟子想让齐王化紧张为轻松，从而接受自己说教，齐王果然表示对所谈问题的兴趣。

在以上谈话中，孟子掌握了主动权，两人一见面，他就毫不客气，主动出击，搞得齐王很尴尬，很狼狈，有点生气，有点惭愧，谈话气氛骤然间紧张起来。但接着他巧妙地偷换概念，转换话题，把大王从窘迫境况中解救出来，打破僵局，激发起大王兴趣。

在齐王感兴趣的基础上，孟子接着提了两个问题，齐王回答的如他所愿，这说明齐王上钩了，下一步孟子就"快乐"问题大加发挥的条件已经成熟。

4. 教师点拨

读到这里，可以看出：音乐问题不是谈话主题，只是引子，快乐问题也

不是谈话主题，是过渡。那么，谈话主题是什么？请看下文——原来孟子想说"与民同乐"。

现在回顾一下整个谈话过程：孟子主动出击，齐王尴尬不安；孟子巧妙化解，齐王愿闻其详；孟子自然过渡，齐王似有所悟；孟子对比引申，齐王欣然接受。

孟子不愧为一个谈话高手，论辩能手。读孟子文章，我常有这样一种感觉：孟子像一位智慧大师，信手拈来一个话题，然后设置悬念，巧妙安排，频频出招，步步深入，有时故作高深，有时慷慨激昂，最后完成布道任务，而他的谈话对象那些个君王们则表现得像个小学生，面对问题，或思而不解，或解而不清，后来在孟子的不断启发、诱导、迂回、点化下，最终找到方法，悟出道理，达到一个境界。

5. 总结提升

刚才我们侧重从论辩过程和论辩技巧方面认识孟子，对理解这篇文章来说这是必要的，但仅此还不够，更重要的是从孟子的论辩术和论辩气势的字里行间能看到孟子思想光芒的闪耀。孟子对事物的认识，他的与民同乐里的民本思想，更有学习价值。

民本，就是以民为本，而不是以君为本，就是要关注民生，体恤民情，为民服务，与民同乐。孟子不是即兴提出这么个问题，他有一系列这方面的论述，最著名的"民为贵，社稷次之，君为轻"，我们学过的一些课文也有这方面内容。

孟子的民本思想是在总结前代历史教训中形成，而又在后世历史中不断得到印证的。想想看，商纣王沉湎于酒池肉林，秦始皇连绵三百里的阿房宫，隋炀帝荒淫无度……这些不与民同乐的君主，哪个逃过了历史的审判？

我还想说，从屈原"长太息以掩涕兮，哀民生之多艰"，到魏征"水能载舟，亦能覆舟"，一直到孙中山的"三民主义"实施纲领，历史上文学家政治家都在不同时期，从不同角度和孟子喊出同一声音。今天，我们共产党人的"三个代表"，不也是把最广大的人民群众的利益作为党和国家的最高利益来追求的吗？

【补记】

1. 2003 年 8 月 5 日，在运城中学大礼堂，全市语文教师聚在一起，共商改革大计，我上了这一课。

2. 在课上要体现学生活动，要体现问题探究，教学朝这两方面努力。

3. 大场面教学锻炼人，尽管此前有过很多历练，这次还是出了几身汗。

十一、《荷塘月色》
——省学科骨干教师选拔课

（一）教学目的

1. 通过对课文第四段的语言运用及艺术手法的分析，帮助同学们学会初步鉴赏散文。

2. 指导学生对第四五段进行对比分析，完成能力迁移。

3. 通过对两段文字赏析，体会作者的情感变化。

（二）教学重点

鉴赏课文第四段。

（三）教学难点

引导学生体会写景中的情。

（四）教学方法

讲读、讨论相结合。

（五）教具使用

录音机。

（六）教学过程

1. 导入

开学以来，我们一直学习诗歌鉴赏，今天换换口味，进行散文鉴赏，题目是朱自清先生的《荷塘月色》。（板书课题）

鉴赏诗歌，大家取得了一些经验和认识——诵读是基础，联系和比较是法宝，审美是本质。我以为诗歌鉴赏和散文鉴赏是相通的，可以用诗歌鉴赏的经验来鉴赏散文。

《荷塘月色》是朱自清先生散文中的精品，也是现代散文的上乘之作，可谓之字字珠玑，句句金玉，我们不可能在一节课内通篇落实，只能择其要而赏之。

请同学们迅速找出自己最喜欢的段落——四五两段。

请同学们结合课文题目概括两段文字——第四段写荷塘，第五段写月色。

2. 鉴赏第四段

这一段写荷塘，具体说写了哪些景？以荷叶为主，荷花为次。

写荷叶有四个层次：第一层写荷叶的静态美。"田田"一词和"肩并肩密密地挨着"相呼应；"亭亭的舞女的裙"这个比喻很形象，荷叶姿态宛然。朱自清在散文《绿》中有这样的句子，"她松松地皱缬着，像少妇拖着的裙幅"、"我若能裁你以为带,我将赠给那善歌的盲妹,她必能临风飘举了",可见,朱先生描写美好事物,总习惯联系女性,本段里面也有"袅娜""羞涩""刚出浴的美人"一类词。第二层用花来点缀叶,正所谓"叶肥花瘦"。第三层写荷叶的动态美,"波痕"一词恰当不过。第四层看似写水,实则写叶,归结到"叶子却更见风致了"。

本来很普通的荷叶,在朱先生笔下,变得风姿绰约,那么荷花在朱先生笔下又将如何?

写荷花有两层,分别是花形和花香。写花形的时候,先拟人后比喻。"袅娜""羞涩"本来指女子的娇美,这里用来写花,赋予花以神韵,使花的饱满盛开状和含苞欲放状栩栩如生。接下来用三个喻体来说明一个本体,多角度揭示事物特征,给人一种穷形尽相的感觉,"明珠"写出花的色彩,"星星"写出花的光泽,"出浴的美人"写出花的高洁,不染纤尘。《读本》里鲁迅为白莽的《孩儿塔》作序:"这是东方的微光,是林中的响箭,是冬末的萌芽,是进军的第一步,是对于前驱者的爱的大纛,也是对于摧残者的憎的丰碑。"这种手法名曰博喻。

再看作者写花香。朱先生把花香比作"远处高楼上渺茫的歌声"。花香与歌声的相似点在于"渺茫",即时断时续,隐隐约约,捉摸不定。此处花香是清淡的,能不能把它写得浓郁些?不能,因为花是点缀叶的,花是零星的。另外,全文的基调是清幽的,月是淡淡的,风是微微的,别处皆"淡抹",此处自然不该"浓妆"。

香味靠嗅觉捕捉,歌声靠听觉把握,用歌声写香味,打通感官界限,从而收到奇特效果,这在修辞上叫"通感"。"通感"其实也是比喻,但它和我们向来所说的以形传形以声传声的比喻不同。大家学过《鲁提辖拳打镇关西》,还记得鲁提辖打镇关西那三拳吗?第一拳打在鼻子上,"鼻子歪在一边,好像开了个酱油铺,咸的、酸的、辣的,一齐从鼻嘴滚出来";第二拳打在眼眶眉梢上,"眉棱裂口,眼珠迸出,又好似开了个彩帛铺,红的、黑的、绛的,都展绽出来";第三拳打在太阳穴,这是"道人做道场,磬儿、钹儿、铙儿一齐响"。写花必然要写花香,俗话说"山不在高,有仙则名;水不在深,有龙则灵",同样花不在艳,有香才有精神,才有性情。

这一段作者驻足观察,细心体味,精心安排,巧妙构画,运用朴素而又生动的语言,恰当而又奇特的修辞,动静相映,虚实结合,虽是作文,却充满了诗情画意,充分表达了荷塘清幽的特点。尤为巧妙的是,不着一"月"字,却处处有月意,试想在嘈杂的白天,断不会有这番景致。

现在大家听录音,再次走进荷塘,同时注意第五段,看作者怎样写月色。

3. 同学们自由讨论赏析第五段

4. 体会景中之情

"一切景语皆情语"，以上两段文字，作者从荷塘写到月色，给读者勾描了美的画面，在我们陶醉其中时，更要深入一步看作者的心理心情。这里有"淡淡的喜悦"，那是摆脱烦恼暂时超脱的喜悦。文章写于 1927 年 7 月，在那些个血雨腥风的日子里，一个正义的自由知识分子内心充满矛盾和苦闷，课文一开始提到"心里颇不宁静"暗含这层意思。作者在《一封信》和《哪里去》两篇文章中都表露出这种困惑，他既反感国民党的"反革命"，又惧怕共产党的"革命"，"惶惶然"不知所归，"只有暂时逃避一法"，也曾想"躲到学术研究中"，但毕竟要受现实环境的影响。不单单是朱自清先生，那是一代知识分子心理动荡的反映和记录。

【补记】

1. 1998 年 11 月 21 日，我参加省学科骨干教师选拔时，教读这篇课文。那是个周末，在物理实验室上的课。讲课前寝食难安，恍恍惚惚，眼看就要上课了，确定不下好思路。后来索性洗个澡，定定神。

2.《荷塘月色》是传统篇目，上下来容易上好难。怎样突破呢？我的指导思想是"赏析有法，审美为主"。"不经一番寒彻骨，哪得梅花扑鼻香。"课前苦苦思索，才使得课上破茧成蝶。这节传统课我最终上出了新意。

十二、《五柳先生传》
——省教学能手选拔课

（一）教学目的

1. 理解词语:许 期 环堵 晏如 忘怀 自娱 不求甚解 箪瓢屡空。

2. 背诵全文。

3. 认识陶渊明顺乎自然、安贫乐道的性格和思想境界。

（二）教学难点

指导学生准确全面地概括陶渊明的思想性格。

（三）教学方法

诵读、点拨。

（四）教学过程

1．导入

今天给大家介绍一位新朋友——五柳先生。

很久以前，有位和尚伫立江岸，观望江面，他的眼前是百舸争流，千帆竞发。老和尚微闭双眼，轻轻摇头，感叹道："我所看到的其实是两条船，一条装着名，一条载着利，世人熙熙攘攘，为名利来，为名利去。"老和尚的话未免太悲观了，太绝对了，难道世人都这样吗？我想，陶渊明在场，他肯定会提出反对意见，因为他笔下的五柳先生并非如此。那么，五柳先生是个什么人呢？

2．听录音，正音断句

3．学生查注释读课文，取得对课文粗略领会

4．教师强调部分词语

"许"有四个义项：处所，答应，期望，表约数。

"期"有三个义项：希望，期限，约定。

"环堵"：四堵墙之内，室内。

"忘怀"：忘于怀，不放在心上。

"不求甚解"：指的是读书只求领会要旨，不在一字一句上下功夫。

"箪瓢屡空"：指缺吃少喝，衣食不周。这句话来自《论语》，是写颜回的，作者用来比五柳先生。

5．依次提三个问题，学生讨论，教师点拨，逐层背诵

①文章共两部分，前"传"后"赞"。"传"是对人物生平的概括，"赞"是人物评价。按惯例，传记文章开头应先交代某人字某、某地人，可是这里只简单交代人物的外号，其用意是什么？是五柳先生没有姓名、籍贯吗？是作者不了解五柳先生吗？不是，他是为了突出五柳先生是个隐姓埋名、高蹈出世的大隐士。

②作者没有絮絮叨叨写五柳先生的生平事迹和功业，而是写他思想性格，有几个方面？

第一性情淡泊，第二嗜酒好书，第三安贫乐道，第四著书示志。

③"赞"的部分作者把五柳先生比作古代哪两种人？

黔娄一类人和无怀氏、葛无氏之民。

6．教师总结分析

现在大家对五柳先生比较熟悉了，你们看他和陶渊明像不像？原来，今天给大家介绍的这位新朋友就是陶渊明，这篇文章是陶渊明的自画像。《桃花源记》里的那个"不知有汉，无论魏晋"的打鱼人，不就是这一类人吗？陶渊明还有一篇文章《归去来分辞》，可看作是《五柳先生传》的姊妹篇。

这些文章都表明陶渊明的性格，正如本文所说"常著文章自娱，颇示己志"。

我们还可以从他的诗句看其性格。他曾后悔地说"误落尘网中，一去三十年"；他把自己比作鸟和鱼，"羁鸟恋旧林，池鱼思故渊"；他归隐后，过着"采菊东篱下，悠然见南山"的闲适生活；他达到一个很高的人生境界，"此中有真意，欲辩已忘言"。

由此看来，陶渊明是这样一位古代知识分子：厌恶官场生活，向往田园生活，性情淡泊，不慕名利，忘怀得失，超凡脱俗。

7. 教师启发，全面评价陶渊明

现在提几个问题，供同学们思考讨论，并希望同学们把讨论延伸到课外，就自己感兴趣的问题，查阅资料，深入思考。

①陶渊明消极处世，但又不是和尚似的佛经在握，青灯孤坐，二者区别？

②鲁迅先生评价陶渊明时，引用"猛志固常在"，说明他并不是真正隐退，你同意鲁迅的评价吗？

③欧洲有个大隐士叫第欧根尼，整日游荡山林，渴了喝泉水，累了躺在树洞里休息。有一天，亚历山大去拜访他，说："先生，我是欧洲最高统治者，我能帮你什么忙？"他回答："请走开，别挡住照射我的那一缕阳光！"请从个性解放的角度说说他和陶渊明的相似点。

④陶渊明如果生活在当今社会，其处境是否尴尬？性格会否发生改变？

【补记】

1. 1999年暑假我参加省教学能手选拔时，在学校物理实验室上这一课。

2. 课文不长，要把内容展开，得就陶渊明性格提些思考讨论题，这是上好这节课的重头戏。陶渊明是个隐士，这一点可以多引用诗文印证。陶渊明身上还有不隐的一面，这不能忽视。

十三、《逍遥游》
——省学科带头人研讨课

（一）导课

先秦诸子的文章，我最喜欢读孟子和庄子。孟子的文章气势充沛，咄咄逼人；庄子的文章汪洋恣肆，出其不意，变化万方，有哲学高度。今天我们来看看庄子的代表作《逍遥游》。

（二）师领读第一段

强调"怒，抟，胶，枪"几个字。读完后请同学们说出文章写了哪两类动物，大的如鲲鹏，小的如蜩与学鸠。

（三）师领读第二段

强调"晦朔，辩"两个词。这一段先指出两种寿命短的动物，再列举两种寿命长的植物，还列举了一个寿命长的人，之后的内容是第一段的重复。这一段文字的开头和结尾两句话值得注意。"小知不及大知"是对第一段的总结，"小年不及大年"是对第二段的概括，"小大之辩"从根本上说明事物的相对性，大者不必自傲，小者不必自卑。

（四）师领读第三段

在以上两段的基础上，作者从大自然的动植物说到人，把人分成不同层次，分别是君子，宋荣子，列子，至人神人圣人。这些人的境界由低到高，最高等的就是庄子所谓逍遥的境界。

（五）把课文齐读一遍

想一想，作为俗人的我们鼠目寸光，患得患失，辛辛苦苦，为房子、车子、票子、帽子而奔忙，庄子早把这些看透了，看淡了，他站在旁边一块精神高地，冷笑我们，他在芸芸众生的头顶飘飘忽忽，逍遥游，引领我们的精神。正如鲍鹏山先生所说，庄子是一棵树，一棵孤独地守护着月亮的树，当人们在黑夜里昧昧昏睡时，为什么月亮没有丢失？就是因为清风夜唳中有一两棵这样的树。

【补记】

1. 2009 年 9 月 17 日，市教育局检验省学科带头人教学情况，安排我在闻喜中学借班上课。

2. 接到讲课任务后，有点为难。《逍遥游》一个课时不能完成，要两个课时，不知道闻喜中学的学生知识储备怎么样，课文熟悉程度如何，所以设计了领读这个环节。如果学生课文熟，那就多在内容上讲解；如果学生课文生，那就在字词上多下功夫。就这样，边领读，边抛出问题，当然问题很简单。到领读结束时，课文内容也就基本清晰了。最后，水到渠成，把庄子的思想点一点。

3. 评课老师普遍反映这课上得轻松。也有溢美之词，说我有大家风范。

十四、《秋兴》
——省学科带头人研讨课

（一）教学目的

1. 体会杜甫忧国忧民的情怀。

2. 鉴赏本诗情景交融的艺术特色，进一步把握杜甫诗歌创作风格。

（二）教学重点

本诗的意象和情感。

（三）教学方法

品读和讨论。

（四）教学课时

一课时。

（五）教学过程

1. 导入——走近杜甫

今天我们一起学习杜甫的诗歌，我想先请同学们说说自己对杜甫的印象，其经历，其作品，其风格，其影响等。

2. 领读齐读——读懂大意

3. 品读细读——领会深意

①首联。读出表明季节的词——"玉露""枫树"；读出表明地点的词——"巫山巫峡"；读出表明整体气氛的词——"萧森"。自从宋玉在《九辩》中发出"悲哉，秋之为气也"的感叹后，悲秋成了中国古代文人习惯性的审美情感。

②颔联。紧承上联"萧森"之气，这一联写了"江间波浪""塞上风云"。同学们仔细看，作者在这里选取了从上到下的写景顺序，除此之外，还有什么妙处？把江波写到天上，把天云写到地下，恐怕只有杜甫才有这笔力，"语不惊人死不休"，杜甫善于炼字炼句，的确技高一筹。读完这一联，我们感觉到波浪滔天乌云压顶，天地间充满动荡和压抑，难道这仅仅是对自然景物的客观描绘？这里面寄寓了作者的特定感受，即个人漂泊和时局动荡。

③颈联。这一联揭示了全诗的主旨。菊花两度开放，时光飞逝，而自己羁旅在外，有家难归，漂泊西南天地间，像一只沙鸥。"故园心"三个字表明归家之心的切与烈。公元 755 年安史之乱爆发，759 年杜甫为避战乱，由陕入川，从此饱经忧患，辗转漂流。先是靠四川节度使严武照应，在成都住了六年。严武死后，他沿江东下，在夔州滞留。这一时期他结合当地风土人

情，写下大量诗作。虽然身在川蜀，但一刻也没有忘记长安。东逝的江水，南飞的大雁，树叶枯黄，菊花开落，无疑加重了他的思归之情。

④尾联。最后作者在承上抒情的基础上，给感情又寻找了对应物。"暮砧"一词，让读者仿佛听到了"咚咚"的捣衣声。这声音敲在杜甫的心上，这声音回响在历史的天空，久久不息。

4. 深化理解

全诗围绕一个"悲"字来选景抒情，一悲秋寒来临，二悲时局动荡，三悲有家难归，四悲年老多病，五悲孤独寂寞。这些个悲，不仅仅是他个人之悲，而是家国两痛。在这里我们看到了一个流泪的杜甫，他的泪为民众而流，为国家而流。正因为如此，杜甫不仅仅是一位诗人，更是一位伟大的爱国者。

【补记】

1. 2010 年 3 月在省教院接受学科带头人培训期间，21 日上午在太原二中上的这一课。

2. 脑子里挥之不去的一直是杜甫忧国忧民的影子，整节课教学围绕一个"悲"字，贯穿一个"悲"字，最后总结出五个"悲"。

十五、《我与地坛》
——省特级教师选拔课

（一）教学目的

课文分两部分，这里只看第一部分。通过学习，理解作者的情感和思想，学习作者表情达意的手段方式。

（二）教学重难点

地坛给作者怎样的启示。

（三）教学方法

诵读，讨论。

（四）教学过程

1. 导语

一个人，活到 20 岁，最狂妄的年龄时，突然间，双腿残废了，其心中的苦楚可想而知。他想到自杀，但是，他挺了过来，而且最终他跌跌撞撞走出了一条属于他自己的路。这个人就是史铁生。下面我们随作者一起走进地坛，感悟生命。

2. 整体感知

①找几个朗诵好的同学读课文，重点段落可以再读一次。

②初步感知，形成整体印象，在此基础上，梳理出这一部分三层意思：第一，作者和地坛的缘分；第二，各种生命活动给作者带来的启示；第三，思索如何活的问题。

3. 片段赏析

①"四百多年了，它剥蚀了……"片段赏析

这一段文字作者用排比的句式，让人读出沧桑感，让人感到这座古园的博大和沉静。作者走进这座古园，身子进去了，同时心在这里也得以安顿。地坛风雨四百年，以她的博大沉静接纳了作者，给受伤的作者以安慰，一颗心和一个园子形成某种契合。

②"蜂儿像一朵小雾……"片段赏析

这一段文字写了各种生命运动状态，他们在园子里响动，竞相生长，片刻不息。相对上一段文字的静，这里以动取胜；如果说地坛的沉静暗示永恒，那么一系列的响动则显示生命运动节律。那些个看似弱小、没有价值的生命体如此珍惜生命，作为万物之灵的人为什么要放弃生命呢？双腿残废能成为理由吗？越读越觉得有一个声音响起：活下去，活下去，毫不犹豫坚定坚强地活下去！这就是地坛给作者的生命启迪。

③"死是一个必然降临的节日"讨论

作者把死说成节日，这是他在园子里泡了几年，经过几番沉淀过滤后的说法，这是经过大起大落或者大悲大喜之后才有的体会，这是和古园无数次对话参透了生命意义后的大彻大悟。难怪作者用平静的轻松的口吻来叙说。史铁生还写过一首诗专门谈死，一共三节，大家下去后找来读一读。人，生死问题，参透了就解脱了，解脱了也就找到了"诗性的存在"。

④最后一段赏析

这一段作者本想说明"如何活"，但却没有给出答案，而是用了一连串的"譬如"描述各种生命状态，他在继续沉静地耐心地观察，他在继续深入地用心地思索。那些个时间，那些个光影，那些个脚印，那些个味道，都是生命的姿态，都是答案。说到底，如何活是个私人问题，每个人都有自己的独特性，有别于他人的独特的境遇和独特的抗争方式。史铁生有史铁生的方式，那就是用笔凿开一条路。

4. 课堂小结

北京城里那个和天坛南北相对的名叫地坛的古园，静静地矗立了四百年，有一天，史铁生进去了，一天天，一年年，他在这里观察思索，地坛的博大沉静给他以安慰，地坛里各种生命运动给他以启迪，他明白了活着的意义和如何活的问题，地坛帮助他度过了生命里最暗淡的日子。他的思索也给了我们很多启迪。

今天我们看的是第一部分，在第二部分里我们将看到一个母亲的坚忍和对儿子毫不张扬的爱。有人结合这两部分内容，把第一部分内容概括成"母亲般的地坛"，把第二部分内容概括成"地坛般的母亲"，大家觉得合适不？

【补记】

1. 2013 年 6 月 25 日，参评特级教师的在黄河大厦抽题讲课，我抽的是《我与地坛》。备课时间两小时，半小时过去了，我还是不能确定要讲的内容，突然间，我想清楚了，就讲课文前半部分。

有了大体构想，然后设计教学流程。急中生智，我用四个片段赏析组成课堂骨架，这应该算作处理教材的大手笔。在每个部分赏析时，那么短的时间，我能找到属于自己的体会和表达，真为自己骄傲。

2. 多年来，每一次上课都寻求突破，常教常新，我高兴自己又一次的成功实践。

康杰风华苑

教学感悟（上）

一、鉴赏一法——比较

1998 年 6 月

朱自清先生在《绿》中，为了描写梅雨潭的"绿"，用了这样的句子："我曾见过北京什刹海拂地的绿杨，脱不了鹅黄的底子，似乎太淡了。我又曾见过杭州虎跑寺近旁高峻而深密的'绿壁'，丛叠着无穷的碧草与绿叶的，那又似乎太浓了。其余呢，西湖的波太明了，秦淮河的也太暗了。"朱先生在这里观察景物、描写景物用的是比较的方法。同样，我们可以把比较的方法引入教学，教给学生。我在指导学生鉴赏文学作品时，一直鼓励他们使用比较的方法，因为我觉得这种方法一学就会，一用就灵。

比较的方法，是人们认识事物的基本方法，无论大人小孩，无论生活学习，人们都在自觉或不自觉地运用这种方法。学生们只需要在教师稍作指导下，便可以运用这个自己早已掌握的方法走进文学鉴赏这一陌生领域。

运用比较的方法进行鉴赏，可以分为两个步骤。首先依据鉴赏内容确定比较点；然后选取与鉴赏内容相关的材料进行比较。

（一）确定比较点

当我们阅读一篇作品时，常常对作品的某一方面成就极为赞赏，反复咀嚼，兴味十足。这"某一方面成就"从大的方面讲，可能是它的主题或人物，也可能是它的结构或风格；从小的方面讲，可能是它的手法，也可能是它的语言运用，甚至某个词。这"某一方面成就"就是鉴赏中进行比较所紧紧围绕的点。如读《老马》一诗，"老马"指什么？有人说它指一匹马，有人说它指一个人，一种人，一批人，一代人……于是在鉴赏中，便可把这首诗的主题作为比较点。同样道理，我们可以把《再别康桥》的比较点确定为其风格，可以把《死水》的比较点确定为其比喻手法。

一部（篇）优秀的文学作品，其成就往往是多方面的，鉴赏时不免使人眼花缭乱，考虑到教学时数的限制和学生个体阅历的局限，确定比较点时，一定要结合教学要求，择要择小，力戒"胡子眉毛一把抓"。

（二）选取相关材料进行比较

所谓相关材料，没有固定的范围，没有特指的对象，这就需要鉴赏者打开自己的知识仓库，充分发挥联想和想象，把凡和鉴赏内容有关的材料统统拿来，以鉴赏内容为中心，呈放射状地广泛搜集。如学习余光中的《乡愁》，能够与之比较的有余光中的《乡愁》系列诗、席慕蓉的诗《乡愁》、黄河浪的《故乡的榕树》、李白的《静夜思》等等，这些诗文属同一主题，通过比较可以加深加宽对余诗主题的理解。再如《荷塘月色》中作者写荷叶，用"亭亭舞女的裙"句，紧接着写荷花用"袅娜"、"羞涩"这些表示女性神态的词和"刚出浴的美人"；再联系到《绿》中作者写到的"少妇拖着的裙幅"、把"轻盈的舞女"、"善歌的盲妹"、"女儿绿"等，这些材料放在一起，就会从比较中看出作者写美好事物，总习惯联系女性，这大概是作者一种独特的审美情趣。这样看来，越是广泛联系，多做比较，越能提高鉴赏能力，品尝到作品真滋味。

确定比较点和选取相关材料是进行比较的两个步骤，前者解决"比什么"的问题，后者解决"用什么来比"的问题，后者在比较方法的运用中显得更为重要，因为它不但直接关系到鉴赏能力的高低，而且还会发现新的比较点。如当比较舒婷的《祖国啊，我亲爱的祖国》和莱蒙托夫《祖国》时，会发现两首诗作者所理解的"祖国"内涵不同，同时还发现两首诗表现手法的差异。

总之，比较的方法是鉴赏文学作品的一种好方法，运用这种方法的关键是要求学生广开思路，大量积累，提高悟性。

二、谈谈课堂提问

1988 年 4 月

做一个好教师，上好一节课，都离不开提问。提问是课堂教学的一个基本手段，是检测教师素质的一个重要方面，在教改不断深入的今天，对这个问题的探索有一定意义。长期以来，笔者带着兴趣，注重一些有经验的同志如何运用这种手段，又通过座谈从学生对这种手段的评判中，进行再认识，久而久之，思想里面便形成了一些抹不去的想法。本文，笔者试图从问题的设计和发问两方面，对课堂提问的种种情况进行总结和归纳。

（一）问题的设计

有个笑话说，一个语文教师讲毛泽东诗"春风杨柳万千条，六亿神州尽舜尧"时，向学生提出两个问题：①"春风杨柳多少条？"②"六亿神州怎么摇（尧）？"

或许世上没有这样的老师，但这个笑话却带给我们一些启示，课堂提问一定要先把问题设计好。问题设计得不好，提问后学生自然答不上来，像笑话中的那位老师其可笑之处就在于设计了两个非常荒唐的问题。可以设想，即使这位老师百般启发，甚至提问时语调都把握得很好，即使他的学生也很聪明，但问题仍然回答不了。

课下设计问题，是课上提问问题的基础，如果设计得好，那么提问就有可能成功；如果设计得不好，或者没有设计，那么提问必然是失败的。既然设计问题这么重要，那么到底该怎么设计呢？

1.大小结合，即大问题和小问题的结合。我们不妨把一篇课文、一个段落的概括和总结拟成大问题，而把具体分析拟成若干小问题。如"这篇课文主题是什么？"是大问题，"这个句子运用了什么修辞手法？"是小问题。提出若干小问题分析解答是对课文具体分析和局部把握，提出大问题是对课文概括总结和整体把握。小问题之间是有联系的，小问题和大问题之间也是有联系的。

2.难易结合。问题有大小之分，也有难易之分。什么问题难，什么问题易，这要视自己学生具体水平而定。提问时不能总是一些难问题，这样下去，学生就谈问色变；也不能总提一些简单问题，这样会养成学生不认真思考的坏习惯，他们会认为反正我都会。这两种情况都会导致学生对提问不感兴趣，从而也就失去了这种手段的功用。所以我们要使二者结合起来，有难有易，当难则难，当易则易。

3.新旧结合，即新知识和旧知识的结合。因为任何一门学科，它都有自己的知识系统，新旧知识之间存在着内在联系，不管是为巩固旧知识点，还是为解决新问题，还是为比较异同，讲课时，进行新旧知识的联系是非常必要的，尤其是高三年级学生对知识系统性的要求更高。许多教师在课堂上这样发问："还记得……吗？""想想以前我们学……和这个问题有什么异同？"等等，都是这种结合的体现。

其实，以上谈的三点，所谓大小、难易、新旧都是相对而言的，这里我们重要是想强调一下各自结合的问题。另外这几点都是只注意所设计的问题、类型、区别，至于平常我们所谈的设计的问题要有针对性、可答性，是就单个问题谈的，也不容忽视。

（二）发问

问题设计好了，提问就能成功吗？不一定，这还要看你让谁来回答，如何对待学生的回答。下面就具体说明这两个问题：让谁来回答；怎样对待学生回答。

让谁来回答——

1. 自答和他答相结合。一般地，课上都是老师提问，学生回答，这就是师问"他答"。但也有这样一种情况，老师自问自答，为什么要这样呢？教师即演员，演员演戏要吸引观众，教师课堂当然也要吸引学生，事实上夹杂问句来讲，会达到这个目的。既然是为提高学生注意力而进行发问，那么没必要让学生来回答。有些较难的问题，学生答不上来，而时间又不允许慢慢思考，自然也应是教师自问自答了，课上发问要注意自答和他答相结合。

2. 优生和差生相结合。换句话来说，教师发问后，有的问题要让优秀学生来答，而有的专拣差等生来答，这里谈的优秀生指理解能力强或口头表达能力强的同学。提出问题如果难度较大，或需要准确生动地表达出来，应该由优秀生来回答；如果问题简单，或者为培养学生口头表达能力，则应由差等生来回答，给他们一个机会，提高他们的自信心。说到底，该由哪位同学回答，一要看问题的难易程度，二要看学生口头表达能力，不要一味地让优等生回答，而冷落差等生，也不要一味地让差等生来回答，为难他们。

3. 集体和个别回答。提出问题后，有时让个别同学回答，有时让全班同学回答。让全班同学回答可分为齐答和抢答两种。齐答通常指碰到一些简单问题，一致的思想，一致的情感，同学们个个不吐不快。比如讲《长江三峡》一课，讲到高潮时，提问"同学们，三峡美不美？轮船在江上航行，像不像我们伟大的祖国在前进？生活在这样的国度里，能不感到光荣和骄傲吗？"等这类问题。抢答往往是检测学生思维灵敏度的一种手段，也是培养其求异思维的一种手段，通过激发他们的竞争意识，达到互相学习的目的。如讲"见"字时，可这样提问："大家知道，以'见'字开头的成语有多少？说说看。"还有讲提取论点时提问："猪八戒照镜子，这个故事传给我们多少道理？"试想，这样不指名道姓地让大家回答，课堂上将呈现怎样热烈的气氛！当然也不能总是采取这种方式，因为经常这样，会有学生滥竽充数，也会养成其不认真思考的坏习惯。个别回答这里就不说了。

怎样对待学生回答——

1. 诱导和评点相结合。当教师发问后，学生可能答不上来，或者和老师想要的答案不一样，甚至大相径庭，这时候，教师要诱导或评点，不能简单地肯定或否定。诱导就是启发思考，勾起回忆，帮助学生找到解决问题的突破口，抓住问题关键，回答到点子上。评点就是把学生的回答和正确答案进行比较，特别是正、错对比，对学生答案进行修正、补充、引申。不注意诱导和评点，会减弱提问效果。不注意二者结合，提出问题不加诱导地让学生回答，学生会感到无从下手，学生回答后，不加评点，那就等于没有回答，这都不好。

2. **鼓励和责备相结合。**毫无疑义，提出问题后，有的学生答得很好，而有的学生却较差。回答出色的，要给予鼓励，让其享受凭自己的能力解决问题的快感，让其从老师欣慰的微笑中，接受信心和力量。回答不上来，或答错了的同学，应给予责备，责备不是讽刺，不能挫伤其积极心，不能使其自尊心受伤，而是让其内疚，觉得不应该如此。根据回答问题的不同情况，分别给不同的同学以鼓励和责备，这是必要的。

总之，由谁回答，怎样对待学生回答，做好以上五个结合，全都应从实际出发，视具体情况而定。如果我们注意以上两个方面的八个结合，那么就能成功地运用提问这一课堂教学的基本手段。

三、记叙文写作如何选材和加工

1989 年 6 月 18 日

"作文难，难于上青天。"不止一次，同学们在我面前吐苦衷，为什么呢？无话可说，无材料可写。瞧，作文课上，他们望着黑板上的题目发呆，搔头抓耳，搜肠刮肚，想呀，找呀，真可谓"踏破铁鞋无觅处"。

虽然平常说生活是取之不尽用之不竭的材料仓库，但如何才能挑选出进入作文的材料呢？我想每个学生结合自己对生活的认识和体验，挑选下面这样一些人和事，进入作文也许合适。试找那些自己最喜欢、最讨厌、最崇拜、最蔑视或常常琢磨又琢磨不透的人，或那些使自己感到最激动、最难忘、最有趣、最有意义、最不易察觉、最易忽视过去的事，毫无疑义，这些事情出现在作文里，较之别的材料，更能引起人关注和共鸣。这些材料我们取一个不恰当的名字，就叫"生活之最"。

事实上，教师稍做这样的提示，学生们便会有茅塞顿开之感。当然，由于经历有限，视野有限，有些同学难以找出"生活之最"，这就需要创造了，当然，这种创造不是闭门造车，而是建立在真实的、常见的生活基础上的艺术加工，这里举两个例子来说明。

其一，每年每学期开学时，学生们大多都有父母陪送，每想起父母这一片爱心，谁都会感动。如果我们把这个材料处理成这样的：一位患关节炎病的父亲，在炎热的夏天劳动时也要穿棉裤，可为了使孩子在同学们面前不失面子，所以送孩子上学时，忍着痛苦，换穿一条单裤，这不就很耐人寻味了。

其二，每个学生从小学到中学，家长、老师总不断提醒他把字练好，如果我们这样处理：一位很有前途的书法家，不幸失去双手，他千方百计，煞费苦心，极力帮助邻居一位学生练字，他把他的爱和志向转移到邻居孩子身上。这样，关于练字的事就更有意义了。

以上这两个例子都是创造过程的反映，把生活中极普通的材料变成典型的材料，虽然失去了真实，但谁都不怀疑它真实，它成了熟悉而陌生的材料。

这一创造过程，效果甚佳，可学生们缺乏的正是这个创造过程，他们长期徘徊在创造前阶段，差一步，就跨过这道分界线，达到创造后阶段，可始终迈不出这关键的一步。这一创造过程的完成，对学生们来说，是质的飞跃，是对材料由生活到艺术的转化。

由此看来，无论是找"生活之最"，还是进行"创造"，其实都不难。在作文训练中，教师忽视这方面的提示，学生就有"难于上青天"的苦衷了；教师注重这方面提示，学生就有"得来全不费工夫"的喜悦了。

四、字词复习的 7 个要求

2008 年 11 月

高考语文复习基础知识部分第一个知识点是字音，第二个知识点是字形。这两个知识点完全可以放在一起进行复习，没必要分开，分开也不合理。复习中有人迷信做题，做题中碰了钉子，或者多次碰了钉子，一部分词便掌握了，这办法太笨。也有人看重复习资料上专家的规律总结和点拨，这办法似乎巧妙，可惜不是自己总结，隔那么一层，还是不太奏效。为此，提出如下建议供参考。

1. 读准。汉字绝大部分是形声字，这个特点对学习者既是有利的一面，也是有害的一面。2008 年考题中出现的"诩、嗔、圮、峙、槁、溯、骁、噎、愎"，就怕依据半边而读。汉字中的多音字更要谨慎对待，如"塞、载、拗、便、质、较、处、供、与、着"考题中这些词虽很平常，但很灵活。

2. 写正。高考题中字形考查分两部分进行，选择题部分主要考查别字，默写和作文部分主要考查错字。强调写正，主要防止把字形相近的字写错，如"土、士"、"己、已、巳"、"干、千"、"沛、柿"等词。

3. 讲活。现在考题很少考解词释义，但对掌握一个词的读音和字形来说，释义是必不可少的手段。汉字是表意文字，字形往往反映一个词的本义，语境不同，词又出现了很多引申义。所以一定要把词讲活，虽不能像字典上列举义项那样全面，但一般的几个义项还是应该掌握的。能把一个词讲活，相应的写错率就低。

4.寻根。某个词在哪篇课文中出现过，能想起来找出来，这就叫寻到根。做到这一点很了不起，这就赋予了词以生命的意义。当你面对一个词时，它不仅是印刷符号，还是你接触过甚至玩味过的老朋友，你自然就掌握它了。题目是死的，词是活的，活在一篇篇课文里。

5.会用。既然承认字词是有生命的符号，如果能知其所用，尽其所用，岂不是让这样的生命大放光彩？词的使用大有讲究，要考虑语体色彩、感情色彩、范围大小等因素，所以仅掌握几个义项是不够的。

6.归类。可以按照不同的标准对词进行归类，比如，同一偏旁的、同义近义的、谦敬辞、生活类、经济类、体育类、军事类等，还可以举出反义词。归类没有固定的标准，随着积累的增加，类型会越来越多，而每一类的数目也会逐渐庞大。

7.筛选。每次做完题后，把自己做错的题整整齐齐地抄在作业本上，这样就避免了重复劳动。考试前翻看一下自己作业本上的记录，心里不慌。从理论上讲，不断筛选，最后剩下的未掌握的词就少而又少了。

按照以上 7 个要求去做，很可能做题速度慢，但质量一定高。扎扎实实做一段时间，有收获，有兴趣，也就开窍了。

五、这八年的成语高考题

2000 年

（一）考查学生成语积累运用非常重要，既是热点，又是难点

1992 年考查的四个成语分别是"巧夺天工"、"耳濡目染"、"灯红酒绿"、"凤毛麟角"。其中"巧夺天工"意为精巧的人工胜过自然，而题中选项却用来形容自然景观；"灯红酒绿"干扰性最大，因为人们多认为是形容寻欢作乐的腐化生活的词，岂不知也可以形容都市或娱乐场所夜晚的繁华景象。

1993 年考查的成语是"苦心孤诣"、"差强人意"、"不刊之论"、"忍俊不禁"。其中"差强人意"是"大体上还能使人满意"的意思，而题中选项把它用成了"叫人为难"的意思；"不刊之论"干扰性最大，因为很多同学不理解它的意思，只好望文成义，解为"不能刊登的言论"。

1994年考查相近意思的成语辨析，涉及四个成语，"别具一格"、"不落窠臼"、"匠心独运"、"独树一帜"，辨析中，应根据成语的意思和语境，找出细微差别和确定使用范围。比较中发现，"独树一帜"用来形容苏轼书法较贴切，"别具一格"形容园林，"不落窠臼"指构思，"匠心独运"指电影技巧。

1995年考查成语有"无所不为"、"半斤八两"、"首当其冲"、"想入非非"。正确选项是"想入非非"，因为一般人理解它为"胡思乱想"，忽略了它还有"思想进入虚幻境界，完全脱离实际"的意思，所以难以确定。"无所不为""半斤八两"都是贬义词，很容易排除；"首当其冲"是"最先受到攻击或遭遇灾难"意，而选项模糊其义，把它用成"首先"，用来修饰"问题"，干扰性很大。

1996年考查成语又出现了近义成语的辨析，涉及"应接不暇"、"琳琅满目"、"目不暇接"、"美不胜收"四个成语。选项中"令人"之后最好接"应接不暇"或"目不暇接"，面对馆里的奇珍异宝，参观者看不过来，用"目不暇接"，而奇峰异岭扑来，山动人静，用"应接不暇"。其余两词，"琳琅满目"强调多，用于商店；"美不胜收"强调美，用于玉器展品。

1997年考查成语有"莘莘学子"、"不孚众望"、"趋之若鹜"、"万人空巷"。从使用角度看，"莘莘学子"从词义上排除，"趋之若鹜"从感情色彩上排除，至于"万人空巷"不能单考虑"空巷"，必须注意"大家聚在一起"的前提，这实际上是一个成语使用的角度问题。应该选的词是"不孚众望"，而一般考生不解"孚"的字意，受"不负众望"的干扰，选择时犹豫不决。

1997年上海考题形式新颖，也是考查近义成语的辨析，涉及三组成语："耳濡目染"和"潜移默化"、"侃侃而谈"和"滔滔不绝"、"海市蜃楼"和"空中楼阁"。这道题更强调一定语境对选词的影响，由"听到看到"选"耳濡目染"，由"从容不迫"选"侃侃而谈"，由"转眼就会消失"选"海市蜃楼"。

1998年考查的四个成语是"望其项背"、"处心积虑"、"火中取栗"、"拭目以待"。根据词语的感情色彩，排除"处心积虑"；"望其项背"不多见，本指"赶得上或比得上"，这里应用为"难以望其项背"。同理，"火中取栗"指"冒着危险给别人出力，自己上了大当，一无所得"，这里应用"坐收渔翁之利"，所以最终选"拭目以待"。

1999年考查的四个成语是"殚精竭虑"、"美轮美奂"、"炙手可热"、"一劳永逸"。"海湾地区的局势"不能用"一劳永逸"来描述；"美轮美央"指高大华美的屋子，不能仅从"美"取意；"炙手可热"指权势，不能仅从"热"，引出"热门"来取意。所以最终答案选"殚精竭虑"。

2000 年全国春季考题考查"五花八门"、"颇有微言"、"蠢蠢欲动"、"首当其冲"。根据词语使用感情色彩判断"蠢蠢欲动"误用；"颇有微言"有些意思正确，但成语是固定结构，不容改动，应为"颇有微词"；这里选项中把"首当其冲"误用为"首先"的意思。"五花八门"一词属中性词，指花样多，用在选项里正合适。

（二）综合分析

1. 成语考查多数考查对词语意思的准确理解，如"差强人意"、"首当其冲"、"莘莘学子"、"望其项背"、"炙手可热"。

2. 考查对成语使用中褒贬色彩的辨析，如"无所不为"、"半斤八两"、"趋之若鹜"、"蠢蠢欲动"，特别是那些难以辨析的，如"灯红酒绿"、"想入非非"、"五花八门"。

3. 考查对近义成语的辨析，如 1994、1996 年考题和 1997 年上海考题。

4. 考查使用角度、使用对象，如"巧夺天工"、"美轮美奂"、"万人空巷"、"火中取栗"。

5. 近三年考题都是选择使用正确的成语,所以对成语使用不正确的各种情况要有一定的敏感性。

6. 涉及的成语往往是中等水平考生熟悉的成语，基本上不选冷门成语，关键看常见成语的使用得当与否，色彩、对象、角度等是否符合语境。

7. 成语辨析题近几年少见，但 1997 年的辨析题很有特色，也很合理。

8. 训练中注意积累和辨析，知道出处，分析其结构，真正按"词语"来处理，因为成语的本质说到底是"词语"。

六、关于科技说明文阅读的三个话题

2009 年 4 月

就大多考生来说，科技说明文阅读无论是平时训练，还是高考试题，似乎都蒙着神秘的面纱。本文将从三个方面谈科技说明文阅读的训练和考试。

（一）科技说明文阅读在语文高考题中的地位

人们习惯上把语文考题中的现代文阅读部分分为两类，即科技类和社科类。随着语文高考试题日益成熟，科技说明文考题也渐趋稳定。选材多取自生物学、医学、天文学、能源、材料等高科技方面话题，材料字数在 600 字左右，这类考题出现在第一卷（客观卷），共设置四个题目，分值为 10 分（99年增为 12 分）。

回顾历年来考题不难发现，自 1992 年始，科技说明文考题年年露面，从未间断。这一事实表明，科技说明文阅读在语文考题中占有举足轻重的地位，而且其地位在进一步提高。

命题人如此钟情科技说明文，原因有二：一是参加高考的考生绝大多数是理工类考生，进入高等学府后将深造理工类专业，而中学语文教学，无论从教师的指导思想，还是从教材编排，都没有对科技说明文予以高度重视。高考协调了这一矛盾，起着导向作用。二是科技飞速发展的社会现实，要求当今的学生学会学习阅读科技说明文，考题侧重考查学生这方面能力，是立足现实面向未来的必要选择。

（二）科技说明文考点阐释

"普通高等学校招生全国统一考试语文科说明"（简称考纲）对现代文阅读有七项要求，其中有四项要求和科技说明文关系极大。

1. 能够理解词语在文中的含义

词语有词典义，这是固定不变的，但词语在具体的语言环境中，受上下文的影响，会产生一种新的、特定的、临时的、具体的含义，需要仔细揣摩才能做出恰当而准确的解释。考题中涉及的词语有时是指代性词语，如"之""其""此"等，与之相呼应的上下文中很可能有一个具体的词或词组，甚至句子句群。有时是非指代性词语，包括概括性极强的词语和运用修辞手段加工改造了的词语，前者要求考生化概括为具体，后者要求还词语本来面目。这一项能力考查的例子有：1994 年第 2 题"文中'直接依附其上'的'其'字代表的是"；1998 年第 1 题"根据文意，对'转基因作物'理解正确的一项是"。

2. 理解文中重要的句子

重要句子指文中那些结构复杂的句子、对文章结构有重大影响（总领上文、总括下文、承上启下、前呼后应）的句子、内涵丰富需要拓宽加深理解的句子、能体现某段文字的要点或全文中心的句子。理解这类句子首先要分清句子主干和修饰限制成分，然后考虑它和周围的关系。做这类题往往要注意句子变换表达方式。这一项能力考查的例子有：1995 年第 2 题"'未发现具有已接收讯号特征的电波源'这句话的意思是"；1998 年第 2 题"对文中画线处的意思理解正确的一项是"。

3. 辨别和筛选文中重要的信息

材料是信息的载体，就此而言，这一项能力的考查涵盖面很广，无论是词句理解，还是作者观点分析，都可以认为是辨别和筛选信息的体现，事实上，每个考题都隐含着对这项能力的考查。值得一提的是，1995年第3题"'两位学者说，37个讯号可能来自地球外文明'，他们的依据是"，实际上考的是学生对信息的组合能力。

4．分析归纳文章的内容要点和中心思想

这一点着重考查学生的概括能力，要求就文章某一段的内容或全篇内容进行概括，包括概括作者的观点和态度。概括时往往要注意段或篇的首句、末句、主旨句。因为用单选题的形式来考查，所以更强调对概括选项语言表达准确性和语言转换灵活性的指认。例如1995年第1题"下列语句不适合作本文标题的一项是"；1999年第1题"本文第一自然段提出了一种假说，对这种假说理解不正确的一项是"。

纵观历年来考题，可以大致勾勒出科技说明文的出题思路。一般地说，第1道题考查对词语的理解，第2道题考查对句子的理解，第3道题考查对文章内容要点的分析，第4道题考查对全文的内容的把握、作者观点的把握。完成这些题目都需要在把握文意的基础上进行，都要求考生对重要信息具有相当的敏感性。

（三）科技说明文阅读训练提示

1．增加科技材料阅读，提高感性认识

客观地讲，中学生的课外阅读远远达不到教学要求，而在少量的课外阅读中，科技材料阅读更是少而又少，教材中科技说明文也仅仅几篇。所以，训练这方面能力，首要的任务是增加科技材料的阅读，以提高学生的感性认识。通过涉猎一定数量的科技材料，学生们的阅读经验会多起来，遇到有关文章，逐渐能揣摩出怎样抓重要信息，怎样把握文意，怎样透过一句话的表层深入其内核，反复训练之后，考场上的科技说明文对学生来说，将不会太陌生，而有一种"似曾相识"的感觉。面对大量科技材料，应鼓励学生充分利用手头报章杂志。浏览其中科技前沿问题、交叉科学问题。

2．克服畏难情绪，侧重语文训练

专家们一再强调，科技说明文主要是考查学生的语文阅读能力，而非考查学生的科技水平，明乎此，也就明确了训练方向。

很多学生对科技说明文感到头痛，有畏难情绪，很重要的一个原因是被文中复杂艰深的科技知识所吓晕、吓倒。所以进行科技说明文训练一定要让学生克服畏难情绪，减轻思想负担，把心思用在语文能力训练上。1997年，高考题中的科技说明文，初一看，好像很难，仔细辨别考题选项会发现，第1、4题考查辨别和筛选信息的能力，第2题考查理解句子的能力，第3题考查把握文意的能力，都是从语文角度来考查的。考题中经常出现一些选项，或者是原文意思变换形式、变换角度的表达，或者是原文意思的提取、压缩、剪接。这些题放在科技说明文这样特殊的语境中，显得是难了点，可这些题要是在我们熟悉的语境中，并不那么难。

3. 遵循三个步骤，优化训练程序

面对 600 字左右的阅读材料，要求在 10-12 分钟完成四道单选题目，既要讲究速度，又要保证质量，整个过程大体可分为三个步骤：快速阅读，粗通文意→排除干扰，保留争议→找出对应，仔细辨认。

快速阅读是第一步，为什么要"快速"呢？因为材料中虽有众多信息，而真正有用的信息，只有看训练题后才能知晓；另外，材料中的科技术语，常常使阅读者读起来费时费力，欲罢不能，快速阅读要求避开这些枝叶，快速阅读的目的是粗通大意。

做题时大多数学生使用排除法，这有其合理性，一道题目有四个选项，其中的两个选项干扰性弱，容易排除，应集中更多的时间，对付有"争议"的两个选项。在"争议"项中选择正确选项，要非常谨慎，多加思索，这是决定胜负的一步，应该回到原文，找到相关内容，比较研究。

寻找对应是科技文阅读训练必不可少的一个环节。题目中的选项不是凭空产生的，都和原文有着千丝万缕的联系，都能在原文里找到对应的内容，有时对应的是一个词、一句话，有时对应的可能是一段文字，整篇内容；有时对应的是直接的，而有时对应却是间接的。找出对应后，把选项和原文之间的异同反复比较，就可以辨别出选项的对错。特别要注意那些"形似神不似""形不似而神似"的选项，在寻找对应时，反应太慢，或找出的对应位置不准，都将影响做题，训练中要加强这个环节的训练。

完成科技文阅读的考题，把握文意是基础，寻找对应是关键。

同别的考题一样，科技说明文阅读训练和应考也没有灵丹妙药。以上所说仅是一点粗浅的认识，其目的是撩开遮在科技说明文头上的神秘面纱。

七、为周朴园流点泪

2006 年 1 月

读过《雷雨》的人往往对周朴园没什么好印象，多数人认为周朴园是个伪君子，他对鲁侍萍负情，对繁漪专制，对修江桥的小工残酷，对矿上罢工领袖诱骗，道貌岸然，无耻之极。难道曹禺先生苦心塑造这一艺术形象仅为激发读者的愤怒和厌恶？有没有别的意味？读者从剧情和人物中也许能咀嚼出更多的人生况味。

《雷雨》中最难解读的问题是，如何看待周朴园在没有认出鲁侍萍前对侍萍的怀念以及着急打听侍萍的下落。我认为这里周朴园表现出的感情是真实的，诚恳的。理由一，他和鲁侍萍当年两情相悦，从剧中能找出很多证据，至于后来分手，那是父母逼迫的结果，不是周本人的意愿，用"始乱终弃"来概括周朴园对鲁侍萍的感情变化是轻率的。理由二，周朴园人到中年，生活中有很多不如意，完全有可能在感情上回到从前。

一个人怀念曾经有过的一段美好生活，怀念那个美好的"她"，这是善良人性的流露，尽管这个人后来做了很多坏事，现在的角色也不光亮，但不能因此否定他性格中好的一面。

我曾向很多人讨教，包括老师学生，我希望他们为周朴园支招，帮周朴园解脱，给周朴园寻找妥当的出路，结果发现几乎没有人帮得了他。我越来越觉得，可能曹禺先生也为周朴园做过种种安排，但最终曹禺无奈，把幕拉上了事。周朴园的人生是尴尬的，是没有出口的，因而是悲剧性的。

周朴园的悲剧还罩着一层怪圈，他怎么也走不出鲁侍萍的阴影，"三十年了，你还是找到这儿来了"，多苍凉的一句台词！其实，我们细加研究，不难发现，剧中人个个如此。鲁侍萍走南闯北也没有走出周朴园的阴影，连她的女儿四凤也走不出周家的阴影，重复她当年的故事。剧中人谁都走不出周鲁两家的恩怨，都在接受命运的摆布和嘲弄，都在因果关系中苦苦挣扎。明白这一点，就可以认为《雷雨》绝不仅仅在写周朴园的悲剧，而是毫不留情地把批判的笔指向社会人生。人生是悲剧的。凡伟大作家都有这种情怀。

电视连续剧《雷雨》拍摄时，聪明的编导把周朴园的余生安排在轮椅上，这种安排带有象征意义。周朴园虽生犹死，仅是个生命符号，是个揭示人生意义的符号。这样安排也不能算是给周朴园找到出路。

话说到这份儿上，不该为周朴园流一点同情的泪吗？

八、从蔺相如形象看司马迁用心

2012 年 4 月

每次读《史记》，总有新收获，尤其是司马迁塑造历史人物的匠心，让人品读不尽。《廉颇蔺相如列传》本是廉颇、蔺相如、赵奢、李牧四个人的合传，这四个人都有才干，忠心耿耿，关系着赵国的兴亡。中学课本选取这篇文章时往往选的是前半部分，从选文内容看，虽然司马迁也用了相当的笔墨刻画出一个可敬可爱的廉将军，但仔细分析还是能发现，司马迁在蔺相如这一艺术形象上进行了更精心的刻画。有时候想，蔺相如的史载资料很少，恰恰因为这，司马迁有了更广阔的天地，在这个人物身上，展现自己的艺术天才，寄托自己的人格理想。

（一）用简笔交代人物身份

课文前两段是对廉蔺二人的身份介绍。第一段写了廉颇的战功、名气和地位，让人仰视。第二段写了蔺相如的身份，他仅仅是宦官头目缪贤的门客。作者只用一句话来交代蔺相如，简而又简，不枝不蔓。

为什么在蔺相如身上用了简笔呢？第一，突出廉蔺二人地位的差异，给人造成蔺相如是次要人物的错觉。我们设想一下，蔺相如可能是一个饱学之士，可能胸怀大志，但如果交代人物时，把这些内容都加上去，就不能突出蔺相如门客的身份，二人的对比效果就大打折扣。第二，把蔺相如写得简略些卑微些，和日后蔺相如的发迹形成对比，反差极大，这是文学表达中的先抑后扬的写法。

（二）巧妙安排人物出场

重要人物在恰当时候出场，许多作家在这方面都很讲究。在给不给秦国和氏璧的问题上，赵王伤透了脑子。非常为难时，缪贤推出蔺相如，真是时势呼唤英雄，英雄恰逢其时。这里司马迁继承了《左传》笔法。《左传·烛之武退秦师》文中记载，在秦晋大兵压境、郑国命运危在旦夕之时，佚之狐对郑伯说："国危矣！若使烛之武见秦君，师必退。"于是烛之武出场了。蔺相如和烛之武都处在国家危难之时，都得到名人推介，其人物出场方法惊人相似，《左传》对《史记》的影响可见一斑。当然，毛遂自荐也是一种英雄出场法，但假人之口，人物亮相，似乎更有魅力。

（三）智勇双全的人物性格

蔺相如无疑是个智慧之人。秦王想要和氏璧，赵王难以选择，思想矛盾，诸大臣不知所措，而蔺相如"两言决耳"，化复杂为简单，给赵王指点迷津，此其一。秦王得璧后，只顾欢笑，不提偿城一事，蔺相如假称"璧有瑕，请指示王"，略施小计，把璧要回，此其二。蔺相如抓住秦王心理特点，持璧睨柱，"欲以击柱"，急得秦王"辞谢""固请"，表演到位，极其精彩。此其三。在秦王斋戒期间，蔺相如"使其从者衣褐，怀其璧，从径道亡，归国"，神不知鬼不觉，先斩后奏，胆大心细。此其四。完璧归赵一出戏，尽显蔺相如智慧之光芒。

智慧是蔺相如性格的重要方面，同时，读者还应读出蔺相如的勇敢。面对秦强赵弱的情势，他能主动请缨，怀璧赴秦，勇气可嘉；渑池会上，不畏强暴，跪请秦王，喝退武士，"一奋其气，威信敌国"，更显其勇士风采。至于称病不朝和引车避匿，看似怯弱实则刚强，这该是大勇若怯吧！

（四）先公后私的理想人格

随着一系列外交斗争的胜利，蔺相如的地位不断升高，"位在廉颇之右"，廉蔺二人的私人关系发生了微妙的变化。廉颇扬言要羞辱蔺相如，这对仕途得意炙手可热的蔺相如的确是个考验。庆幸的是，考验面前，蔺相如做出明智选择，不计个人荣辱，没有陷入无聊的私人争斗中，而是以大局为重，"先国家之急而后私仇"。最终，廉将军受到感化，"负荆请罪"，两人成为"刎颈之交"，成全了一则历史佳话。

综观全文，司马迁给蔺相如安排了三场戏，完璧归赵和渑池相会，这两场戏使蔺相如地位不断升高，性格多方面展开，而最后一场戏则使蔺相如完成人格升华。蔺相如高尚的爱国情怀和容人的雅量，是这一艺术形象最迷人的所在。宋代陈亮对蔺相如这种表现无限敬佩地说："言有重于泰山，相如是也。相如真丈夫，真男子，真大圣人，真大罗汉，真菩萨，真佛祖，真令人千载如见也。"

与其说司马迁在刻画蔺相如，不如说在这个人物身上作者又一次寄托了自己的理想人格。数一数司马迁笔下一个个栩栩如生的人物，如孔子、管仲、屈原、荆轲等，不难看出作者感情浓烈，兴寄遥深。

司马迁塑造人物极有用心，蔺相如从一个门客身份就这么一步步向我们走来，最后成为一位让人尊敬的人物。做史也罢，做文学也罢，司马迁二者得兼，正如鲁迅先生所评价的，《史记》是"史家之绝唱，无韵之离骚"。千古之下，我们无从揣摩历史真人蔺相如，但司马迁笔下的蔺相如的确让我们喜之爱之，迷之醉之。

九、和舒婷一起看祖国

2013 年

祖国，一个神圣的字眼。古往今来，无数的诗人作家用最美好的词句尽情赞美自己的祖国，人们也习惯从作品里看美丽的祖国。这当然是必要的，但同时我们还需要像舒婷那样，用另一只眼观察祖国，用另一种脑思考祖国。舒婷的《祖国呵，我亲爱的祖国》一诗获 1980 年全国中青年优秀诗歌作品奖，现入选苏教版高一语文必修三和人教版语文九年级下册。此作品反复诵读，余味无穷。

（一）两组意象勾画祖国全貌

读诗就是要抓住意象来读。

诗的第一节诗人选用了"老水车"、"矿灯"、"稻穗"、"路基"、"驳船"这一组意象，而且给每个意象加了修饰词以显现其特点，如"老水车"是"破旧的"、"矿灯"是"熏黑的"、"稻穗"是"干瘪的"、"路基"是"失修的"、"驳船"是"淤滩上的"。把这些意象组合起来，把这些特点总结出来，祖国给人的总体印象是破旧落后，让人压抑沉闷，但又不是死气沉沉，让人绝望消极。正如紧接着诗的第二节所概括：一面是"贫困""悲哀"，同时又是"希望""花朵"。

诗的第三节诗人选用了"理想"、"胚芽"、"笑窝"、"起跑线"、"黎明"这一组意象来表达祖国，这完全是祖国的另一个面目，这组意象反映出祖国在蜕变中新生，充满朝气，生机无限。正如作者在第四节中所说的那样，期待着祖国走向"富饶荣光自由"。

这就是舒婷笔下的祖国。这就是我苦难的祖国和新生的祖国。

（二）正视苦难的祖国

舒婷是爱国的，她的爱既是感性的又是理性的，正因为是理性的，所以她有勇气正视祖国的苦难。

舒婷生于1952年，作为共和国同龄人，"生在新中国，长在红旗下"，所学习的课本和所接受的宣传告诉她，祖国应该是"地大物博人口众多"，或是"历史悠久文明灿烂"，祖国应该和"伟大""强大"一类词相连。在很长一段时间里，对相当多的人而言，祖国的形象的确如前所言。宣传使然，产生的影响深而远。一直到改革开放国门大开后，这种影响才逐渐弱化。一直到20世纪90年代，好多人才醒过神来，才重新审视历史和现状，才慢慢理清一些问题。而舒婷勇敢地摆脱束缚大胆地喊出真实的声音，这和她的思想个性有关，也和她的生活阅历分不开。

1969年舒婷响应党的号召到农村"插队落户"，后来返城当工人，先后做过水泥工、挡车工、浆纱工、焊锡工。尽管写诗的时候她年龄不大，但阅历丰富。农村和工厂的经历，使她接触到广大的底层，接触到不同于书本的真实。尤其是经过十年"文革"浩劫，百业凋敝，民不聊生。一幅幅画面一次次刺痛诗人的心，她能回避吗？

舒婷建立在不断观察和思考基础上，勇敢而理性地描画出苦难的祖国的形象，这是我们阅读这首诗时必须注意的一点。

（三）敏锐地看到祖国新生

"文革"后，噩梦醒来，社会上出现了"愤青"，他们先激进后幻灭继而迷狂，而舒婷站在历史的节点，敏锐地体察到周围的变化，并从变化中看到祖国将新生。

列宾说："色彩即思想。"如果用色彩来描述，可以说20世纪1979年前我们的社会大体上是灰色的。那时人们普遍穿着布衣布裤，往往背着黄军挎包，女同志很少有人穿裙子。更可怕的是，包裹在灰色外表下的人们禁锢的僵化的思想。"神话的蛛网"象征着束缚生产力发展、钳制思想解放的专制统治和陈腐观念。所幸的是，粉碎"四人帮"后我们的国家开始苏醒和崛起，宗教式个人崇拜遭到批判，封建余毒被肃清，诗歌中"新刷出的雪白的起跑线"正象征百废待兴、气象万千、生机无限的时代气象。

1978年12月22日中国共产党十一届三中全会闭幕，之后是一系列"平反"活动。1979年1月1日，邓小平头像出现在美国《时代》周刊封面。如果说"实践是检验真理的唯一标准"的全国性大讨论是"思想解放"的起点，也许民间觉醒从20世纪70年代以知青为主体的地下文学就已经开始，政治路线的变化和民间思想启蒙力量是平行启动。

有位现代诗研究学者分析说："当时是思想解冻和破冰期，整个中国的意识形态还是相当保守的，诗歌充当了思想启蒙急先锋的角色，敏锐的觉解加上诗人本身的血性，比较容易呐喊和倾吐，正好和思想解放的喷口吻合。"

"春江水暖鸭先知"。舒婷敏感如此，唯如此难能可贵。三十多年过去，重温昨天的诗句，不由得让人感慨万千。

（四）舒婷的诗友们

那个时代，舒婷不是一个人在战斗。她和她的诗友们艰难而积极地呐喊。

北岛曾讲述他第一次和陆焕兴、芒克一起四处张贴《今天》创刊号的情形，颇有几分"风萧萧兮易水寒"的味道。那是1978年12月23日（三中全会闭幕的第二天），几个年轻人骑着自行车，带着糨糊桶，去西单民主墙、中南海、天安门广场、文化部、人民文学出版社以及《诗刊》《人民文学》杂志社，一路贴过去。第二天去北大、清华、人大、师大等大学校园。

当时在北京，有芒克（大舒婷两岁）、北岛（大舒婷三岁）、江河（大舒婷三岁）、梁小斌（小舒婷两岁）、顾城（小舒婷四岁）等一帮年轻人，以诗刊《今天》为阵地，彼此激励，影响社会，开风气之先。远在福建的舒婷和他们遥相呼应，在诗界掀起一场"朦胧"风暴。共同的感受和思考，把不同地域的年轻人紧紧地联系在一起，从而喊出相近或相同的声音，构成冰封下中国大地的一丛新绿。

读一读，想一想，陶醉其中。

十、《项脊轩志》之悲情

2007 年 12 月 5 日

（一）淡喜不掩浓悲

《项脊轩志》一文长于抒情，所抒之情有悲有喜。其中第一自然段写到修葺后其面貌一新，且充满情趣，给人留下深刻印象。从"殆有神护者"句中也能体会到暗喜，倒数第二段写妻子之事也给人温馨的想象。但综观全文，浓浓的悲情渗透在字里行间。第二自然段用"然"字一转，重心落在"亦多可悲"，即是例证。在此基调上，后面文字分别用件件事例抒发悲情。"余泣""长号不自禁"更是悲情的直接流露。当读到"亭亭如盖"时，使人感到悲的沉重深远。

（二）悲情层层关己

可以说全文材料用"悲"字贯穿，那么这些材料的排列有没有一个内在顺序呢？我认为文中写了四件悲事，都和作者生活相关联，且层层深入，贴近作者。一悲大家庭分崩离析，这距作者生活尚远；二悲母亲早逝，印象依稀模糊；三悲祖母望孙心切，是作者亲历；四悲妻子亦早逝，和作者生活化为一体。这样由大家到小家，由模糊到清晰，往昔生活步步逼近作者，感受层层加深，这正是作者感情的线索。

（三）三言两语真切

读完全文，没有撕心裂肺之痛，只有简练的叙事写人，笔墨不多，摄取家常，极易共鸣，倍感亲切。写母亲就只有一个站着的身影和六个字的对儿女的问候；写祖母也只是一句问候、一句自语、一件旧物；写妻子共两句话，"时至轩中""述诸小妹语"。细想之，"凡再变矣""室坏不修""余多在外，不常居"等也是感人至深的句子。用三言两语写出往昔的生活，有人有事，真真切切。这既是唐宋派散文的特点，也体现出归有光写作的功力。

（四）滴滴泪挂项脊

本文题目是"项脊轩志"，而实际上作者是借项脊轩怀旧抒悲。项脊轩是大家庭变故的见证，是亲情爱情的见证，是作者成长的见证。正因为如此，作者叙事抒情总不离项脊轩，每一滴泪都牵挂着项脊轩。轩中树木花草、人物影像都经作者泪染，印在作者心里梦里，至死不变。

十一、《静女》的审美阅读

2007 年 8 月

《静女》是《诗经》中的爱情诗，诗以男性的口吻赞美了一位美丽的女子。那么，这位美丽的女子到底美在哪里？这首诗的审美价值在哪里？

静女美在容貌。诗的第一二节分别用到"姝"和"娈"字，这两个字都有表容貌姣好的意思。

静女美在性格。他的性格娴静温柔而不失生活情趣。诗的前两节反复用"静女"开头，强调了"静女"之"静"。在男女幽会时，静女"爱而不见"，害得男子"搔首踟蹰"，这就表现出静女的生活情趣。

静女的美还表现在和心上人约会地点选在"城隅"。如果选在大道口约会，我们可能认为这个女子热情开朗，奔放张扬。事实上，在我们传统观念里，人们更愿意接受表达感情用含蓄的方式。

静女的美也表现在她送的礼物——"彤管"和"荑"上。这些礼物不是非常珍贵的，但却是她心爱的，虽朴素而意蕴深。

中华民族一向崇尚美，并且形成自己特有的审美心理和审美习惯。静女的形象便是一个典型的审美对象。《诗经》以后的文学作品中女性形象都有"静女"的投影。

十二、用背书助推语文学习

2013 年

作为一名语文教师，我想让我的学生多背诵古诗文，甚至认为，学生多背书比听我讲课更有收获。在学习苏教版必修四时，我利用两周时间，让学生们按照目录，从《季氏将伐颛臾》到《秋声赋》，一一背完，个个过关，并检查登记。这个活动达到预期，我很满意，于是便把我的所想所做整理出来，供同行参考。

（一）背书的意义

1. 背书是语文学习的基本手段和必要手段。学习语文要求背书，学好语文要求多背书。用做题的方式来学语文是反语文的做法。

2. 背书能达到启蒙、益智和为人生奠基的目的。我国古代语文教育特别注重让学生背书，私塾先生的形象就是手拿教鞭，力促学生多背书的形象，判断学生收获几何往往也以背书为标准。曾有人说，背书不仅仅关乎语文，背书和人才培养也有一定关联。

3. 背书能积累大量的语言知识。语文科是个日积月累才能学好的科目，现在的学生在积累时侧重做题，虽说做题也有积累的功效，但相对而言，得到的是死的知识，尤其是做判断题。而背书把字词句篇融会在一起，有积累情景，是活的积累。

4. 背书能提高语言的理解和应用能力。"书读百遍，其义自见""熟读唐诗三百首，不会作诗也会吟""读书破万卷，下笔如有神"，这方面古人有许多很好的总结。拿学生们的作文来说，学生们生活很丰富，但作文中的生活很单调很贫乏很僵化，或者说，学生们语言很丰富，但不规范不准确，更谈不上典雅。积累有限，腹内空空，凭什么能写出好文章？人脑具有神奇的生成能力，多背书后，学生能在搞不明白原理的情况下，自动地把话说得好听、把文章写得好读，似乎在张口说话或下笔写作之前，脑子里有一大堆句子挤着往外冒，而且已经排好队。

5. 背书训练记忆力。感到背书为难的同学，其注意力保持时间较短，经常是念了下句忘上句，回过神时，发现什么都没记住。"走神"是背书的死敌。想要完成背书任务，就得训练注意力。高度集中，摒弃杂念，拒绝诱惑，不断训练后方能凝神专注。

6. 背书等于修身养性。就内容而言，优秀古诗文是我们民族千百年来淘汰筛选出来的精品，是古人智慧的结晶，情感的记录。所以背古诗文等于和诗人哲人在跨越时空进行对话。老子的汪洋恣肆，孟子的气势充沛，李白的浪漫飘逸，杜甫的沉郁顿挫，苏轼的旷达淡定，这些无疑给学生们以濡染浸润。就形式而言，背书之事，贴近自然，朝雾夕月，树林池塘，俯仰天地，吐故纳新，书声与鸟声常伴，人影与花枝掩映，天人合一，岂不快哉！

7. 青少年时期记忆力旺盛，是人生背书的黄金时期。这个阶段，能大量吸纳和储存信息，过了这个阶段，理解记忆占上风，记得快，忘得也快。所以珍惜机会多背书，那是在积累一生的财富。

（二）背书的方法

1. 任务适当，先易后难。背时一定要先给自己定任务，带着任务背书要比漫无目的去背效果好得多。任务要适当，不要让任务给吓倒，可以先考虑简单篇目，完成后再选难一些或长一些的内容来背，最后则把背过的内容全部连起来背。这个过程主要是树立信心，让视背书为畏途的学生改变观念，确信自己有背书能力。

2. 准确无误，吐字清晰。开始时就要严格要求，虽不能要求高中生像小学生那样指着字词去念，但绝不能囫囵吞枣，似是而非。背书不准确主要是念时不准确造成，第一遍念错，以后落下病根，很难纠正。所谓清晰是要求背书时声音洪亮，声音小说明胆怯，怕人听出自己背错，何必呢？暴露了，纠正了，不就进步快了吗？

3. 流畅连贯，节奏明快。书背流畅了，就好像不用思考，条件反射似的进行，这就说明记牢了。相反的，如果结结巴巴，那很容易忘记。与其后来返工，不如一次到位。有人背书时，习惯用"这个""那个"来喘气，或者用重复上一句来思考联系下一句，这肯定不能算连贯，既浪费时间，效果还不好，这办法很笨。遇到学生背书停顿时，教师不要马上提醒，免得学生有依赖心理。

4. 出现卡壳，深究原因。背书时卡住了，别急着翻书查看，回忆一下，老师有没有在这里强调过，上下文之间什么关联。从这个角度说，卡壳不是坏事，是思考的契机。

5. 上课专心，抓住关键。背书不是一个孤立的学习环节，和上课这个环节有紧密联系。上课专心的同学往往背书较快，因为他上课时抓住了课文的关键点。背书时课堂上的学习情境浮现出来，自然有助于背书。

6. 零碎时间，充分利用。背书不像做题，需要大块时间，集中精力。背书是随时随地都可完成的事，睡前饭后，如厕散步，一切零碎时间皆可为我所用，就像哼歌一样，需要大量准备吗？需要特定环境吗？需要专门指导吗？

7. 不断重复，脱口而出。背书要突破的最大难点在于如何克服遗忘。一个人喊妈妈时不会语塞，一个人走路时不会忘了迈步，为什么？因为太多次的重复，重复是克服遗忘的法宝。重复到脱口而出的时候，想要忘记恐怕也难。

8. 找个伙伴，竞争监督。为了提高背书的速度和质量，不妨找个实力相当的伙伴，既形成竞争，也有利于监督。青年学生都好面子，谁也不愿栽在伙伴面前，这样就加快了速度，同时，千方百计挑对方刺，也就提高了质量。

9. 背后默写，强化落实。背在嘴上和写在纸上还有一段距离，背过了不一定能写对，所以不要忽视默写。背对了写对了应用对了，是最理想的结果。

10. 做好记录，贵在坚持。拳不离手曲不离口，艺人们明白其中的道理。背书也这样，每天坚持来一段，天天如此，背成习惯，而且要做记录。有了记录就有成就感，就能循序渐进。

十三、和高一学生谈语文

2007 年 11 月 23 日下午 康杰大讲堂

各位同学：

大家好！

我非常乐意和大家交流语文学习方面的问题。语文学习包含很多方面的内容，可谈的话题太多，太广，太杂，今天我们只能就两个话题来谈：一、学科认识，二、学习方法。

（一）语文是怎样一门学科

同学们学语文已经有相当经验，可以说从牙牙学语开始就接触上语文了；就一门学科而言，从小学一年级学习语文课本开始，语文陪伴了你这么多年。爱也罢，恼也罢，你现在能把这门学科描绘一下，概括一下吗？

"语文是孔乙己，有点酸"，这样说的同学可能反感课本上一些陈腐过时的篇目。

"语文是神像"，意思是你得敬着它，但用处不大。

"语文是 150 分"，这是一位实用主义者的说法，不过说者已感到语文之重要。

"语文是老牛拉破车"，不死不活，不紧不慢。

以上说法虽然不好听，但毕竟是同学们的真实想法，而且持以上意见的人不在少数。现在我也试着给同学们描绘一下我心中的语文。

语文，说出来的是语，写出来的是文，特别是"文"字，含有文字、文章、文学、文化、文明等不尽的意蕴。从语文内容上说，的确范围很广。

语文是我们的母语，是五千年中华民族生存发展的纪录和积淀，有了这个纽带，今人和古人可以对话交流，大陆和海外得以团结拥抱，因为这是根，是我们的认同和归属。这是从情感方面解说语文。

语文是思维的外壳，是情感的媒介，是文明的传承。语文课通过一篇篇课文培育你的思维，包括你的形象思维和抽象思维，使你的思维更形象，更严密，更发散，更敏捷，更具创造力。同时，一篇篇课文陶冶你的情操，丰富你的喜怒哀乐，让你敬重爸爸，心疼妈妈，亲近朋友，追逐明星，拥抱自然，放飞理想等等。语文是文明的传承，让你了解文明，向往文明。以上是从语文的任务方面来谈的。

语文是唐诗宋词，是鲁迅杂文，是秋雨散文，是徐志摩的康桥柔波，是郑愁予的马蹄声碎。语文为我们竖起一座座丰碑，是我们的精神家园。这样表述是就语文课文篇目而言的。

语文是书声琅琅，字正腔圆；语文是下笔千言，汩汩滔滔；语文是咬文嚼字，细品慢咽。这是就学习方法来谈语文的。

我喜欢语文，对我而言，语文是清晨的一缕霞光，是午后的一杯绿茶，是盛夏的一片浓荫，是寒冬的一炉旺火。如果同意我的说法，请同学们从此好好学语文吧！

（二）学习方法

1. 背书。先背课文规定篇目，再背课外经典作品。语文学习最大的特点就是念和背。关于背书我曾经写过一篇文章（略）。台湾有个教授提倡读经运动，讲究背。他举胡适的例子，说胡适在十三岁以前，把四书五经全背完，所以后来学英语做论文一点也不费事。

2. 写周记。每周写一篇文章，评论身边事，读后感、杂记、仿作，什么都行。实在为难，可以抄一篇好文章。好文章不是老师批改指点出来，而是自己用心揣摩不断训练出来的。写的过程中，你必须考虑立意、中心、结构布局、材料选择、遣词造句等，在这个过程中，你尝到了酸甜苦辣，你可以把平时所学加以利用，化为己有。如果偶有得意之笔，你会欣喜若狂，激励你再写下去。现在学生怕动手，到头来一场空。请记住，勤动手，什么都有。

3. 品。品就是琢磨来琢磨去。人们喝水不说品，而喝茶说品。热水一冲，茶在杯子里，叶片慢慢展开，沉沉浮浮，清香四溢，一边观察，一边小口喝着，一边享受，一边交流或回忆往事，调动你的视觉、嗅觉、味觉来品，这是一桩美事。语文学习要品词语，看作者用词的苦心。比如唐代诗人王维，喜欢用"空山"一词。《鹿柴》中"空山不见人"，《山居秋暝》中"空山新雨后"，《鸟鸣涧》中"夜静春山空"。山里有鸟鸣泉流松涛等，而在王维眼里却是空的，那是因为他心里清静。语文学习还要品课文细节。如《我与地坛》中有一个细节，作者史铁生残疾后，每天去地坛，每次离开家门时，母亲送他到门口。有一次好像他忘了件东西，折回去时，发现母亲站在原地，茫然失神。这个细节太感人了，儿子的痛在母亲心里放大了很多倍，只是母亲毫不张扬，在儿子面前故意掩饰。后来我根据这个细节，也写了篇纪念母亲的文章。语文学习很重要的是品情感。比如学习《胡同文化》，汪曾祺先生对胡同即将消失的痛和在胡同里感受到的浓浓的生活气息的爱，相互交织，矛盾冲撞。

品这些作品时，我们不是由已知到未知，不是一般的了解和理解，我们是在欣赏，和作者共鸣，结合自己经验在体验。经过这样一品，我们对词语使用敏感了，我们重视细节了，我们的情感丰富了。遗憾的是许多同学不注意品，而且由于他们不品，不见得比谁明显的缺什么，所以他们的语文课上得稀里糊涂，读课文没感觉。长此以往差距拉开了，即使想补也无从下手。

4．博览群书。语文这门课涉及知识很多，历史、地理、政治、哲学、美学、经济、外交、新闻等，无所不有，真可谓"天光云影共徘徊"，所以非博览不可。建议同学们平常浏览报纸，吸收社会新闻和社会流行语。比如和谐、以人为本、经济社会、又好又快等，关心奥运盛会，年度新闻人物等。除此之外，有计划地翻阅读本，每周一个单元，利用零碎时间。假期里选定一本小说，或某个作家专集来阅读。

我反对同学们看图画书，因为读书是读文字，感受文字所描绘的形象，很少有人读图后把图还原成文字。我还反对同学们读武侠和魔幻，这些书可能刺激感觉给你带来快感，但容易乱性乱心，使你不能把持自己。我还反对同学们读言情小说，这些小说是成人游戏，过于理想和浪漫。希望同学们博览好书，以养性情，为人生奠基。

5．积累。语文学习是个日积月累的过程。园中青草，不见其长，日日以高。有了一定的积累，就能广泛联系，达到感悟，进而有所创造。咱们举一个最普通的字来说明这个道理。"上"字，是象形字，取"某物位置在上"意，如话筒在桌上。随着积累增加，你对这个字的认识会不断深化，你可以造出很多意义很丰富的句子："鸟在天上飞""嘴上没毛，办事不牢""心上的人儿快回来""事实上""思想上""意识形态上"等。人脑有生成功能，当你积累了若干词语后，你要表达某个意思，脑子会自动排列好，而且有很多套方案供你选择，越积累生成余地越大，生成能力越强，所以我相信一目十行，我相信信手拈来，这都是积累的功效。

最后希望同学们对语文学科能有正确认识，希望同学们能结合语文特点加强语文学习。

十四、和高三学生谈语文

2003 年在学校东阶梯教室

进入高三，特别是进入复习阶段后，不断有学生提出如何有滋有味实实在在地复习语文，如何有效复习尽快提高语文成绩之类的问题。客观地说，能够提出这类问题，说明同学对语文重视起来了，不再认为语文是可有可无的科目。当然，同时也说明不少同学对语文复习很头疼，觉得漫无目的，束手无策。提问题的同学怀着热望，希望得到高人指点，或者是得到灵丹妙药，那么，如何回答诸如此类的问题呢？

（一）首先要廓清认识

有为数不少的同学认为语文是橡皮课，语文考试容易对付，其实这是认识上的一大误区，这种认识的产生与学科特点有很大关系。语文学科有自己的特点，知识面广，知识点多，训练时难以举一反三，触类旁通，能力提高靠积累和感悟，还有评卷时分值误差较大，再加上语文学习不仅仅依靠课堂，所有这些特点，给人带来一种错觉，好像学与不学一个样，多学少学一个样，于是乎学习语文的积极性大大降低了，上课提不起精神，作业被动完成，甚至有人弃而不学。应该承认，对一部分同学而言，这种认识和表现由来已久，有的同学高中阶段几乎没怎么好好上过课。在这样的认识和表现的基础上，面对高考，那只有希望天上掉馅饼了。

还有一种认识，可称之为"唯成绩论"。在现实情况下，抛开成绩谈语文学习和复习是不现实的，但如果只讲成绩，眼光只盯住成绩，那也不会有成功的复习。有的同学考试过后，得了高分则喜，得了低分则忧，这是不足取的，应该静下心来，仔细分析得失，要懂得分数未必等于实力，还要懂得平时考试成绩未必等于高考成绩。近年来语文考题越来越成熟，朝着语文学习的本来方向转化，避免偶然，淡化技巧，重视基础，重视灵活运用，重视广泛阅读，在这种背景下，平时考试题目的局限性很大，不应该成为考生喜忧的依据。正确的态度是扎扎实实复习，真真切切感悟，不受成绩影响，重在总结得失。

第三种不正确认识是"不可知论"。语文知识的模糊性，题目答案的不确定性，使一部分不具有语文思维的同学，复习时如坠云里雾中，一堂课下来，一头雾水，一个练习做完，说不出收获。奉劝这些同学不必烦恼，对复习内容科学分类，需要准确搞清的地方切莫含糊，搞不清楚的地方多方思考、揣摩则可，不必勉强找答案，加强思维训练，提高思想认识，丰富情感体验。

（二）其次，加大复习投入

学生每天每周用于语文学习的时间究竟是多少？从统计数字看，学生们学习语文耗时太少，众多本该属于语文学习的时间被其他科目侵占，尤其是越接近高考，感到压力越大，语文学习复习的时间就更少，投入的时间不够，精力不够，而又不想让语文科成绩拉后腿，这岂不矛盾？语文学习和复习有两个阵地：一是课堂，二是自习课。课堂上由老师导引着，多数同学尚能围绕知识点进行复习，自习课或别的时间大多流失，少量投入成了制约提高语文成绩的一个重大因素。所以，同学应该毫不客气地反问自己，投入多少？

包括时间、精力、耐心等。

（三）重要的是构建网络

各科高考复习都有两个目标，即基础目标和终极目标。

基础目标要求对学科所涉及的各知识点进行分类、整理，使之形成系统；终极目标要求在建立知识系统的基础上，经过联系、迁移，达到融会贯通。构建网络是将以上两个目标有机统一。网由网点（结）和网眼构成，网点可视为知识点，网眼可视为知识点的扩展（外围知识）和知识点间的联系。

有人因为语文知识点散、多、杂，便肤浅地认为语文无知识系统，复习带有极大的盲目性和随意性，难道语文真的无系统？非也。《教学大纲》和《考试说明》对语文的知识点和能力点都有明确规定，近年来的考题也对此有了揭示。我们不妨以高考试题的板块作为复习的系统，高考试题大致分为三块：基础知识、阅读（文言、科技文、社科文）和写作。每一块又可分为若干点，每一点又包含若干情况，复习阶段要求同学们在每个点上多多积累，进而总结出经验、规律和感觉，同时还要求灵活运用，广泛联系。

每一个同学都应该建立起学科知识网。首先确定网点，然后联系过去所学的相关知识、例子，充实这一网点，最后把点与点串通起来，牵一点而动全网。每一堂复习都是对网的补充和强化，临近高考这张网编织得又紧又密，纵横交错，有条不紊。这张网有极大的伸缩性和开放性，当考题涉及网上某一方面知识时，立刻形成一个兴奋中心，所有相关知识能迅速聚拢来，帮助解决问题。

构建语文学习网络，是一种可追求的境界，也是一种操作性极强的方法，网络一旦建成，妙不可言，语文复习将不再朦胧模糊，而显得清晰实在。

十五、高考复习三问

2016 年 3 月

语文教学和其他学科教学一样，绕不开高考。我从 1989 年带第一批学生参加高考起，一直关注高考命题，研究复习策略。在复习备考中，产生些认识，积累了些经验，曾经在运城各县市及周边地市给同行和高三学生做过这方面报告。对付高考，围绕考点大量训练是必要的，我想在做题之外，给大家三个提醒。

（一）视野开阔吗

翻开近年来的高考题看看，越来越发现考题涉及知识面很广，除了语文知识要素，考题涉及文艺学、美学、建筑、绘画、书法、音乐等相邻学科知识，甚至涉及更远的历史、哲学、医学等学科知识，这就需要考生必须有宽广的视野，走出书斋，关注社会，关注人生。我国改革开放三十年，变化日新月异，环境保护、非物质文化遗产、和谐发展等问题，近年来这些热点问题都应纳入考生视野范围。

意识到这点，复习备考就不能只简单做题。围绕考点进行训练是必要的，但更重要的是对题目价值进行练后思考，在思考中捕捉考题和语文的联系。

语文高考三分天下社会内容占其一，向社会学习，不断地观察和思考，始终是语文备考不可或缺的一个方面。

（二）教材再利用了吗

教材学习是为培养语文素养服务的，于是有人进入高考复习后就把课本扔到一边，这是非常可惜的，须知，教材和高考有着种种直接间接的联系。

1. 古诗词鉴赏题和教材的关联。高考题中诗歌鉴赏题所选的诗，要么是名诗人的不大出名的诗，要么是虽然诗人我们不熟悉，但题材我们熟悉，或者诗中所用手法我们学过。如高考题考"花自落"、"鸟空啼"，把我们学过的《蜀相》的"映阶碧草自春色，隔叶黄鹂空好音"搬来就可以对付。总之，把课本上的诗词我们揣摩透了，不愁高考诗歌问题我们解决不了。

2. 文言的能力迁移。把课本和读本上的文言加起来，数量也不少，所涉及的文言知识也涵盖了高考文言，把课本上的文言吃透用活，遇到陌生阅读段，一定能够实现能力迁移。现实的情况是相当一部分同学对课本文言不甚了了，当课堂复习提到某一词的课本解释时，学生一脸茫然，顾左右而言他。

3. 现代文经典篇目是作文的源头活水。如我们学过的散文《荷塘月色》《我与地坛》《泪珠与珍珠》《我的空中楼阁》《世间最美的坟墓》《拣麦穗》《故都的秋》等，还有现代诗歌中的一些句子。把这些名篇名句记死用活，无论是立意还是造句，对作文都有很大帮助。我们曾读过流泪的杜甫、爱月的李白、唯美的朱自清、儒雅的余秋雨，这些都是丰富的作文养料。

我们花钱买各种教辅资料，却把教材这么好的资料弃之不用，甚为可惜。

（三）方法对头吗

有两种复习方法不可小觑，即织网和筛选。

复习就是织网。你从幼儿园识字开始，这么多年按理说，你接触和掌握的语文知识够多的了，只是你把这些知识没有很好地整理，它们错乱地排列着，现在需要把它们仔细地梳理一下，归类摆放，形成一个系统，或一张网络，真正做到胸中有数。高考考点有：语音、字形、近义词、关联词、标点、成语、病句、文学文化常识、文言文（通假字、实词一词多义、古今义区别、词类活用、虚词用法、特殊句式等）、现代文阅读（某个词的指代义、文中某句话的含义、信息组合、整体评价）、句式变换、修辞、连贯得体、其他语用。这是一张大网，具体到某一考点，也可织一张小网，如文言句子一般分为判断句、疑问句、叙述句，所谓特殊句式包括倒装句、省略句、被动句、紧缩句、固定句等，考试中经常出现和阅读中有障碍的往往是倒装句。我举一种例子，宾语前置句，它分三种情况。（1）疑问句宾语前置，（2）否定句宾语前置，（3）"是""之"字宾语前置。当你脑中有这样一张知识网络后，做题时你就不会慌乱，兵来将挡，水来土掩，你会很从容地调动这方面积累，把它解决掉，同时做完题后，你在这方面又多了一次积累，发现问题的敏感性自然强多了，解决问题的能力也随之提高，用已知求未知也就不在话下，这就是纲举目张。

再提供给大家一种复习方法，筛选法。复习就是筛筛子，把已掌握的筛下去，把没有掌握的留在筛网上，经过加工，再筛一次，直到最后，筛子上面所剩无几，筛子下面全是已掌握的知识。我们要求大家不要糊里糊涂，一路走下去，好像猴子掰玉茭，掰一个掉一个，掰得很辛苦，到头来一算账，傻眼了。我们同样反对每次复习都从头来，比如背书，每次从第一段开始，进行无谓的重复。要明确还有哪些不会，把有效的时间用在解决问题上。可怕的不是不会，而是把会的和不会的搅和在一起，勇敢地筛一筛，把筛子下面已会的知识整理好，掌握牢，做到胸中有数，心中无悔。

康杰卓越苑

教学感悟（下）

一、语文教学的目标困惑

2009 年 4 月

从踏上工作岗位开始，我就把当一个好的语文老师作为努力方向，追求了，奋斗了，二十多年过去了。回头看，好像什么也没做成，只是黑灯瞎火地走了一程又一程。

曾经和学生共享语文课堂，以为找到职业幸福感乃至人生的价值；曾经赢得同行的赞许，以为已经站在制高点可以指手画脚；曾经穿行高考试题的迷宫，把得到的真经在圈内传布，以专家身份指导全省评卷；曾经抱着一摞各种等级证书炫耀，俨然一位语文"大佬"。

放眼语文教坛，遍观教师群像，可以有三个类别的描述。第一类是失望者，他们怀着梦想踏上讲台，做了几年之后，发现这行道深不见底，难有作为，便另觅他途，自我救赎。第二类是苦苦挣扎者，他们坚守理想，探索不辍，一面为教改呐喊，一面被高考牵制，在矛盾中突围，在两难中挣扎。第三类是成功者，他们提出一个理念，研究出一种方法，编写出一套教材，他们掌握话语权，牵头各种活动，出席各种会议，试验各种课题，引领语文教学。

但是，所有语文人回避不了的一个问题是：语文教学的标准在哪里？

二、语文教学的改进思路

2008 年 7 月 23 日

在当今语文教学遇到重重矛盾的时候，我们陷入沉思。大体上讲，现代语文教学是建立在西方现代教育理论和教育模式基础上而发展起来的、尚不成熟的一门新学科，所以很多矛盾自然就归结到"水土不服"。那么，我们转换思路，看能否从中国古代教育中吸收些有益的成分，来改变目前的状况。

中国古代教育有几个显著的特点：①教育对象是少数人，或者说只有贵族子弟才有权利享受教育资源；②教育目的是侧重于人的教养，培养出的人是统治阶级的卫道士，而不是思想自由、个性独立和张扬的健全的人，这些人往往成为皇权的祭品。只有少部分人可歌可泣，被树为典型，供后人学习；③教育内容是单一的、陈腐的，四书五经供几千年的读书人吟诵不断；④教育形式是僵化的、教条的，这种形式靠师道尊严来维持；⑤教育评价是人为的、模糊的；⑥教育效率低下，耗时费力。说到底，中国古代教育和西方现代教育格格不入。

中国古代语文教学和中国古代教育呈现出几乎相同的特点，因为中国古代教育几乎等同于语文教学。

如果承认以上说法，那么眼下的语文教学的改革和发展就难乎其难了：借鉴西方吧，水土不服；学习古代吧，圆凿方枘。真可谓"上穷碧落下黄泉，两处茫茫皆不见"。

难归难，路并没有绝。我们否定古代语文教学，只是否定其教育理念和教育模式，平心而论，古人注重诵读的学习方法以及在学习中有关积累和感悟的经验之谈，对今天的语文教学益处多多。学习古代并不是全盘回到古代去，而是从一团死水中打捞出有生命力的东西。

用西方教育理论来构建语文教学已经尝试了一百年，这个方向和框架不能变，重要的是改变语文教学的生态环境和考评机制。

三、语文课堂的三维评价

2004 年 12 月

三个月来，听了 50 节课，各科都有，偏重文科，也常和别人讨论课、评价课，渐渐觉得，衡量一堂课，有三个指标是不能废弃的。

首先是时代色彩。一堂好课应有鲜明的时代印记，执教者应吸纳最先进的教育理念、教学方法，并使其体现在教学行为中。大而言之，21 世纪的课应新于 20 世纪的课；小而言之，今年的课应新于去年的课。

第二是学科色彩。每一学科都有其自身的特点，无论是思维模式，还是知识体系，都同别科不同。正因为如此，每一科教学必有符合自己学科特点的运作方式、表达方式。比如数学重推理，理化重实证，语文重诵读等。当然，在凸显本学科特点时，如能兼取别科之长，则是更高一层追求。

第三是个体色彩。就执教者本身而言，上好一堂课则意味着上出你自己的风格，不是模仿别人的，也不是别人能够学得像的充满个性的课。既然我们承认教学是艺术的，那么也就同时承认教学是个性的，太中规中矩、面面俱到的课不是好课，模仿名师、亦步亦趋的课也不会有前途。

四、转变观念的几个话题

1996 年 7 月

面临教育改革的新形势，现在大家都在谈"转变观念"，语文教学不能置身于潮流之外，好多观念也需要转变。但"转变观念"，不是一句笼统的时髦语，它要求我们对新旧观念有一个清醒的科学认识。

"转变观念"是个大话题，涉及教育教学的各个方面，本文只想就语文教学中教师、教材、学生、课堂诸要素，谈一点认识。

（一）教师的素质和地位

研究教师素质，说到底，就是研究教师教什么和怎么教的问题。

教什么的问题决定了语文教师在语文知识和能力方面应有较高的造诣，这一点传统教学强调得多，在"为给学生一碗水，教师需有一桶水"的激励下，教师们为"一桶水"努力不辍，有些学校在这方面更是高标准、严要求，有些教育行政部门举办各种评比竞赛，也是乐此不疲，但须知，仅此是不够的。一名优秀教师，还应该有方法学方面的知识，在知识爆炸的今天，一个教师自己拥有多少知识，教给学生多少知识，固然是很重要的，但教给学生学会学习，学会高效学习，显得更为重要。

怎么教的问题决定了语文教师除了有语文专业知识能力外，还应该懂得教育学、心理学方面的知识，应该具备组织教学的能力和使用先进教学手段的能力。这一点在广大教师知识能力结构中，恐怕是个薄弱环节。如果一个教师不研究他的工作对象，不懂得学生心理，那他怎么能成为一名优秀教师，即使他辛辛苦苦教了几十年书，他还是个"新教师"，或者叫他教书匠。也许有的教师会成为文字学家、语法学家、作家，但这个行业更需要的是教育专家、语文教育家。

关于教师的地位和作用，有种种说法。布鲁纳非常重视发挥学生在学习上的主动性、积极性。同时，他也非常强调教师在教学过程中的主导作用。他指出，教师是知识的"传播者"，是学生的"榜样"，是"典型人物"。加涅认为教师对学生的学习是举足轻重的，认为要使教学优化，取决于教师的管理策略和指导策略。凯洛夫指出"教师本身是决定教学的教育效果之最重要的有决定作用的因素"，肯定教师在整个教育过程中起主导作用。苏霍姆林斯基更是把教师喻为塑造一代新人的"雕塑家"。就连"非指导性教学"

的罗杰斯，也不否认教师的作用，称教师为"促进者"。

综合以上种种可以看出，教师在教学中的主导作用已得到人们的充分肯定，关于教师主导作用的理解，应包含：（1）主导和被导是一对矛盾，学生是"导"的对象，教师的主导作用应围绕学生来进行，而不是唱独角戏，显示自己。（2）应使用"导"的手段，不是塞，不是逼，不是训。

当我们教师明确了自己该具备什么样的素质和在教学中该发挥什么样的作用后，我想：语文教学天地一定会呈现喜人的景象。

（二）教材无非是个例子

有的教师抱怨考试远离教材，也有教师总喜欢从考试中计算课本占分比例，他们把教材看成"题库"，这种观念太狭隘了。

教材固然包含了本学科最基本、最基础的知识和能力，但世界上没有任何一种教材能囊括本学科所有知识和能力，尤其是语文学科，其外延很大。教材是教本，也是学本，它是窗口，窗外有"无限风光"；它是一斑，能反映全貌。教材是具有典型性、示范性的例子。正像德国"范例教学"流派在论述教学过程时所指出的：通过"个"，认识"类"，掌握"规律"，获得关于世界关系的"切身经验"。

教材不应仅是封闭型的知识载体，更是开放型的学例。通过教材学习，要使学生尽可能举一反三，触类旁通。近年来，语文教材几经变化，出现一纲多本式教材，这是一种好现象，这些都是新观念的产物。

明乎此，教师和学生都不必在教材中兜圈子，教师教得放手，学生学得灵活，我们会越来越少地听到抱怨，学生得法于课内，语文教学庶几有望。

（三）学生是主体

教学中，学生位置很特殊，他既是教的对象，又是学的主人。教师应树立正确先进的学生观，以利于教育教学。

在教育史上，"教师中心论"一直占统治地位，这种观念把师生看成领导和被领导者的关系，不把学生看作"人"，却把他看作有某种功能的"机器"，是接受知识的"容器"。人性在这里丧失了、遗忘了，只剩下物的属性和功能。客观地说，直到现在，仍有学校和教师走不出这个阴影。

强调学生是主体，从理论上讲有三重含义：其一，学生是教学活动的重要组成部分，没有学生就没有教学过程；其二，学生是有认识能力和实践能力的人，具有可贵的能动性；其三，学生是教学价值属性所依附的实体，没有学生，教学价值便失去了依附的实体对象。

强调学生是主体，从实践上讲，就是要尊重学生人格，发展学生个性，充分调动学生在学习中的自主性、独立性和创造性。

学生是未来世界的主人，我们现在必须培养全面发展的学生，学会学习的学生，必须坚持邓小平说的"三个面向"的原则。

树立学生是主体的观念，就得允许学生有个性的差异和文化水平的差异，不能用一把尺子量学生。教师眼中应无"差生"，所谓"差生"，是用单一的学习标准给学生头上戴的不公平的帽子，应该承认最差的"差生"也有其优点，也可以发展。著名教育家魏书生在这方面有过成功的实践。所谓"差生"，要求我们在教学中多给予一点爱心，多几种教导方法，还要求我们给其设置恰当的目标，让他产生达到目的的成就感。北京师大附中实施的"成功教育"就体现了这一观念。

学生是主体，教师们要明确这一观念，在教学中充分体现这一观念。

（四）优化课堂结构

课堂是教学工作的基本组织形式，是教学的主战场。提高教学效率，必须优化课堂结构。

课堂结构是纵横结构，纵的方面指教学观念（如教师主导、学生主体观念等）、教学规律、教学心理、教学目标（含德育目标）、教学艺术性、情感性、辩证性、立体性等；横的方面指教学组织过程、教学环节、节奏、教学手段等。

苏联教育家巴班斯基的教学过程最优化理论和斯卡特金的教学过程积极化原理，为我们研究优化课堂结构提供了理论基础。巴班斯基从提高活动效率和节约时间这一劳动活动的普遍规律出发，强调教学的实效性。斯卡特金提出精选教学内容、减轻学生负担的主张及教学中培养非智力因素的意义。

目前语文课堂结构优化最紧迫的是要解决三个问题：

第一，教学目标具体化。一堂课应依据教学大纲、教材单元训练点、本课训练点以及学生实际，确立教学目标。这个目标应是切实可行的目标，不要面面俱到，面面俱到的结果可能是面面不到。不要添枝加叶，添枝加叶的结果可能是失去主干。那种胡子眉目一把抓的做法，貌似充实，实则效率低下，学生一头雾水，收获甚少。

第二，教学手段现代化。语文课在使用现代化教学手段方面和别科相比相对滞后，正如前文在论述教师素质部分所说，这里有教师观念问题。应该认识手段出效率，一支粉笔一张嘴，缺乏直观性、形象性、趣味性。教学是立体的，教学是现代的，语文科亦应如此。

第三，教学过程精讲多练。语文课很容易成为语文教师的表演课，尤其是能言善讲的教师，更是醉在其中。应该提倡精讲，学生会的坚决不讲，学生不会的尽可能导，重难点精讲，尽量节省讲的时间，多给学生练的时间，让他们多念、多背、多写、多做，向 45 分钟要质量。

优化课堂结构，需要做的方面很多，不仅仅是以上所指。优化课堂结构，也不是一朝一夕的努力，需要广大教师结合自身优势，长时间摸索，形成风格，形成体系。优化课堂结构，需要建立在教学整体优化基础上，课堂不是教学的全部。

教学矛盾种种，转变观念能解决部分矛盾，也能使部分矛盾缓解，要在教改中顺风扬帆，激流勇进，转变观念是第一要著。

五、课改要处理好三个关系

2005 年 1 月 12 日

11 月 29 日，学校组织大学科组教研，以 11 月 21 日我和何华堂老师上的研讨课为例，讨论建立我校课堂教学改革模式。我认为改革是方向，是潮流，构建模式是寻找规律，是经验的结晶，但我同时认为改革中要处理好以下几种关系。

1. 改革要用内功来支持。一个教师如果没有雄厚的学科功底，只热衷于改革，或企图用改革掩饰自己的不足，最终结果会导致改革失败，所以既要热热闹闹走过场，又要扎扎实实练内功。好比和面，把面和得筋道，不管是蒸馒头，还是擀面条，都能心到手到，随意化之。

2. 模式不扼杀个性。有人说过这样的话，一种模式建立之时正是这种模式走向衰亡之始。这话听起来有点消极，但的确道出了模式的一些弊端。历史上，从来没有一种常胜不败的模式。教学是艺术，必须从追求个性中找到教学生命的价值。学科是有个性的，教师是有个性的，学生更是充满个性的生命体，好课从来都是有个性的课。

3. 多媒体不能替代传统手段。由于种种原因，多媒体使用成为衡量课堂教学改革的一项硬指标，于是有的老师把多媒体生硬地捆绑到教学板块上。多媒体教学有其优势，这不可否认，但定性地讲，它只是教学的辅助手段。传统教学手段有很多是合理而有效的，是多媒体替代不了的，像语文教学要求从文字感悟形象，更是忌讳使用直观手段，有的学科强调动手和过程，也要慎用多媒体。

六、 求深之路

1992 年

对我们的课堂教学，相当一部分学生兴味索然，或者感到不满足，他们渴望受到老师引导，在语文天地驰骋，在语文王国遨游。能否通过追求授课深度，来缓解这矛盾呢？我有如下体会。

（一）在活学活用中求深

字词教学，会念会写是低要求，会讲会用特别是会用才是高要求。

《荷塘月色》里，有"点缀"一词，出现在"层层的叶子中间，零星地点缀着些白花……"一句里，这个词字典上讲作"加以衬托或修饰，使原事物更加美好"。课上，为了使同学们掌握这个词，我让他们造句。多数同学造出"我纵马奔驰在北国草原，一望无际的绿草中点缀着黄灿灿的野花"之类的句子，或者把不久前学过的《我的空中楼阁》里的一个句子改头换面，说成"山脊上的小屋点缀了寂寞的小山"，这些虽都没什么错，但就思维活动来讲，这只是简单"嫁接"。我鼓励他们放开脑子，大胆想象。大家兴致很高，有个同学引了《五十亿人》盒带中的一句歌词："朝来朝去，为天空点缀了诗情画意。"同学们公认这个句子比刚才他们造得好，但我还不满足，直到后来，有个同学造出这样一个句子——"在记忆的深海里，我珍藏着几件小事，像朵朵浪花，成为我已逝生活的点缀，我多么希望能留住那一份纯真"。此时，课堂气氛热烈得很，我觉得同学们对"点缀"一词的理解，已经深化了，便不再造句，把字典上这个词的意思准确地说出来。事实证明，这种浅入深出的方法会带来良好的教学效果。

课本上有好多字词，词义丰富，使用频率高，教学中我们应多加注意，教师讲得透彻，学生用得灵活，这样日积月累，大有益处。

（二）在展开分析中求深

这里谈谈对苏轼《念奴娇·赤壁怀古》中"人生如梦，一尊还酹江月"的理解，想要理解得深，就需要展开分析。梦是大家熟悉的事物，我先让同学们描述梦的特点：短暂、虚幻、超越时空、捉摸不定、和现实不符合、希望或理想的再现、失意者的心理归宿……接着让同学们总结人生；然后结合苏轼的生活经历、仕途升降、命运变迁、为人处世等，寻找苏轼心中所谓人生和梦的相似点；进而对苏轼的人生观及他所处的时代做出分析评价；最后自然归纳出全词的主旨。

展开分析，就是要以点为基础，向面辐射。上面的例子就是通过对梦和苏轼的人生分别展开分析，最后统一到"人生如梦"这个点上，层层深入，很好地把握了原词的内容、风格、主旨。

（三）在多角度理解中求深

多角度理解是求深的行之有效的方法。杜甫《江南逢李龟年》："岐王宅里寻常见，崔九堂前几度闻；正是江南好风景，落花时节又逢君。"这首诗说的是：有一年春天，杜甫在江南某地遇到了李龟年。这只是表面的理解，究竟这首诗蕴蓄着什么含义呢？教学中，我引导学生从李龟年过去是"岐王"、"崔九"等王公大臣宠幸的歌手、如今流落江南这一背景出发，认识这首诗是对李龟年身世的感叹。如果换个角度来看，从杜甫满怀抱负，到四处漂泊的事实中分析，又会得出这是杜甫自我感叹的结论，这样理解较前加深了一层。然后我介绍唐王室经安史之乱，开元盛世一去不复还的历史事实，使同学们体会到大诗人实际上抒发的是忧国忧民的感情。至此，对这首诗的理解已大大深化了。最后，抓住"落花时节"四个字，大做文章，使这首诗的教学在同学们的激动、深思中，取得良好效果。

多思是深思的前提。课本入选诗文皆是中外艺术珍品，其艺术营养取之不尽用之不竭，只有从不同的角度不断地挖掘，才会吸取精华，得其真谛。

追求授课深度，也许会给目前的语文教学带来活力。在探索中，每看到学生们喜形于色，我便受到鼓励，心中的不安和焦灼也随之减轻一分。当然，要使我们的教坛生机一片，还需诸位同仁多多努力！

七、 语文学科的德育渗透原理

1996 年

语文科进行德育教育自有其得天独厚的优势，如何结合语文教学的规律和实践，走出本学科德育教学的成功之路，是笔者的努力目标。本文将以《茅屋为秋风所破歌》一课的教学为例，探究语文科德育渗透的原理（入境→引情→识理）。

（一）入境

"入境"即教师通过一系列方法或手段，使学生进入课文所描述的各种场景中去。

怎样让同学们进场景中去？首先我们依靠对课文语句的熟悉和感知，抓住像"八月秋高风怒号，卷我屋上三重茅"、"唇焦口燥呼不得，归来倚杖自叹息"、"长夜沾湿何由彻"这些典型的句子和"怒号"、"公然"、"俄顷"、"冷似铁"、"如麻"这些关键词，使同学们在头脑中勾画意象，然后依据生活经验，调动平素间对狂风猛雨的感受，来充实这个意象，当然我们还要借助想象和联想。这样在理解词句的基础上，反复诵读，不断玩味，加以想象，同学自然会有一种身临其境的感觉，这种感觉就是一幅完整、清晰、贴切的画面，其内容是：一千二百多年前的一个秋天，成都平原的一条小河边，横竖排列着几间萧索的茅草屋，屋里老老少少挤着几口人，屋外秋风正紧，持续猛烈的风吹得屋子摇摇晃晃，吹得住户忧心忡忡。后来几束茅草被风挟裹而去，有的洒落江边，有的高挂树梢。屋里走出一位老人，拄着拐杖，在狂风中东奔西颠，上扑下抓，收拢茅草，正赶上几个调皮的小孩，抱着茅草躲进竹林，老人追在他们身后，喊得口焦舌燥，最终只剩下无奈的叹息。天快黑的时候，忽然间竟下起雨来，这一家人更是狼狈，雨脚如麻，灌进屋里，一家人又冷又饿，孩子们早钻进被窝，蜷曲着身子，被子又冷又潮，里破外烂。这一夜老人愁苦难眠，一会儿看看屋顶无情的风雨，一会儿看看身边可怜的儿女，嘴里不住嘀咕，什么时候才天亮啊！

"入境"其实是入门，它是德育渗透的基础条件，门之不入，焉能升堂入室？

（二）引情

"引情"即由课文所描述的生活场景所引发的同学们的种种情感活动，同学们或喜或悲，或怒或乐，和作品中的人物同呼吸，共命运，正像古语说"于我心有戚戚焉"那样。

仍以《茅屋为秋风所破歌》为例，读了课文之后，同学们会不自觉地发出种种感叹：杜甫的生活遭遇实在堪忧啊！杜甫的忧民思想令人敬佩啊！战乱使得民不聊生啊！所有这些感叹爱憎内容俱有。

语文科德育渗透主要依靠"情感教育"来实现。试想：初、高中六年，十二册课本，一千个课时，如果教师能积极发挥作用，充分调动同学们的情感因素，参与教学，其收益是不难想象的。祖国山川的壮美秀美，民族英雄的阳刚之美，仁人志士的浩然之气，革命先烈的执著和英勇献身，既有教材的生动描述，又有教师绘声绘色的讲解，成长中的青少年心中怎能不波涛滚滚？这样一次次心灵的撞击，无疑有利于陶冶其性情，完美其人格！

情感活动是复杂的。读"阿 Q"我们"哀其不幸，怒其不争"；读"路瓦栽夫人"，我们可怜其遭遇，又鄙薄其虚荣；读"窦娥"，我们感动其指天骂地、怒发誓愿的种种反抗，又遗憾其借助神灵、寄希望于清官。这种情感活动的复杂性，势必推进人们对事件的理性认识。

（三）识理

"识理"即通过课文学习，帮助同学们接受其中的道理，从而使他们认识能力逐渐提高。

还是以《茅屋为秋风所破歌》为例，这篇课文反映了杜甫的遭遇和理想，他的遭遇那么不幸，他的理想却那么宏伟。一个人如果没有一个良好的自我修养和思想境界，没有正确的人生观、价值观，是断然不会有这样想法的，他只会蝇营狗苟，追名逐利，去谋求个人利益，至多也不过像古代许由伯夷那样，遁隐山林，消极避世。杜甫是我国古代优秀知识分子的典范，他把国家的昌盛和人民的幸福看得高高在上，个人利益却置之不顾，这是我们学习这首诗应该得到的最大启示。一个人活着，时时想着别人，这才是高尚的人，纯粹的人，受人尊敬的人，这样的人生才是有价值的人生，这应该是当代青年的价值取向。当同学们认识到了这个层面，也就达到了我之所谓"识理"之目的。

大凡阅读作品总缘乎情止乎理，教学中我们不能仅停留在情感活动的层面上，而应该向"识理"的高峰攀登，让同学们笑得清清楚楚，哭得明明白白，喜怒哀乐皆有所归。

以上对语文科德育渗透原理进行了探究，概括起来讲，我认为一堂课的教学也好，一篇课文的教学也好，作为主导的教师，首先使同学们走进课文所描述的场景中去，然后引发同学们的激情，最后提高其认识，从而完成教育教学的任务。当然这一渗透过程不应该给人割裂之感，因为由景生情缘情识理，往往是同时进行，相辅相成的。

八、批判性思维在作品评价中的运用

1998 年

近年来的语文教学和语文考试，越来越重视对作品的评价。一篇作品，如果停留在一般性阅读的层面，不去咀嚼浓浓的汁味，不做深层探究，那是非常遗憾的。就好比一个人从宝山归来，仅拾得几块石头。鉴赏和评价高于一般性阅读，尤其是评价，以理性的态度审视作品，研究作品，把阅读活动不断引向深入。

对文学作品的评价，要求阅读者在理解的基础上，就作品的主题、人物、思想内容和艺术特色等方面，表明自己的看法，或肯定或否定，或赞扬或批评，或接受或排斥。评价要坚持马克思列宁主义的思想观点和方法，要全面地、客观地、辩证地、历史地分析问题。所以评价活动又是一系列复杂的思维活动。

批判性是思维的重要品质之一。在评价活动中，批判性思维要得到广泛的运用，其表现为：

（一）对已成定论的大胆质疑

所谓定论，指对某个作品评价时，或因为权威人士一锤定音，或因为传统上大家都这么认为而形成的一种观点，这种观点往往被人们不假思索地接受，其正确性往往不易引起怀疑。强调思维的批判性，就是要求不唯上，不唯书，不迷信权威，大胆质疑。

唐代诗人贾岛，曾吟过"鸟宿池边树，僧推月下门"两句诗，后来韩愈劝他把"推"改为"敲"。从此"鸟宿池边树，僧敲月下门"成为千古名句，流传至今。但当代美学大师朱光潜在《咬文嚼字》里，不客气地指出，"推"似乎比"敲"要调和些。朱先生语出惊人，向千年定论挑战，是因为思维批判性为他助阵壮胆。

再举一个例子，郭沫若的剧本《屈原》里婵娟骂宋玉说："你是没有骨气的文人！"面对大名鼎鼎的作家诗人，某演员建议把"是"改为"这"。这位演员运用批判性思维，一字之动，味道十足。可以说是一个宝贵的意见。

学生们阅历不深，知识面窄，胆子小，发表意见囿于老师或者参考书，常常拜倒在权威的脚下，走不出传统观点的圈子，教学中应该多给他们一些鼓励，扩大其思维空间。

（二）选择新颖的角度，提出自己的见解

批判性思维并不意味着只是否定，它也包含着从另外一个角度对已有观点加以肯定。批判性思维的特点和关键是"新"。新角度、新提法、新认识。

《水浒》是我国家喻户晓的古典名著。《水浒》中的人物栩栩如生，人们的评价多不可数，但是茅盾先生独辟蹊径，运用阶级论指出，人物遭遇和人物性格有关，而人物性格形成由阶级出身和地位所决定。这一观点很有价值，它归功于茅盾先生选择了新颖独特的角度分析问题。

面对六国破灭的同一历史事实，苏轼苏辙两兄弟各选角度，都以"六国论"为题写过文章。苏轼重在记述六国"弊在赂秦"，而苏辙重在论述六国不重韩魏。两文角度不同，但殊途同归，都揭示出六国破灭的真实历史原因。

学生们对已有观点进行否定，难度较大，不易做到。应该更多地考虑，根据自己的实际水平逐渐培养出寻找新角度，证明观点的能力。

（三）在众多评论意见中辨出真伪高下

中学语文课文多是名家精品，学习课文时，学生们会遇到来自不同时代、不同立场的人对作品的种种评价。这些评价未必全是那么精当，由于时代的、阶级的、个人阅历和文化修养方面的诸多局限，有的评价可能是错误的，其

至有害的，所以运用批判性思维，辨别真伪高下，显得极其重要。

一部《红楼梦》洋洋洒洒，人们怎样评价呢？道学家说它淫，革命家说它排满……同样地，从阿 Q 身上，有人读出了反叛，有人读出了辛酸；对周朴园，有人说他善良念旧，有人说他伪善凶残。读者个性的差异，作品自身的丰富多义性，如此这般地呈现出不同的评价声调。

面对众多评价，辨别其真伪高下，标准只有一个，那就是运用马克思主义思想、观点和方法，全面地、客观地、历史地、辩证地进行评价。所谓全面，就是强调面面观，反对片面地只取其一，如分析陈奂生，既要看到其落后可笑的一面，又看到其走向自尊自强的一面。这样评价才能认识到陈奂生是有希望的农民。所谓客观，就是强调反对主观臆断，不从作品实际出发，轻率地拔高、贬低、偏离原作主旨，如一篇题为《树》的小诗，作者想表明砍树是对生命的摧残，但有人却分析出环境保护的思想内涵，不当殊甚。所谓历史，强调结合具体历史条件，不拿今人判古人。如分析屈原，就应理解在那个时代，忠君即爱国，爱国就是爱中华民族。所谓辩证，强调分析人物和事物，用一分为二的观点，用联系发展的观点，评其好的同时，也要看到其美中不足，如评价杨朔散文模式，有人在肯定其可贵探索的同时，指出其僵化的不足。说到底，评价要科学。

批判性思维在评价活动中的运用，不限于以上三种情况，至于其他，另当论述。批判性思维也不仅仅是科学的、理性的思维，在评价活动中也有情感因素的参与；批判性思维本身又是创造性思维，明乎此，对全面深刻理解批判性思维，大有裨益。

九、从形成模式到走出模式

1999 年

金人王若虚在回答文章写作有无"定体"时，提出"定体则无，大体则有"的理论，他的理论客观地辩证地揭示了写作学中的一个突出矛盾，这一观点平息了我国古代纷纷扬扬的"定体"之争，对目前中学生写作训练也有指导意义。

用王若虚的理论来分析中学生的写作实际，可以把中学生的议论文训练划分为两个阶段，即从形成模式到走出模式，也就是从训练"大体"到走出"定体"。当然，这一过程的全部都和思维的培育紧紧联系在一起。

（一）形成模式

什么是模式？不同的人有不同的理解，这里所讲的模式，并非指那种僵死的、一成不变的、作为教条的写作格式，这里的模式指一篇文章的大轮廓、大框架的安排，一种文章布局的鸟瞰，具体构思时的基本思维取向，也可以理解成王若虚所谓的"大体"。

初学议论文写作，中学生面临着诸多实际困难。从语言运用上讲，脱不了记叙文写作中惯用的叙述、描述性语言的底子；从文章结构布局看，不能把握议论文的结构特点，往往论述层次不清楚，结构失调；从思维活动过程看，对某个现象或观点的认识尚嫌幼稚，既缺乏逻辑严密性，又缺乏辩证灵活性，如此等等。中学生笔下的议论文呈现面目模糊的缺点，使人不忍卒读。

一些中学生的议论文不像议论文，最主要的原因是这些学生没有形成对议论文写作的基本认识，所以指导中学生进行议论文写作训练，首要的任务是帮助其形成模式，正如一个木匠，总得先把椅子做得像椅子，而不是桌子，哪怕做得很拙劣。

思维科学认为，模式乃"事件构成的有规律的系统"。掌握了一定的模式，就近乎掌握了一种规律，就可以在实践中从某一模式的起点出发，并循着模式前进，就会从高于某种偶然性的必然性从一个环节转移到另一个环节。所以，强调中学生写作训练要形成模式，实际上是为了避免其在黑暗中瞎碰乱撞，做到有章可循，使其在继承前人写作经验的基础上，尽可能短时间提高和发展自己的写作能力。

那么议论文写作有哪些模式呢？如何进行形成模式的训练呢？

形成模式的训练要求辨识不同形式的议论文，如读后感、观后感、一事一议、小评论、杂文，甚至进一步辨识清小评论中的文艺小评论、思想小评论、新闻小评论。不同的文体有不同的要求，如果对此不能心中有数，那么写出来的东西很可能不伦不类。

形成模式还要求对命题作文的题目进行分类。如范围型的命题，必须先从论题范围内找出论点；关系型命题必须讲清文题概念之间的关系；引申型命题重在"引申"上下功夫，要引申合理，独辟蹊径……中学生应增强对文章题目的敏感性，以利于迅速确定写作思路和写作重点。

形成模式还包含对几种常见论证方法的训练。如事例论证、比喻论证、类比论证、引用论证、对比论证、因果论证、假设论证，这些论证方法是人们在议论文写作实践中普遍使用且行之有效的方法，中学生掌握这些方法，大有裨益。

形成模式也应包含对议论文结构处理的训练。大体上讲，议论文写作要遵循"提出问题—分析问题—解决问题"的思路，在"分析问题"部分（论证部分），可以选择总分式、并列式、层进式等结构格式。

总之，形成模式是议论文写作的初始阶段，对相当多的中学生而言，它是必要的，有着极其重要的意义。

（二）走出模式

中学生议论文写作形成模式的确有其积极意义，这一点从以上论述可以得知，但同时，必须指出，从议论文写作训练全过程来看，它仅是基础阶段，如果把它看成终结性训练，必然使议论文写作走向死胡同，正如一些对形成模式持否定意见的人所认为的，中学生议论文，千篇一律，千人一面。

目前中学生议论文写作，大多处在形成模式后停滞不前的阶段，究其原因，高考的影响不可低估。师生们为了不使高考栽跟头，不厌其烦加重模式训练，把已形成的模式奉为教条，不断强化，甚至走向极端。据说有个中学教师作文时给学生印制好格纸，规定好必须写五段，且规定好每一段字数。呜呼！如此训练，令人啼笑皆非。由于高考评分的误差，师生怀着一种不正常的心态，"不求有功，但求无过"，在这样的心态支配下，大家辛辛苦苦，小心翼翼，不越雷池半步，新颖独特的观点被扼杀，思维的花朵枯萎了，为取悦评卷老师，反而把作文搞得面目可憎……

中学生议论文写作必须尽快走出模式，这是写作规律自身的要求，是语文教改的重任，是时代和社会的强烈呼唤，这一点毋庸置疑。

走出模式关键是克服思维定式的负面影响。

在上一部分论述中，为了强调议论文写作的"大体"，从而肯定了形成模式的积极意义，但这并不等于说形成模式后，就大功告成。须知，模式形成之时，也是僵化呆板之始，思维定式的局限性也将日益突出。

思维定式是人们从事某项活动时，一种预先具备的心理状态，它的负面影响表现在议论文写作中最严重的是文章立意陈旧，如古人陆钺所说："一题到手，必有一种应时之语，老生常谈，不召自来。"等于是准备好一个筐子，什么东西都往里面装。其思维过程是直线式或平面式，缺乏灵活感、独立性、批判性。而这些是求同思维长期运用的必然结果。

走出模式需要求异思维。求异思维指人们在分析问题时，善于从不同角度、不同方面对某一问题进行思考，做出多种回答，或者从同一来源寻找不同答案的思维方法，表现在思考过程中是立体式、发散式和跨越式的。求异思维要求突破思维定式，发挥思维个性，也有人把它称为创造性思维。莫泊桑论文学创作时说"应该时时刻刻躲避那走熟了的路，去别寻一条新路。"这句话形象地说明了求异思维在写作中的运用，中学生议论文写作也应如此。

下面看一看求异思维的不同方式在议论文中的运用。

第一，质疑思维的运用。"质疑思维"根据辩证唯物主义的否定之否定规律，大胆立意，在肯定中看到否定，在否定中看到肯定。它实际是从人们习惯性思维或传统观念的相反方向、相反的角度进行思考的一种方法。运用质疑思维，往往以新奇取胜。例如，有这么一则故事：东汉陈蕃从小立志将来"扫除天下"，但他不屑于做小事，庭院龌龊，居室杂乱。他父亲的一位好友问他："孺子何不洒扫以待宾客？"他回答说："大丈夫处世，当扫除天下，安事一屋？"当其父亲的好友进一步问他："一屋不扫，何以扫天下"时，陈蕃语塞。

面对这则材料，人们往往从"实现远大理想，应该把小事、把身边小事做好"方面立意，可是运用质疑思维来分析，就会有新的认识，可以运用陈景润的例子论述"一屋不扫，可以扫天下"，也可以从生活实际出发，论述很多人"一屋扫好了，却不去扫天下"。

第二，临界思维的运用。临界思维根据辩证唯物主义的质量互变规律，把思维的质点聚焦在临界线上、边缘区域。如果说质疑思维是反方向思维，那么临界思维可以说是双向思维。运用临界思维，往往获得"山重水复疑无路，柳暗花明又一村"的思维效果。

如对"读书破万卷，下笔如有神"的分析，强调多读书的重要性是一般人的泛泛而论，运用临界思维就可以进一步分析到："如果多读好书，下笔才会有神""如果多读好书，并理解透彻，下笔才会有神"等论点，很显然，这种分析对"书"和"破"这个"下笔"前提进行了双向思维。

再如论述"言者无罪，闻者足戒"时，也可以运用临界思维，指出"对善意之言，闻者应戒；对恶意中伤，闻者应予以回击"。

第三，曲线思维的运用。曲线思维根据辩证唯物主义关于事物是普遍联系的规律，多方向、多角度、多层次地展开对命题的分析，从而增加论述的新颖性、厚重感。曲线思维有圆曲线思维、十字曲线思维等不同思维形式。这里举一个十字曲线思维运用的例子。

十字曲线思维是立体思维，它要求把所论述的问题放在纵横两方面去考虑，思维呈发散状辐射，从而汇集有关信息，并进行交合、碰撞，以达到前所未有的发现。

现在运用十字曲线思维分析一下"落叶"一题。先从横向看，可以得出：①把叶和花联系起来分析，歌颂落叶安于自己的本职工作；②把花和果联系起来分析，从落叶的始终如一，不求名不讲利的角度立论；③把落叶和新叶联系起来，那么则可以分析阐述落叶的"主动让贤"；④把落叶和树根联系起来，写其"落叶归根"不忘根本；⑤把落叶和大地联系起来，可以写落叶对大地母亲的回报。再从纵向挖掘，可以得出：①叶以根为本，离开根，就会枯萎，同理，一个人不能离开集体；②从落叶归根，"化作春泥更护花"，论述"老有所为"发挥余热。

综上所述，求异思维在中学生议论文写作训练中的确起着相当大的作用，它是走出模式的根本出路，强化求异思维训练，促进写作能力提高，是目前广大语文教师迫切需要解决的课题。

总之，中学生议论文写作训练中，形成模式是基础阶段，走出模式是提高阶段，重视前者是必要的，重视后者更其必要，只有二者并重，大面积改变中学生议论文写作状况才庶几有望。

十、多反思找出路

2006 年 7 月 5 日 运师礼堂

各位老师、各位同仁：

大家好！

运城市暑期教师培训就这样拉开了序幕，今天上午和刚才，北京的两位专家已经做了精彩的报告，帮助我们更宏观地、更本质地、更前沿地认识课程理论，也给我们从事实际工作的带来了反思、指导和启示。

说句实在话，我们的确应该静下心来，细想一下，盘点盘点，问一问自己：我是谁？我成年累月在做些什么？新学期我又准备怎么做？我的课堂学生欢迎不？我的辛苦成效如何？……我们可以一口气提出若干语文教学问题。我相信在座的很多老师都曾被类似问题困扰过。这些问题使我们心烦，使我们头疼，使我们尴尬，甚至使我们恐慌，使我们"上穷碧落下黄泉，两处茫茫皆不见"。但我们相信有思考为伴，我们就会不断前行，而真相、真知、真理就会离我们越来越近。这次暑期培训，市教研室明确提出，"问题讨论"是培训重点，要求突出问题意识，要求化问题为课题。我感到很有必要，也许借此途径，能达到增强培训针对性和实效性之目的。

语文教学问题很多，矛盾重重，不可能全靠专家来化解，也不可能借培训毕其功于一役。这需要我们在工作实践中不断摸索和讨论，这里仅提两个问题和同志们一起思考。

（一）教师的课堂出了哪些问题

1.教师讲得太多了。在我们身边，经常看到有的老师讲得口干舌燥，唾液四溅，而学生萎靡不振，昏昏欲睡。为什么呢？有的老师可能觉得自己讲功深厚，把课堂当舞台，把自己看成是演员，岂不知你天天上课，学生怎能百看不厌、百听不烦呢？有的老师可能觉得自己驾驭课堂能力有限，组织学生学习缺乏招术，用讲来充塞课堂，便觉得踏实心安；也可能有的老师低估学生，只怕交代不周，落下不负责任的恶名，于是竭尽讲授之能事，衣带渐宽人不悔。但实践证明，多讲则事倍功半。

2.讲解太程式化。总是按自己习惯的套路，先背景后分段，找出主题再训练。这样做不是没有道理，但课课旧面孔，堂堂老节奏，谁受得了？我认为结合每一课实际，从认知规律出发，带着问题探究，或许能化被动为主动。使学生走进课堂时怀着期待，从而兴味盎然。如《荷塘月色》一课中"这一片天地是我的，我也像超出了平常的自己"。这句话学生理解时需结合写作背景，所以，这时讲背景就很适合。

3.讲解太功利化。 为了什么功利呢？一是高考，一是教化。如教《致橡树》一诗，这是多好的诗句啊！可惜，老师这样提醒学生：注意，这里用了比喻修辞，高考第五大题中仿句就这样考我们的。大煞风景！再如《项链》，非要把路瓦栽夫人爱虚荣说成是反映资本主义社会丑恶等。语文不是高考的奴隶，语文也不是政治的附庸，大可不必如此功利。

4.讲解缺乏真情，玩的是伪情，矫情。如讲《我与地坛》，老师用了这样的导语：同学们，人生多有不如意，假如有一天你突然失去双腿，你会怎样做呢？而且老师这样引入时面带微笑，极力表现出和善的一面。这是教学败笔。再如《面朝大海，春暖花开》这首诗创作三个月后，年轻的海子就在山海关卧轨自杀了，想到这里，读诗时我们怎么能轻松？

5.讲解太破碎。表现在文言中最明显，过多的字词分析和讲解，淡化了文章的观点和文章的气势，庄子、孟子全淹在字词中了。

6.讲解不拓展。语文学习特别在乎体验和悟，所以很多好文章，不用讲解，要多联系相关文学作品拓展来读，要结合教师本人的人生经验来读，要帮助学生理解和感悟。

7.讲解不贯通，只知照本宣科，教案是教参的复制品。遇到字词不深究，不能取得"发现"的快乐。如秦观字少游，陆游字务观，二者是有联系的。

老师们，以上列举，有些也是我的毛病，希望大家引以为戒。我呼吁：把时间还给学生，把阅读还给学生，把思考还给学生，让我们的课堂不再沉闷，让我们的课堂充满生机。

（二）学生的读书出了哪些问题

1. 读书时间太少。早上英语占了，课上老师占了，活动让体育占了，自习让数理化占了。倒是有想学语文的同学，不幸让做各种各样的语文题给占了。因为不读，也就谈不上背书；因为不背书，脑子里空空如也，写起文章搜肠刮肚，抓耳挠腮，无米下锅。古人云"读书破万卷，下笔如有神"，而我们的学生，因为不读书，笔下没有神，只有鬼，鬼话连篇，使人不忍卒读。

2. 不读经典，喜欢读图，喜欢调侃。我个人认为，电视的兴起和普及造成了图书市场的萎缩，而互联网的发达，又使整个社会的阅读遭遇灭顶之灾。近年来我越来越感觉到孩子们远离经典，远离崇高和严肃，喜欢读图，喜欢调侃。逐渐地，他们的世界观混乱，价值观颠倒，抑郁、孤独、浮躁、狂乱、自杀率上升。有一年春节晚会看小品，郭达和蔡明演的回忆初恋，蹦出一个小孩，猴样，嘴里不停地说"双节棍"，当时不知说啥，后来才明白是周杰伦的唱词，据说现在"双节棍"也落伍了，已进入"嘻唰唰"时代了。全是不阅读惹的祸。

经典是人类智慧的结晶，是文学、文化、文明的根和源，是我们生命的支柱和灯塔。台湾有个教授倡导读经运动，他演讲说，我们国家二十年代出了一批学贯中西的大师，他们都是吃四书五经的奶长大的。其中举到胡适，说胡适十三岁时就把四书五经背得滚瓜烂熟，有了这功底，胡适学英语时不费吹灰之力，简直小菜一碟，后来轻而易举地写论文，做博士。台湾的李敖大师，甚狂，他说世上有字典、词典，他准备编句典。这话有道理，因为多读经典，会发现许多好句子本身是相通相连的。我们教语文，应该知道，语言在储存发酵后，那种生成能力是相当强的。当你积累到一定程度时，精妙语句会脱口而出，而且滔滔不绝。我们学校语文特级教师杨恩选搞文字研究，读了很多书，包括《圣经》，她发现文字、文学、宗教、科学之间存在着非常微妙的内在联系。2005年《中国教育报》阅读版在年终盘点时说：一个人在童年不读安徒生、格林，谁将陪伴他度过漫漫的人生长夜？

身为语文教师，我们有责任引导学生们多读书，读好书，为语文学习引来活水，为学生们的人生奠基。

老师们，语文天地是广阔的，也是大有作为的；语文之路是漫长曲折的，需要我们不断深入地探索；语文改革是生机勃勃、充满希望的，我们理应前仆后继、拼搏进取。最后祝各县校培训圆满成功！

十一、古诗就这么远离我们

2015 年 3 月

先人给我们留下一座诗歌金矿，一代代中华儿女读诗品诗传承诗，从而使我们民族智慧而深情。可而今，古诗正一天天淡出我们的生活，越来越远。

如今社会什么都快，古诗似乎赶不上趟了。火箭飞机不用说了，连火车都快得让人讶异。信息更快，北京开两会，电视实时转播，我们好像置身会场；美国警察枪杀黑人，我们可能比调查人员更快地看到现场；2013 年 6 月 20 日神舟十号航天员王亚平在太空给地面学生授课。这么快的节奏，古诗歌的慢脾气几乎无地自容。杜甫"家书抵万金"可能吗？贾岛无论在哪个单位都不允许"两句三年得"，李白的"千里江陵一日还"还是迟了点。

古诗的含蓄在现代人的直白面前仓皇失措，如《子夜》中吴老太爷进灯红酒绿的大上海。我们怀念："所谓伊人，在水一方"中那个永远隔水相望的女子，"停船暂借问，或恐是同乡"中那个害羞的渔家女，"妆罢低声问夫婿，画眉深浅入时否"中那个妩媚的新娘子，"千呼万唤始出来，犹抱琵琶半遮面"中那个款步而来的歌女——现在人动不动就"闪亮登场"，谋女郎一个又一个，超级女生一行接一行，很夺眼球。热闹倒是热闹，可惜无法让人回味！

现代人生活条件好了，对自然变化体验少了，对花红柳绿落叶虫鸣就少了敏感。不知道"二月春风似剪刀"，哪管他"小荷才露尖尖角"，看不见"春江花朝秋月夜"，听不清"杜鹃啼血猿哀鸣"。殊不知，过着舒适生活的人们远离自然的同时，也远离了诗。可栖息在大地上的人们如果没有了诗意，又有多少幸福？

还不止于此。我们的夜和星空，我们的路和车马，我们的山和树木，我们的河和鱼蛙，我们的龙舟和节日，我们的边关和驿站，我们的农舍和家酿，我们的钟鼓和民歌，我们的许多许多，在风中飘散。

望着古诗渐行渐远的背影，不自觉地怀念我们民族的童年、民族的梦、民族的乡愁，怎样守住那份宁静恬淡和美丽的忧伤呢？

十二、"我"读文本

2013 年 7 月 22 日

做一个好的语文教师不容易，需要具备多样能力。在各种能力中，解读文本是第一能力。

解读文本不是借助教学参考书，对文本取得大意的粗略的表层的理解，而是用心去读，去掉功利色彩去读，摆脱专业眼光和专业套路的束缚去读，带着放松的自然的心理去读，点燃激情式去读，完全投入地融会贯通地去读，从而和作者进行深度对话。这样的解读必有一个"我"的存在。长期不懈地坚持这样来读，那个"我"将愈加富有个性。

"我"首先要有一定的学识，包括拥有专业知识、相关知识和最新知识，并且有对所拥有学识的整合和盘活能力。"我"的学识系统应该呈开放状，辩证吸纳，不断更新，时时扩张。

"我"还得有一定的生活积累。用生活经验来读书，常读常新，书会越读越厚。李白的《静夜思》很短小，你在幼儿园读和上高中时读理解不一样，遇到中秋节或者某个特殊日子读又不一样，当你漂泊海外时读更不一样。有时我们读书感觉和作者"隔"，原因很可能是和作者的经历相去甚远，不能设身处地地去感受。所以说读书需要生活积累。

"我"的情趣。燕山雪花大如席吗？黄河入海流看得见吗？解读文本时有人总爱提类似问题，让人哭笑不得。同样，面对一篇优美散文，我们不去鉴赏，而是用高考眼光，绞尽脑汁把它设计成考题，还要研究怎样答题得多少分，大煞风景！解读文本要读出情趣，流出自己的眼泪，绽开自己的笑容。

"我"的独特视角。俗话说，杀猪杀尾巴，各有各拿法。呈现在我们面前的文本并没有谁规定必须怎么解读，顺着读倒着读皆无妨，关键是哪一处吸引了你触动了你，进而引发你步步深入，登堂入室，从而获得和别人不一样的发现。尽管创作无定法解读无定规，但读者总得有自己的法，这个法给别人说清楚不容易，那是自己独具慧眼得来且运用自如，这大概是修炼所得吧！

"我"读文本，或从文本中读出"我"，这就是个性化阅读。这种阅读由于没有教条，于是给教学注入活力。教师的智慧在其中闪光，学生的情趣在其中得以培养。

十三、我的语文自信

2014 年 12 月

语文教师要有自信，你自信，学生就信你，教学效果自然就好。在教学中我有过自信的表现，或者说是几次幸福的体验。

台湾作家陈启佑的《永远的蝴蝶》是一篇小说，短小唯美。1987 年秋天一个午后，一个朋友兴冲冲给我带来一本《文摘》杂志，推荐我看这篇文章。我一下子就迷上了，工工整整抄了下来。多年后，这篇文章出现在高中课本里，当我在课堂上领着学生欣赏此文时，我很骄傲，因为我很早就发现了她。

我结婚那一年，有一天在丈人家闲坐，随手翻看一本《新华文摘》，里面有一篇文章题目是《十万进士》，我觉得有价值，找几张纸便抄了下来。十年后，余秋雨热的时候，我从《文化苦旅》到《行者无疆》一本接一本追着看，越看越觉得似曾相识。哦，原来十年前，我们就神交了。

我喜欢背书，多半是自娱自乐，也有挑战自我的成分。2001 年教育局领导验收省学科骨干教师，其中一个项目是让语文教师背书，制作了写有篇目的卡片，反扣在桌上，被验收人随机抽卡片按上面题目背。因为是熟人，那位领导怕我过不了关，示意我抽一张文章篇幅短的卡片，我偏不，专门避开他手所指，拣难背的篇目背。虽然这样做法有违那位仁兄的善意，但我用流利的背诵赢得他满意一笑。

2007 年讲《梅花岭记》一课，临下课学生们仍在为史可法的爱国精神感动着，意犹未尽，这时，我忽然想起一副对联：史册流芳，虽未灭奴犹可法；洪恩浩荡，未能报国反成仇。这副对联写的是民族英雄史可法和民族罪人洪承畴，巧妙地把两人名字嵌进对联。我把对联抄在黑板上，微笑着走出教室。平时的积累关键处恰当地派上用场，小插曲掀起课堂高潮，真让人高兴。

去年 1 月 8 日，中央电视台六频道周末影院播放《乔布斯》，播放前的点评专家是李铭韬。他呀，我十多年前的学生。那时他刚从太原转学来，举目无亲，我有意亲近他，有时找他聊一聊。后来他报考中央戏剧学院，考场上他把我们的交往写进作文。高考成绩发布当天，他连衣服都没来得及换，穿着背心从太原来运城给我报喜。那天晚上，我俩在校门口水泥地上，共一张凉席，看天上星星。

我说不清什么叫自信，怎样才能自信，可我觉得上面几个故事里有我的自信，这种自信大约孔子、杜甫、苏轼等人也有吧。

十四、我教书，我快乐

2011 年元旦

我在大学里学的是语文教育，毕业后直接站到语文讲台，一站就是二十多年。站得腿弯了，背驼了，站得眼花了，头白了。但我越站越快乐。

两千多年前孔子曾这么站过。《论语》曰："学而时习之，不亦说乎？有朋自远方来，不亦乐乎？人不知而不愠，不亦君子乎？""温故而知新，可以为师矣。""述而不作，信而好古，窃比于我老彭。""默而识之，学而不厌，诲人不倦，何有于我哉？""爱之，能勿劳乎？忠焉，能勿诲乎？"。鲁哀公十六年，孔子的生命走到尽头，哲人其萎，但他为我们立起了一座教育丰碑。

唐代的韩愈也曾这么站过。面对"师道之不传也久矣"的社会现状，他一方面对教师"传道受业解惑"以明确的定位；一方面身体力行，不顾流俗，抗颜为师，奖掖后学。"业精于勤""提要钩玄""含英咀华""由统要中""闳中肆外"。国子监里，宏论如斯；古代群贤，有此人师。

朱熹在白鹿洞书院这么站过，陶行知在南京晓庄师范这么站过，于漪在上海杨浦高中这么站过……我的脑海里站了这么一排排一行行教师的形象，我的脚踩着他们的足迹在行进。

我站在讲台，和同学们一同观赏迷人的景致，体味文化的奥妙。一个字，也许引发一段故事；一篇小说，自然蕴含悲欢离合。语文就是生活，语文教学就是用文字感受生活，感受往往牵动情思。童年的纯情，青年的激情，中年的深情，老年的温情，不同的笔触，不同的视角，形成一幅幅瑰丽的画面。惜之犹恐不及，厌之敢有何人？忘却了考试，冷落了排名，浸润其中，乐也融融。

人活着都得面对一个难题，烦生畏死。西方耶稣说：去天国吧！那里有圣母和天使。东方佛说：去来生吧！可以轮回，可以摆脱。我说：去教语文吧！悦纳自我，超度他人。

十五、光荣啊，康中教师

2007 年 9 月 10 日

各位来宾，各位老师，同学们：

大家好！

在这个隆重而喜庆的日子里，作为教师代表发言，我深感荣幸。下面我想表达四个意思。

站在这里，我首先感到自豪，因为我是一名康中教师。我们康杰中学教师团队是一支优秀的教师队伍。这支队伍里有白发苍苍的老教师，他们境界高远，充满智慧，勇于吃苦，乐于奉献，他们见证了康杰中学的风雨历程；这支队伍里有潇洒风流的中年教师，他们大气从容，宠辱不惊，目光坚定，脚步坚实，他们支撑着康杰中学的蓬勃发展；这支队伍里有血气方刚的青年教师，他们个性鲜明，锐意进取，虚心好学，潜心教研，他们志在描绘康杰中学的灿烂明天。这支队伍思想活跃，品味高雅，团结协作，能征善战。这支队伍秉承烈士遗风，踏着时代节奏，写下了河东教育的光辉诗篇。

站在这里，我感到神圣。我又一次思索"教师"这两个字的分量。我知道，这不是一个简单的职业称呼，它和人类的良心、社会的文明、无数个家庭的重托、莘莘学子的梦想紧紧地联结在一起。两千年前孔子杏林讲学，给教师设定了坐标；唐代的韩愈好为人师，树立起代代相传的从师的风尚；苏联教育家苏霍姆林斯基点燃教育的智慧；现代的叶圣陶则揭示了"教人求真"的教育真谛。古今中外，圣贤大师们用他们的言行丰富着教师的内涵，引领着我们不断前行。

站在这里，我感到幸福。今天的桃李是明天的栋梁，从我们的课堂里将走出牛顿、霍金、袁隆平，将走出刘翔、姚明、张艺谋，将走出一批批人格高尚体格健全的劳动者，所以我们是幸福的人。

站在这里，我受到一种鼓励。"衣带渐宽终不悔，为伊消得人憔悴"。选择当教师，意味着我们应该有更多的付出，要付出太阳的热情，要付出月亮的宁静，要付出园丁的忠诚，乃至付出春蚕的牺牲。

老师们，站在这里，我有太多太多的话要说，最后我想说一句话：祝全国所有的教师节日快乐，工作顺利！

谢谢大家！

班主任工作篇

工作 30 年，当了 24 年班主任，鞠躬尽瘁。所带过的班级有：198、193、222、1992 年理三、267、271、308、2000 年理三、365、406、471、566。班主任工作说到底，还是一个爱字。

爱学生，不仅仅是关注其学习，更重要的是关注其身心特点，促进学生全面发展。

爱学生，就是要走近学生，了解学生，忧其忧，喜其喜，同频共振，建立亦师亦友的幸福的学习共同体。

爱学生，就是要在遍洒爱心的同时，把更多的目光投向最需要的学生个体上，帮助他们渡过难关，让他们感受到温暖，分享他们进步的喜悦。

相聚是缘

一、198 班的故事

2015 年 5 月

摊开纸下笔的时候，30 年前的事一幕幕在眼前展开，如同昨日。

1986 年秋天那个下午，我带上生活用品，从解州老家满面风尘地赶到学校，报到上班，正式参加工作了。一到校，领导给了一份花名册，就这样，我成了 198 班班主任。

这是一个特殊的班级，这一届学校正式招 8 个班，后来补招这个班。学生来源以五四一和三五三四两个兵工厂子弟和地区电业局子弟为主体，所以又叫"代培班"。起初教室安置在木楼后，不久搬到教学楼一层西。学生们陆续报到，最多时人数达到 90。我有自己的学生了，他们是我的，新鲜、兴奋、惶恐、骄傲，各种感觉都来了。学生们成绩差了点，但一个个很可爱，甚至比其他班学生更可爱。学生们的可爱，给了我信心，我发誓：甩掉代培帽子，让别人刮目相看。

我最先做的是和学生们打成一片。从早操早饭早读一直到晚自习结束宿舍就寝，学生们生活学习的每个环节我都尽可能深入。早读时，我们一起背书；下午活动时，我们一起打篮球；他们上别的课，我也去听课；有时，趁他们不备，我溜进宿舍，黑灯瞎火的，听他们聊天。周末，学生们围到我宿舍，有好吃的大家分享，有新书大家抢着看，或者跟着录音机哼哼歌，有的把衣服抱来洗图个方便，有的干脆穿我衣服救个急。我是从来不锁门的，有他们在。那时光，金子般灿烂，泉水般清纯。

这段时间也正是我的业务奠基期。虽然课下课外我和学生们是朋友，但课堂上我要让他们感受语文的博大精深，让他们对知识产生敬畏激发他们的学习热情。课堂上我经常"跑题"，一个词，一句话，都可能引来一首诗，一个故事，或者一本书，总感觉有说不完的话，要说的话排着队挤着前涌。台上一分钟，台下十年功。天上的星星知道，我是怎样备课的。夜很深了，周围静悄悄，偶尔从城北火车站传来声声汽笛，无数个夜晚我在台灯下这样度过。

一二九歌咏比赛，我们的队伍最壮观；元旦晚会，我们的氛围最热烈；

运动会上，我们的队员最矫健。相濡以沫的日子里，有数不完的故事：王彦军担一班之责，一次次皱着眉头说"活难干"；张秀芳唱《家乡的小河》，真是"大珠小珠落玉盘"；曹为民和康靖的相声，令人捧腹；邸新中把绒衣反穿，在篮球场上横冲直撞；张宏亮不怒自威，声震四座；陈领奇和曹天忠特义气，不过有时偷偷冒口烟；周典堂爱较真，黑脸急成红脸；李学敏太腼腆，说完上句话，找不到下句；王彦勤机灵鬼，犯了错误不等批评先交检查；陈云海满口闻喜话，胆大心细；高军捧着《国语》，发誓要当将军；何建军和吴新红，简直一对"乖乖虎"；王红雁这女汉子，能把天吵翻……太多了，抹不去……忧郁的李峥，多情的孙俪，害羞的贺平，爽朗的安树杰，沉稳的刘峰，太原的邵卫兵张丽，军分区的梁红国黄红宇，还有石家庄的不声不响的梁銎。

高一结束了，因为文理分科，这个班学生散到其他各班。临别时，我说，手心手背都是肉。

因缘际会，我们走到一起。也许我是他们遇到的众多老师中普通的一个，但他们却是我众多学生中特殊的一群。"为什么我的眼里常含泪水，因为我对这土地爱得深沉。"

二、193 班的故事

2015 年 5 月

我是高二时接手这个班的，按说我们是"半路夫妻"，没想到，后来我们比"原配"还亲。

刚到班上，我有点胆怯，怕同学们不接受。一来自己才大学毕业一年，比他们大不了几岁；二来前任班主任经验丰富，治班有方。果然，不久我的担心成为事实。教师节后一天晚自习下了，解瑞东来聊天，我拿出糖块招待，他也不客气，边吃边聊，咯嘣一个，咯嘣又一个，吃了快半斤，吃得我心疼。临走的时候，撂下一句话，说我带不了这个班。

怎样才能带好呢？我只有在课上下功夫了，我要让同学们通过接受课而接受我这个人。为了吃透教材，我一方面多查资料，把相关资料统统找来，去伪存真，去粗取精；另一方面我请教同行，不避老少，见机发问，打破砂锅问到底。备文言课文时，我先把课文抄下来，行距留得很宽，然后用不同颜色的笔标注释、语法和翻译。真正走进去，才知道大学所学并不能满足中学所教，这之间需要一番化虚为实的转换。因为每堂课都有很充分的准备，所以课上得游刃有余，我的自信心也大大提升，学生们微笑的表情也给了我很大的鼓励。

元旦晚会那天晚上，有几个调皮鬼在宿舍喝酒，好像有对立情绪。抓住这个机会，散会后我请他们到我宿舍，拿出酒赌气似的让他们再喝，然后交心。第二天分批和班干部及部分同学座谈。此后，班级管理不再有什么为难，大家乐意和我接触，班里各项工作开展得顺风顺水。

康杰之春

第二年春天，我带领学生们爬南山，回来编了纪念册，我题了序文：

时惟三月，序属仲春，浅草爬南山，微波荡银湖。遂择定佳日，买粮备马，师生数十人，携手游南山。

南山无景，因游人而显生机；书生体弱，有兴致而强身力。故进得山门，一行游人，络绎如行军，喧笑如闹市，前有英雄男儿开道，后有刚强女子断尾。凉风拂热面，欢歌响山谷，清泉绕羊肠，游步踏蛇迹。山上山下，此呼彼应。师也，徒也，男也，女也，天也，地也，水也，石也，鸟也，花也，也也也，皆聚我心中，散我身外。不觉日至中天，于是驻足泉边，汲水稍息。

起，再上，诸峰败走脚下。虽游兴未减，然困意袭人，终因体力不支，止步于一峰顶。草地围坐，共进午餐，有敬有抢，趣味横生，如兄弟，似姐妹。嬉笑之声，化往日恩怨为乌有；打闹之举，融同学同志于一体。亲热之状，亲近之情，惜之犹恐不及，厌之敢有何人！

伫立峰顶，心旷神怡。抬望眼，更有高峰碧云天；低回首，遥看城镇小棋盘。两侧峰峦，蜿蜒天边。悠悠苍天，绵绵青山，让人神思飞扬，情满于怀。感自然之大，叹校园之小；喜春景无限，伤少年寡欢；慕花草呈百态随意吐芬芳，恨心灵受抑郁不得开心颜。谢造化，青山不老，绿水长流，此永恒天地；问自己，活得充实，活得潇洒，有闪光青春？

日薄西山，打道回府。此行有图文记录，以上文字为序。

愚人节到了，有个学生跑来告我说有个女的在校大门口等我，说话很急。当时我处在找对象过程中，没多想，直奔去。谁知左右不见人，回头看，教学楼三层193班教室窗户伸出一个个小脑袋。啊！他们愚了我一把。开心的日子就这么一晃而过。

比起198，193的学生爱学习，懂规矩，不张扬，有内涵。他们是写武侠小说的连旦宁，口若悬河的孙国荣，啃手指的贾陈平，热衷霹雳舞的杨庆，和数学老师同乡的杨义宣，痴迷篮球的张辉……女生们都是"老刻"，董红芳、刘淑样、赵海霞、董蓉霞、张韶君、张志玲等，只有范宁霞和杜淑君逍遥些。

学生们都人到中年了。在北京、上海、西安、太原工作的，我去时他们都很热情，言谈中不由回到当年。在运城工作的相对较多，我们常来往，定期聚会，他们的孩子们多数也在母校上过学，算起来，武刚孩子武佩璋算我关门弟子，曹为民孩子曹沐原我教了一年跟了两年。

十年前张志玲出国的时候，流着泪看母校最后一眼。她为什么流泪呢？她怀念什么呢？每个人的心底都隐秘地藏了一些东西，沧桑之后，弥足珍贵。

春风化雨

1994 年 7 月

1994 年我 30 岁，是 267 班班主任，此前我送走三个毕业班，在班级管理上我注重发挥教室后面黑板作用，每周在上面写几行字，和学生们谈谈心，提提意见。后来发现，这种工作方式比居高临下的指教和简单粗暴的训斥学生更容易接受，在班级管理中有其特殊作用。

一、新年的话

1994 年 1 月 1 日

按理说，过新年，天更岁，人增寿，到处喜气洋洋，我也该高兴才是，可是近两年，每到年关，我总有点怕，这感觉就像你们中考前那阵子一样。

莫非我也要考试吗？莫非我也怕考试吗？我不知道怎么回答。古人云"三十而立"，单只这么一道考题，搅得我好累。生活是考场，亲族、师友，甚至包括你们都是监考，我还没有交出满意的答卷呢！

我无意把三十岁人的惶恐传染给大家，只愿过了十四五年之后，将来你们比我现在怀着的遗憾少一点，再少一点。怎么办呢？珍惜时间，抓住现在，日有所进，年有所长。

二、向玩电子游戏机者进一言

1994 年 1 月 8 日

据我了解，班上部分男同学玩电子游戏机，有的经常去玩，有的偶然玩一次。到底该不该玩？看来难以找到绝对正确的答案。

玩游戏机最大的好处是取得娱乐和休息；其次锻炼人手、脑、眼的配合，好像兼有训练思维的作用。

高中生不宜于这种活动的原因有三：一是浪费不起时间，我猜想坐在机子前，图像搞得你呼吸急促，头晕目眩，莫说阴晴晨昏，怕春夏秋冬，也不在乎的，不知不觉中，一个钟头又一个钟头白白流逝掉了。二是花不起钱，这笔经济账要算，一个中学生不挣钱，衣食住行样样向父母伸手，怎好意思花父母血汗钱时，再摊上这么一份呢？三是兴趣转移，玩游戏机会上瘾的，越玩越想玩，人的兴趣又不是大仓库，要什么，有什么，要多少，有多少。当这个兴趣日益增强时，别的方面定会怠慢，学习还会专吗？

做了这些分析后，我希望"下水"的同学赶快"上岸"，别越陷越深。留在观望中的切莫染指。

三、请大方一些

1994 年 1 月 15 日

经常看见有同学课堂上回答问题，或和老师谈话时，低头弯腰，小声细气，真是可笑、可恼！一点都不大方。

之所以这样，恐怕最主要的原因是"怕"，一怕老师，二怕同学，三怕出错。其实，全没必要。

老师有那么可怕吗？不过年长一些，多念些书而已。如果因为年龄有悬殊，你不妨把他（她）当成叔叔、阿姨、哥哥、姐姐；如果因为学识有差别，你请记住"闻道有先后"，几年之后，说不定你比老师还要高明哩！

课堂上气氛严肃，同学众目睽睽，好像有点怕，其实你想平时在宿舍，在球场，你们或悲或喜，情同手足，你怕过谁呢？

至于怕出错更没必要，古语说得好："金无足赤，人无完人"。毛主席也说过世界上有两种人不犯错误，一种是还没出生的人，一种是死去的人。可见出错是正常的，出点差错并不一定裁面子。如果你怕出错，那纯粹是和自己过不去。

亲爱的同学，想通这些道理之后，你能举止大方一些吗？

四、面对矛盾

1994 年 1 月 22 日

每个人都会遇到不如意之事。从大的方面讲，官员腐败、环境污染、交通拥挤、诚信缺失等等；从小的方面讲，丢了钱、丢了物、受了气、挨了打、父母不理解、同学多冷眼等等。活得好累、好烦、好无奈！

真是上帝跟你过不去，刻意为难你吗？我看不是，芸芸众生，几十亿的世界只有一个上帝，恐怕他顾不上礼遇你或欺负你。

人在矛盾中生活，大大小小的矛盾无时无刻不在包围着你，伴随着你，"剪不断，理还乱"呀！你要因此而愁肠百结，烦恼无边，那必然会迈不开脚步，把生活的路越走越窄。

那么不想这么多，不想这么深远，该多好呢？可不由你，因为你年轻敏感，同样的事，成年人早已麻木不仁，见多了，而你却受不了。

话题收住。不然，有的同学会钻牛角尖，立志做探讨人生的专家。我的意思很明确，有些同学心事重，我想通过上面的文字帮你化解。我建议：碰到问题，尽快尽力解决；解决不了，忘掉算了；忘不了，就用学习挤掉。

五、同学之间

1994 年 2 月 1 日

很多过来人追忆往事，谈起友情，总特别提及他们的高中时代，如数家珍般地向人们叙说当年同学之间的一件件趣事、小事，对此我也深有体会。十多年前的同学，如今大家天各一方，虽没有多少来往，但逢年过节，彼此总把热情的问候及深深的祝福传给对方。

同学之情是一棵大树，那一份份温情便是一片片绿叶。同学病了，你肯主动帮他打一壶开水吗？同学手头紧了，你肯解囊相助吗？同学家人来了，你笑脸相迎了吗？同学情绪低落，你陪他走走，散散心，好吗？…… 我们六十来个来自不同县份、年龄相仿的少男少女，该是亲密无间的兄弟姐妹才对。

也许到毕业的时候，你才想到很多该做的事没做，同学之情原是这么难割难舍；也许多年后，高中时代的学习生活画面清新如昨日，而一件小小的憾事，萦绕你心怀，排遣不开。愿同学们能加倍珍惜同学之情，从现在开始。

六、致学习成绩优异者

1994 年 3 月 5 日

我们班上有个别同学，学习成绩不错，可发生在他们身上的一些事情和他们的学习成绩不般配。有的太贪玩，有的太散漫，有的盛气凌人，有的恶习缠身。

我替他们惋惜，他们本该品学兼优，全面健康地发展才是，结果成了学习方面的强者，其他方面的弱者。同时，我又替他们担心，长此下去，为陋习所累。学习成绩也会每况愈下。

对此，尽管我当面批评，当众指责，个别谈话，但目前来看，收效甚微。什么时候，我们同学才能长大、成熟、懂事、自律呢？

七、争做执行纪律的模范

1994 年 3 月 28 日

一个多月里，由于实行严格管理，班级面貌有所改观，这是令人欣慰的。

长期以来，我们为什么总是强调纪律呢？实践证明：纪律是学习的保障，纪律的好坏直接影响一个班级的进步与否，就某些同学来说，纪律成为他们学习成长的关键。

目前，大多同学能够遵守纪律，按要求办事，但真正意识到纪律的重要性的同学还不太多。要让更多的同学摆脱监督和约束，走向自觉自愿，自己不违纪，也不容许别人违纪，同违纪行为作斗争，争做执行纪律的模范，这才是目的。

试想，出操时，按时按点，人数整齐；上课时，精神焕发，专心致志；自习时鸦雀无声,秩序优良…… 这样的班级谁不羡慕？谁敢轻视？这样的班级，能不进步？而这一切靠全体同学共同努力，首先是争做执行纪律的模范。

八、积极参加学校活动　抓紧抓好个人学习

1994 年 4 月

最近，学校大搞校园建设，口号响，活动多，要求高，这是好事，大家应积极参与，热心配合，但切不可贪功而忘本。

学校陈书记在班主任会议上讲过一个笑话。说的是当年他领导工作队下乡时，工作队里一青年每晚在户外游荡，有人问他，他说是寻找机会与坏人坏事斗。这个青年同志对革命事业的忠心可嘉，这种做法却实在不足取。

我们的同学，当活动来临时，心潮涌动，难免产生一些过分的想法，或者表现出类似上文说的那位青年的做法，有些人勤于活动，疏于功课。这种人贪功忘本，和学习的意图相背离，这不是配合学校工作、班级工作，而是

给学校和班级的脸上抹黑，这会严重影响学习的。

春暖花开，气候宜人，发奋苦读，不负春光；碌碌无为必虚掷年华。

九、"我只迟到一点点"

1994 年 4 月 15 日

刚上自习，有个同学要进教室，我把他拦住，接下来是我们的对话：

"上自习迟到，算不算违纪行为？"

"算。"

"你是不是存心捣乱？"

"不是。"

"这个事情我要严肃处理，你有意见吗？"

"没意见。不过请老师原谅，我只迟到一点点。"

"不错，连三分钟都不到，好像没什么大不了，但是，假如有人比你晚一分钟，再有人再晚上一分钟，……如此设想下去，后果就可怕喽！就每个迟到者来说，都觉得没什么大不了的，但班上的自习却一团糟。假如中途有人买汽水，有人上厕所，这样出出进进，成何体统！"

"老师，我错了。"

"很高兴，你能认识问题，记住：迟到一点点虽不可怕，而怀有'我只迟到一点点'的想法却很可怕。"

十、自习喧哗何时休

1994 年 4 月 25 日

每逢上自习，教室里总是嗡嗡一片，这在我们班几乎是改变不了的事实。究竟是谁在说话？说些什么话？能不能不说话？能不能把声音尽量放低？我曾经一遍遍地观察和思考这些问题。

谁在说话呢？少部分人是典型，他们说话上瘾，不说话便难受；多数人管不住自己，不由自主地、随随便便地说上几句；有的干部不自觉，树立了反面形象。

都在说些什么呢？有些是无关紧要的闲话，有些是"新闻联播"，有人斗嘴，有人哼歌，有些是研究问题，有些是信口说来，如"这道题真难"、

"今晚太累了"之类。

能不能不说话？或小声说话呢？以我看完全能够，因为好多次我一推教室门，各种声音立刻停止，这就是证明。另外，大家仔细想想，上自习所说的话，有很多确实不该说或没必要说，只是习惯"使之然也"，这是个坏习惯，坏习惯自然应该改掉。

有人学习上碰到问题，总想找别人商量，这样不好，这样会使自己独立思考能力退化，攻关锐气消失。真要有问题解决不了，还可以问老师，还可以课下问别人，不必一定非在自习时讨论问题。

说到底，自习吵闹声是大家坏习惯造成的，所以要使自习情况好转，大家要多克制，群防群治。另外干部要带头，干部要负责。我相信，只要努力，从我做起，不用太长的时间，自习情况会大有好转。

十一、想一想父亲

1994 年 5 月 20 日

十多年前，当我还是一名高中生的时候，我常常想到父亲。想到我那普通得再也不能普通的父亲，我便痛下决心靠自己走路；想到那年复一年，把太阳从东山背到西山的父亲，我相信我身上定有勤奋的基因；想到那望子成龙的父亲，我力求每一个计划都不落空。

今天，我长大成人了，工作八年了，而且也做了父亲，可我还是常常想到父亲，我更感到还要靠自己走路，还要勤奋吃苦，还要向新的目标攀登。

想一想父亲，浑身有使不完的劲。

十二、说"狼"

1994 年 6 月 5 日

大凡做事都需要狠。所谓狠，就是瞄准目标，鼓起勇气，咬紧牙关，知难而上，不达目的誓不罢休。

学习上更需要狠。"头悬梁，锥刺骨"是狠，"读书破万卷"是狠，"韦编三绝"是狠，"语不惊人死不休"是狠，"天大寒，砚冰坚，手指不可屈伸，弗之怠"是狠……无论隆冬炎暑，无论困乏患病，无论别人冷嘲热讽，只要下狠心出狠力，那么山将不再高，路将不再长，成功在不远处对你微笑。

有谁仔细地玩味过狠字吗？爱说话的，爱迟到，想多睡会儿的，想到电子机房玩两把的，想到台球桌房捅几棍的，受武侠小说诱惑的，随地吐痰的，乱扔废纸的，开会想溜掉的，扫地应付的，劳动偷懒的，作业潦草的，考试作弊的。亲爱的同学，请好好想想狠字，请牢牢记住"狠"字。

十三、学习状态三段论

1994 年 6 月 14 日

这里我想对一个班级同学的整体学习状态做总结分析。

第一阶段：老老实实地学，即能坐下身，静下心，勤奋认真，刻苦钻研。

第二阶段：热热闹闹地学——交流，讨论，以学为乐，共同提高。

第三阶段：如痴如醉地学，古人讲"不痴不知"，恐怕我们班上还没有学习上的痴者吧！这个阶段要全身心地沉浸在知识的海洋里，广泛地涉猎，贪婪地吸吮。

这种划分合理吗？那我们的学习又处在哪个阶段呢？

康杰之夏

精耕细作

一、主题班会系列设计

1995 年

一个学生在高中成长三年，要参加很多次班会，能不能把这些班会主题进行系列规划？以贯彻教育方针为指导，本着育人的目的，根据高中学生身心发展阶段性特点及规律，结合校情班情，按每学期至少五次计算，我拟出下列 30 个班会主题。

高一第一学期
1. 热情拥抱新生活
2. 把自己推荐给同学
3. 制定和解释班规
4. 爱班如爱家
5. 尊师如尊父

高一第二学期
1. 闪光的青春
2. 怎样学习效果好
3. 当我被误解的时候
4. 理解是双向的
5. 评选班级之最

高二第一学期
1. 我们正在长大
2. 我崇拜的偶像
3. 朋友，请别这样
4. 我班的老大哥（姐）
5. 什么是美

高二第二学期
1. 笑一笑生活更好
2. 莫以善小而不为
3. 吾爱吾师吾更爱真理
4. 明知不可为而为之
5. 我为班级做了什么

高三第一学期
1. 我们是好同学
2. 我的家乡
3. 我爱父母
4. 科学精神大家谈
5. 勤俭是一辈子美德

高三第二学期
1. 青春无悔在拼搏
2. 未来畅想
3. 一颗红心两手准备
4. 祖国利益高于一切
5. 再见，母校

二、升入高中走向自立

1989 年 9 月

同学们，今天是我们这个班成立以来正式召开的第一次班会。升入高中，来到康杰，对大家来说是来到一个新世界，也许很多同学已经感受到了，这里的学习和生活的确和过去不一样。

有什么不一样呢？我讲四个转折：由初中到高中，由乡村到城市，由依赖到自立，由天真到成熟。

我们告别了初中。告别那拥挤的教室，超负荷的校园，告别爱唠叨总是不断提醒你要求你的校长，告别班主任房间深夜不熄的灯光，告别为中考洒满汗水的岁月。告别古槐树下琅琅的读书声和挂在树梢的一抹斜晖，告别为到溪边一次玩耍就遭到无情呵斥的日子，告别看书看累了趴在桌上睡觉的一个个折磨人的夜晚，告别禁不起诱惑到电视机房偷看三分钟节目的慌张，告别考场上小动作而让监考注意时脸上泛起的阵阵红晕。

我们告别养育我们的乡村。翻过黑魆魆的山峦，走过泛着银光的水库，山嘴上刀子似的风，秋季里打在桐树叶上哭泣似的雨，夏季躺在院子里听蛤蟆吃月亮的传说，傍晚麦场上打打闹闹的游戏，还有山谷里玛瑙般的酸枣，树林里烦恼的知了，那茅草屋，黑窑洞，青纱帐，红高粱，等等。

告别吃鸡蛋也要靠父母剥的生活，告别习惯上把人分成好坏两种的思维。

在座同学年龄在十四五岁，这个年龄，比小孩成熟，比大人幼稚。现在升高中了，许多人第一次离家，要独自面对生活上的事和学习上的事，自立意识和自理能力就显得非常重要了。

说起自立，我谈自己一件事。我初中上的是我们镇上的重点班，在学校食宿。当时流行简化字，我们小孩子都很好奇，爱用简化字，可我们语文老师是个老学究，很古板，一见简化字就发火。有一次他在我的作文本上狠狠地划了大八叉，我受伤了，哭着跑回家，再也不愿到学校，就这么遗憾地离开了。这是我当时不能自立的表现，是我成长的一个教训。

工作多年，一批批学生从我身边来去，我能明显地感觉到，心理素质好，适应能力强，懂事识礼大方得体的同学，进步相对快一些。有的同学适应期差，很多事情做不好，如衣服不整洁，做事手忙脚乱，书桌凌乱，床铺一塌糊涂，这些同学心情郁闷，落落寡合，没有青年人的朝气和干脆利索劲儿，总是紧缩眉头，不爱言语，什么都看不惯，满脸厌烦，满嘴牢骚。试想，这种表情谁敢接近？这种心情怎么促进学习？于是有人落伍掉队了，有人厌学逃逸了，有人寻求别样刺激来麻木苦闷彷徨的心了。这种教训太多了。

走向自立就是要树立成人意识，能够有秩序有规律地安排自己的生活和学习，什么时候洗衣，什么时候洗澡，都要合理安排。各种物品摆放在固定位置，美观整齐协调。私有物品保管妥当，如日记、存折等。既然是成人，就该有担当，就该负起责任，如做班干部做值日生等。既然是成人，就要学会和人交往，有礼有节有方法，也包括和父母相处时要交流要理解。多年前我一个学生，五一节要去华山旅游，先和父母沟通，他的母亲很高兴，觉得孩子长大了懂事了。这个事情不大，但能说明成长中你一个小小的进步会给父母带来莫大的安慰。

走向自立似乎和学习关系不大，其实不然。营造了好环境，拥有好心情，此乃学习之保证。有这个保证，无往不胜，如果大家都这样，我们班级就是无坚不摧的优秀集体，就同学们个体而言，将来走向社会也能从容应对。现在讲素质教育，走向自立就是其内涵之一。

走向自立就要学会调控情绪。人有喜怒哀乐，有七情六欲，这很正常，关键是把握好度，这个度就是，自己能承受，别人好接受。人们形容情绪易变的人，"六月的天，娃娃的脸"，青年人情绪易变，好激动。过去在家，你有了情绪，父母会开导劝慰；过去你是初中生，有了情绪，老师同学会理解宽容。现在呢，你是大人了，还能这样吗？情感泛滥能不影响学习吗？如果大家都这样，喜怒由己，发泄自便，那我们的班级我们的学校成何体统，还算是个有组织的地方吗？

说到情绪问题我这有两个例子。一个是考试失利，特别是好学生，一拿到成绩单，"凭轩涕泗流"，流泪到天明，把"胜败乃兵家常事"的古训抛到脑后，缺乏"失败乃成功之母"的理性思考。奉劝这些同学，收眼泪吧，让理性之光把浑浊的情感照个透亮。另一个是和人发生矛盾，受了委屈，愤愤不平，难以自已，心理上无限夸大灾难性后果，不断激发复仇欲望，以至于失去理智，干出傻事。我曾遇到过一个姓郑的同学，他以县中考前三名的成绩考进康杰中学，开学后因为一次偶然事件，受了欺负，于是宿舍几个小伙伴结成生死联盟，暗地里磨刀霍霍，心思早不在学习上了。毕业时他痛悔万分，无奈悲剧已成。年轻人，你重任在肩，不要在小事上摔跤，摔跤了别爬不起来。且向高考场上论输赢！

我再次强调走向自立，调控情绪，就是要多一分理智，多一分沉静，胜不骄，败不馁，喜怒有节，哀乐有度，让情感之船在理性航道上平稳前行。

三、少年心事当拿云

1989 年 10 月

对于高中生来说，正值人生最好年华，要志当高远，用目标来激励自己。

历来人们都崇尚青年人志向高远，志当凌云。李白"乘风破浪会有时，直挂云帆济沧海"，刘禹锡"晴空一鹤排云上，便引诗情到碧霄"，毛泽东"可上九天揽月，可下五洋捉鳖"，周恩来"面壁十年图破壁"等等。大家有什么目标？如上个好大学，找个好工作，建个好家庭等，这些都是目标，但目标太小了。应该想着当主席当将军当科学家等，说到底，就是要为人类造福。这是个大目标，实现大目标的阶梯则是考取重点大学。要把这个目标牢牢锁定，困难时想着它，得意时想着它，疲惫时想着它，沮丧时想着它，时刻不忘低下头一步一个脚印，坚毅顽强，直到接近它，触摸它，摘取它。

锁定目标就会源源不断地产生动力，就会热血沸腾，心潮涌动，浑身有使不完的劲，就会起早贪黑，废寝忘食。相反地，没有目标或目标不明确，则是另一种表现，意志萎靡，神思恍惚，昏昏欲睡，逐渐地就被淘汰出局，"坐观垂钓者，徒有羡鱼情"。《少年中国说》的作者梁启超，他的号是饮冰室主人，为什么饮冰？心里有火啊，忧国忧民，理想不能实现，能不让人着急？希望大家心里也烧起这样一团火。咱们学校有个小女生，以夏县第一名中考成绩进康中，高中三年没见过她在路上悠闲走过，总是跑，吃饭跑，上厕所跑，最后跑到中国科大。

锁定目标就是要心无旁骛。今天喜欢下棋，明天迷上足球，后天崇拜歌星，以三分钟热度干事，这不行。有一年高考作文是一幅漫画，画面上是一个人背着铁锹挖井，挖了一个又一个，都没深挖下去，始终没找到水，这个人的悲剧是做事不专。现在是信息社会，每天人们接受大量信息，有些信息诱惑力强，青年人抵挡不住，于是东逮西抓，结果一事无成。

锁定目标还要具备一种品质，即面对失败、失意、挫折、沮丧时不放弃的品质。有的同学一遇到困难，就忘了目标，迷失自我，到网吧到录像厅逃避，心思再也回不到学习上。我劝大家多写日记，在日记里经常提醒自己，鼓舞自己，解剖自己，拷问自己，促进自己，像越王勾践尝苦胆那样。

锁定目标还要有些小措施，比如寻找恰当参照，关注自己学习上进退名次，或者把目标细化、阶段化。

目标是朵花，人人爱它。有人把玩一阵子，观赏一阵子，花儿蔫了，他就放弃了，而有人勤勤恳恳为花儿浇水施肥，时刻关注，牢牢锁定，辛勤培育，有志者的心里便盛开最美丽最鲜艳的花朵。

四、学会学习

1989 年 11 月

初中时很多同学习惯于接受老师安排下的学习，一到高中，当我们要求同学们成为学习的主人对学习进行自我安排时，有些同学不适应。

学会学习就是要把各科学习进行合理安排，每天早上出操听广播，早自习念语文和英语，午饭后看报，下午自习是锻炼和讨论，晚自习复习作业和预习，之后写一篇日记，临睡前"过电影"，把白天学习内容逐一回顾。即使早读念语文也大有讲究，会念书的同学总超前一点点，提前进入新课，不会念的老是掉在后面解决旧课内容。

学会学习就是要把握各科学习特点。数学重逻辑严密，物理重原理应用，化学重元素变化，语文重情感。有的精确，有的模糊。所以进入某科学习，要及时调整思维方式。不重视学科特点，就不能入门，也就不可能登堂入室。

学会学习就是要寻找适合自己的学习方式。在掌握几种最基本的方式后，看看自己最得手的是什么。学习方式有长期效应，事半功倍，段俊峰同学就是一个很好的例子，他很注重学习方法，专门看过这方面书籍，起初他给大家只是留下一个学习好的印象，后来潜力爆发，一路高歌猛进，一个普通班学生超过很多重点班学生，成为年级排头兵。

学习问题必然涉及考试问题。如果成绩不理想，那要追问是没学好还是没考好。如果说没学好，是出现了弱科弱章节，还是背得少练得少，还是不精确，没抓住课堂，没抓住自习，学习劲头不足，心不专等。要是没考好，那就看时间分配合理不，情绪调剂如何，书写如何等。

总之，明确学习目标，端正学习态度，调整学习情绪，安排学习过程，寻找恰当方法，反思学习效果，提高学习效率。这就是我的学习观。

五、把每周总结做实在

2008 年 3 月 18 日

每周总结是非常重要的学习环节，我们这个班已经尝试了两个学期，相当一部分同学从中获益匪浅，但还有一部分同学认识不清，执行不力。

每周总结好处多多：1、挤用时间，培养主动学习的习惯，避免休息日完全荒废。2、及时巩固，减少遗忘损失。3、书面整理，增强表述和运算能力。4、筛选提炼，建立自己的知识体系。5、查缺补漏，尽可能不留后患。6、分段积累，奠定坚实的复习基础。

休息日，充足的睡眠和运动之后，坐下来之后静静地想，一课一课地过，认真地用笔写出来。先写最基础的知识，归纳出概念、公式、定理，继而标出重点，然后把最容易错的知识和题目筛选出来，这就够了。如果在此基础上能够多加联系和感悟，那更是求之不得。

说到底，学习的事就是认认真真地写，实实在在地做，不浮躁，不应付，步步为营，点滴推进。请相信，有思考为伴，让总结护航，你的学习将不断进步！

六、个别谈话效果好

1991 年 1 月

个别谈话是班主任开展学生工作的重要方法，这种工作方法给了我很多帮助，同时也让我多了些思考。

1. 综合分析，打好谈话基础

对学生个别谈话，不能盲目乱侃，也不能就事论事，必须建立在对谈话对象充分了解的基础上。通过学生家长、他的好友、同桌、老乡和班干部，了解要谈话学生的家庭成员、经济条件，进一步了解其性格爱好和情绪变化等。了解得越多，谈话内容就越丰富，谈话气氛就越自如，从而避免没话找话的尴尬局面。本学期初，班上有位同学上课不专心，有时晚自习人不到，我批评了他，发现变化不大。有一天我单独叫了他，给他讲课堂的重要，讲时间的宝贵，还列举了好同学树榜样，结果我苦口婆心而他心不在焉，到后来他竟哭了起来，哭得很伤心，哭得我莫名其妙。还好我们之间有信任，他把日记让我看了。原来他父亲去世了，家里不团结，他的学费生活费难落实。经过这件事，我感到谈话前多了解情况太有必要了。

2. 重在鼓励，宽松谈话气氛

个别谈话时我主张多鼓励，因为一般学生面见班主任总局促不安，鼓励有助于缩短师生间距离。高中学生自尊心强，很敏感，犯了错心理压力大，更应该鼓励。

惯常人们认为，个别谈话只是针对有问题学生，其实，这种看法不全面。我在班上和各类学生谈话，我发现大多同学希望接近班主任，想得到班主任的注意和鼓励。班上有位闻喜女同学，入学时她父亲和我谈了很多，这个四十岁汉子因为"文革"耽误了，他特别想在孩子身上实现他年轻时的理想。有一次我和该同学谈起这些，她很受鼓舞，表示愿意加倍努力，珍惜机会，完成父亲心愿。

3. 细心观察，巩固谈话效果

按理说个别谈话对学生都有促进，但每个同学进步的表现形式和进步幅度有区别，这就需要谈话后细心观察。就学生成长来说，不是一次谈话就给他装了永动机，教师就可以一劳永逸。学生成长伴随很多新情况，会经常出现新问题，所以要细心观察，一方面检查谈话效果，一方面为下一次谈话准备资料。

工作中我体会到个别谈话至少有三个好处：一是增进师生了解，二是缩短师生间距离，三是针对性强收效大。

七、狠抓班风建设 ，力促学习进步
——记康杰中学高二年级 308 班先进事迹

1999 年 5 月

（1999 年我所带的 308 班被评为省级模范班级，我被评为省级模范班主任。以下是学校政教处给我反馈的评选材料）

康杰中学是我区教育战线的排头兵，全校 30 多个教学班，班班有特色，使我校班级管理工作科学有序地运行，呈现出一片生机。其中，高二年级 308 班以其良好的班风和优异的学习成绩，在众多班级中居于领先地位。经量化考核和民主评议，我们一致推举其为先进班集体。

308 班的成功集中地体现在其优异的学习成绩方面，而优异成绩的取得是与其良好班风密切相关的，正因为有一流的班风，才有一流的成绩。在和该班师生座谈中，我们了解到，他们做好班级建设这篇大文章时，是从以下这些小题目做起的。

1. 思想教育常抓不懈

班风建设关键是思想教育，308 班思想教育内容有正确的人生观世界观教育、理想教育、爱国主义教育、集体主义教育、纪律教育和养成教育。对学生进行思想教育的形式多种多样，班团会是思想教育的基本途径，此外坚持每晚 9 点半班级读报制度，让学生及时了解国内外新闻大事，关心拥护党和国家各项路线方针政策。班主任还鼓励学生写班级日记，对班级各种现象提出表扬或批评。板报是思想教育园地，班主任和学生都在上面写文章，统一认识，统一行动。学生接受老师教育和积极地进行自我教育是思想教育的两大类型。利用演讲、朗诵、看影视、写剧评、讨论会、节假日进行社会调查，使思想教育活动丰富多彩。升入高中一年多来，很多学生显得懂事了，家长们高兴地说孩子长大了。去年南方发生特大洪灾，同学们踊跃捐款捐物，总价值达到 1000 多元。

2. 班主任的工作作风

308 班班主任梁元成是一位有着十几年班主任工作经验的教师，爱心、责任感、科学教育思想和管理手段，使他在工作中得心应手，赢得学生爱戴。梁老师的工作作风可以用三个字来概括：严、勤、新。

严。严是梁老师的一贯作风。古语讲"严师出高徒"，他把这句话落实到自己的管理实践中。他深知学生处在发展期，需要种种约束，才能保证健康成长。他的严建立在爱的基础上，唯有爱才能严。他最讲究在特定时间、特定情形下把握好严。他认为，每届学生入学要严，让学生一进校门就明白新环境的规矩，特别是什么事绝对不能做；每学期开学和临近放假要严，因为这两段时间，学生情绪不稳，容易造成纪律涣散；在公共场合、集体活动中要严，因为要树立班级好形象；对待纪律观念差的学生要严，这些学生需要吃偏饭；对学生不良思想倾向；即使露一点苗头，也要严。班里曾就"仅仅迟到一分钟"，专门召开讨论会，还出了板报，就是要给全体同学留下"勿以恶小而为之"的深刻印象。

勤。梁老师有三勤：嘴勤，腿勤，手勤。每个礼拜他在班上至少有两次讲话，每个月要召开一次班干部座谈会，每个学期他和班上每个同学至少有一次谈话，对于性格内向的学生和调皮捣蛋的学生，谈话就更不计其数了。每天他至少要到教室跑四趟，查两操，查自习，查旷课，常常是提前起床，第一个到操场，督促同学们出早操，晚自习等同学们离开教室后才迟迟离去。他经常到学生宿舍去看看，尽可能多地了解学生生活情况。梁老师的辛苦感染了不少学生，有个学生在给梁老师的贺年卡上写道："老师，无论现在还是将来，想起你忙碌的身影，我就永不懈怠。"梁老师的手勤从两个工作笔记本中看出，一个是班级事务记录本，一个是工作心得体会本，特别是后一个本子，那上面是一篇篇短文，其中一部分抄在教室后面黑板上。

新。梁老师注重在工作中不断创新，注重用先进的教育理论和教育手段武装自己。素质教育要求教育面向全体学生，要求学生全面发展，要求培养学生能力，发展学生个性，要求对每一个学生实施成功教育，对差生确定"最新发展区"，再加上作为跨世纪的中学生有自己的特点，这些都给班主任工作提出挑战。面对挑战，班级管理中梁老师结合学生特点，不断调整自己的工作思路，在新形势下为学生发展指明了方向。例如，为培养学生能力，他提出班上"人人有事做，事事有人做"的口号，让全体学生参与班级管理，让全体学生加强自强管理，收到良好效果。

一个班主任的工作作风，直接影响到一个班级的管理质量，由梁老师的工作作风，我们不难想象他所管理的班级会呈现出的班级风貌。

3. 班干部的工作作风

308班有一支过硬的班团干部队伍，他们有自己的工作作风，这就是"务实，高效，分工明确，团结协作"。干部们都是经过自我推荐、群众投票选拔出来的品学兼优的学生，班长黄晓阳在学生中有较高威信，他自爱自律，身先士卒，有能力把其他干部和大多同学团结在自己周围，他是班级的一面旗帜。其他干部职责明确，分工合作。学习委员题晶晶工作认真负责，相关事务井井有条，每次考试后总分统计工作完成得快捷准确，很受教导处老师赞扬；体育委员师若翔抓两操有方法，勤登记，多督促，运动会组织得红红红火火；生活委员张永伟工作细致全面，杂而不乱，是班级好管家。有这么一支队伍，保证了308班的各项工作走在全年级前列。

4. 浓厚的尊师风气

老师们都喜欢到308班上课，学生们理解老师，尊重老师，体贴老师，自然也就激发了教师们的工作热情。外语老师薛晓红患上严重的咽炎，学生们三五成群到家去看望老师，买来营养品，逗老师开心，亲热得像一家人。物理老师张红阳是刚毕业不久的新教师，教学上难免有欠缺，但学生们及时向老师反馈信息，帮助张老师解除心理压力，提高张老师的教学艺术，张老师进步了，学生受益了，教学相长，合作愉快。学生们尊师表现在各个方面，上课前，讲桌收拾得干干净净，还有一杯热水；逢年过节，学生们用自制的贺卡表达对老师的祝福。这些对老师的尊敬是建立在爱和理解基础上的，而不是传统意义上的师道尊严。

5. 热烈的互助风气

这是一个温暖的大家庭，同学间的互助互爱蔚然成风，学习上、生活上、劳动中、运动会上，处处可见人帮人的情形。走读生有地利之便，尽可能帮助住校生；阴雨天住校生给走读生送去雨鞋雨伞。谁家父母来宿舍，同舍人热情招待，亲如家人。有一段时间，雷阳同学情绪低落，张敏娜牺牲学习时间，和她谈心，给她安慰。最让人感动的是，杜亚红同学胃病经常发作，班上同学几乎形成一个"杜亚红护理小组"，经常为她打饭买药。1998年12月下旬有一次杜亚红胃病突然发作，疼痛难耐，师若翔等男同学立刻背上她，自己掏钱拦车把她送到医院，杜亚红的父母为此大受感动。共同的学习和生活中，互助互爱，亲密无间，使班级形成巨大的凝聚力。

正因为308班加强班风建设，从入学到现在，这个班不断进步，在学校组织的各项活动中屡屡获奖。1997—1998 学年度获校优秀班集体奖，校运会团体总分第三名奖，在地运会、省篮球运动会、市冬季越野长跑赛中，有 5 人次获奖，在校书画展、校园歌手大奖赛、演讲比赛、诗歌朗诵比赛、英语书法朗诵比赛中，有 17 人次获奖。特别是连续三次考试成绩为全年级第一，尖子生优势明显。我们相信，308 班将会不断进步，取得更优异的成绩。

八、我们的班长了不起
——406 班主任工作案例

2005 年 6 月 29 日

韩栋，406 班班长。该生思想进步，严于律己，勤奋刻苦，成绩优秀，在同学中享有很高威望。上学期末他的学习成绩由班上中等生进入前十名，本学期他的成绩名列第一。不仅如此，在他的带领和影响下，406 班纪律严明，学风浓厚，凝聚力强，各项工作顺利开展，成效显著。

一个学生干部一年内能取得如此大的进步，发挥出如此大的能量，这和该生主观努力有相当大的关系，但同时也有我这个班主任的一份努力。在韩栋身上，我所做的概括起来有以下三点。

1. 帮助他认清班长和班主任的关系

我认为班长要和班主任思想保持高度一致，班长是班主任工作水平的欣赏者，是班主任形象的维护者，是班主任意旨的贯彻者，是班主任失误的弥补者，总的说来，班长是班主任在班级的化身。

2. 帮助他处理工作和学习的关系

学生干部首先应该是个学习成绩优秀的学生，当学生干部要以工作促学习，用更高的标准要求自己，而不是取得某种身份，从而享有某种保护，或满足一定的虚荣心理。韩栋的认识是明确的，每天早上他总比其他同学早到 10 分钟，每天下午自由活动他都做出合理安排，因此他赢得时间，保证学习而又不耽误工作。在韩栋的工作中，我一方面指导他把部分工作分摊到其他干部头上，另一方面把他遇到的棘手事揽过来亲自抓，一定程度减轻他的工作负担。

3. 帮助他把握班长和普通同学的关系

高中学生个性多样，思想复杂，所以学生干部往往难做，要在班主任和同学之间寻找空间开展工作。与初中学生干部不同，高中学生干部不能借班主任威势压制学生，不能居高临下命令学生。韩栋能凭借自己的性格和智慧，聚拢班上同学，同学们愿听他的，愿跟他干，在他周围形成强大的向心力。曾有一段时间，韩栋很苦恼，因为以前和他很要好的几个同学有点疏远他。发现这个情况后，我鼓励韩栋走近这几个同学，我又找这几个同学谈心，终于使他们的关系恢复如初。韩栋和绝大多数同学处成了兄弟姐妹，所以他开展工作较为顺利。

韩栋是个了不起的班长，在培养和指导韩栋的成长中，我着力提高他的思想认识，教会他处理各种关系。另外，我鼓励韩栋放开手大胆工作，创造性地工作。只有在必要情况下，我才过问和处理一些事情，大多时候我只是到班上转转看看。工作给了韩栋信心和方法，我相信，他会越做越好！

九、选择一种美姿让班主任站立

2007 年 7 月 3 日　康杰大讲堂班主任论坛

班主任，这三个字眼，分量沉重，内涵丰富，如果说教师是以自己所教科目作为载体间接育人，那么班主任则是通过对学生全方位的把握直接担负育人的责任，对学生理想的树立、人格的培育、情感的疏导、习惯的养成，班主任发挥着不可替代的作用。有人说，有什么样的班主任就会有什么样的学生；还有人说，一个班主任可能影响一个学生的一生；还有一种共识，一个成功的名师首先是一位优秀的班主任，不当班主任是教师生涯的一个缺憾。我们康中在过去是传统名校，曾涌现过一批批优秀班主任，在今天跃升为时代名校，她在召唤着一批新型的智慧的班主任的诞生，所以我认为政教处举办班主任论坛是很有意义的。

我们康中现有一支 90 人的班主任队伍，老少皆有，男女并存，应该说绝大多数班主任爱岗敬业，踏实苦干，送走一届届学生，撑起康中升学育人的半边天空。在这队伍里，就其工作方式或扮演角色而言，有妈妈型的，爱生如子，无微不至；有警察型的，表情严肃，出手较重；有朋友型的，半放半收，张弛有度……不同类型的班主任其工作都有可资借鉴的合理因素，能不能对此加以整理提炼，进而找出共同元素，形成我们的工作坐标呢？考虑到这一点，我今天讲话题目是：选择一种美姿让班主任站立。

1. 班主任对学生要有宽容之心

班主任和学生是两种人生角色。既然如此，那必定有角色差异，就像小孩子喜欢雨天踩水走路一样，高中生思想活跃而无主体价值，兴趣广泛而不专注一念，喜欢新鲜刺激和热闹，厌倦传统严肃和崇高。具体说，喜欢名牌明星，追逐时尚流行，倾慕异性，莫名叛逆等，总而言之，他们处于青春期，成年人的我们尽管有种种看不惯，但不能不对他们抱宽容之心。

宽容的另一层含义是对学生的学习成绩要有客观态度。俗话说，十个手指不一般齐，可我们往往爱优嫌差。某学生学习成绩好，便视为掌上明珠，一俊遮百丑，关爱有加；某学生学习成绩差，便视为眼中钉，一无是处，大加责罚。一个好的班主任是不会这么区分学生的，真正有宽容心的班主任绝不放大差学生的错误。相反地，他会主动承担差学生失误的责任，会给差生以更多的阳光雨露促其成长，会用发展的眼光鼓励差生进步。

宽容学生们的性格，我们的班级将百花齐放；宽容学生们的思想，我们的班级将百家争鸣；宽容学生们的学习，我们的班级将百舸争流，但愿宽容使我们的班级呈现生动活泼、和而不同、群星闪烁的令人神往的景观。

2. 班主任对学生要有知遇之恩

伯乐相马的故事大家耳熟能详，这个故事对教育也很有启发意义，至少让我们注意到两个命题：第一，世上不乏千里马而少伯乐；第二，伯乐的过人之处在于一个"相"字。"相"就是赏识教育。班主任对学生最大的照顾就是让他自信，班主任对学生最大的摧残就是不断否定。

拿中考录取来说，全市好学生我们康中招录人数占绝对比例，我们这个校园最富有的就是人才，遗憾的是，我们不乏千里马而少有伯乐，总有些本该有更好发展的学生，带着缺憾走出校门。今年我们录取到北大清华的人数少了点，但我想，班主任能多一些点化，会有更多的千里马。我们都应该手拍胸膛，拷问良心，我摧残了多少人才？

多年前我高中毕业时，我们的班主任和几个代课老师一起讨论班上谁能考什么样的学校，很不幸，班主任对一个姓刘的同学预测只能考中专，更为不幸的是这话让刘某听到了。高中三年班主任对刘同学很好，但他不认为刘同学是千里马。后来这个同学考取了大学，我们商量一起去看老师，他断然拒绝。这个班主任在这个学生的教育上犯了一个不可挽回的错误。

说到底，我们有这么多好学生，班主任应该当伯乐，要善于发现，让学生受到赏识，给学生以自信。你对学生有知遇之恩，学生对你全力回报。不难想象，那是一幅多么迷人的教育景观。

3. 班主任要对学生有帮扶之力

如果说宽容是面对学生个性差异、学习差异和思想差异所应持的态度，如果说对学生有知遇之恩侧重于发现好学生，那么，帮扶学生则主要是指针对差学生应该采取的工作方略。

每个班都有一些差学生，我们习惯用挑剔的眼光看他们，我们习惯用记录和惩罚对付他们，更有甚者，必欲除之而后快，这样做也许能起点作用，但收效甚微。换个思路，找准着力点，尽可能给学生以帮扶，一起商讨给学生支招，也许效果会更好一些。比如某学生总迟到，可提出"早一分钟"的要求；某学生爱说话，可让该生晚自习坐讲台写写作业；某学生字迹潦草，可让该生办一期手抄报等。

其实，不单单是差生，每一个学生都有需要帮扶的一面，如恋爱问题，同学间矛盾，和父母代沟，沉迷网络游戏，乱吃乱喝乱花钱等，以上问题向我们提出挑战，我们不能光是埋怨，也不能动不动叫家长，怎么办？

我曾遇到一个女孩，父母说她早恋，想把她转校，我告诉她父母别悲观，让我努力一次，我不行，康中还有高人，你最好把康中教育资源用尽，免得人走后后悔。和这个同学交谈时，我从同学交往的话题切入，接着讨论"假如你同学中有人和异性同学关系亲密，你如何看待？"我认为只有把该同学置于事外，我们才可能深入交谈。最后我阐明自己的观点：①歌德在《少年维特之烦恼》中说："哪个少年不钟情？哪个少女不怀春？"恋爱是每个青年人很自然的冲动，也是每个人对幸福生活的憧憬，这本没有错，而中学生恋爱是时间地点的错位。②爱一个人就应该增加自己的实力，有实力才有魅力，实力是前提。③爱一个人就要负责任，替自己负责，替对方负责，提双方的家长负责，替现在负责，替未来负责。人是感性动物，更是理性动物，要用理性控制感情。一个高中生稚嫩的双肩担不起爱情这副重担，所以要慎之又慎。④爱一个人应该含蓄深沉，甚至把这种感情包起来，珍藏好，这才美丽，而不是轻率地表白，更不是出双入对，招摇过市。⑤古今中外经典的爱情故事为我们提供了很好的参考，年轻人要勇于走出小我，奔向大我——谈话中我明显感觉到该生在反省自己，她大约认识到自己的肤浅和幼稚。最后她表示要调整自己，开始新生活。出我办公室时，人精神多了，轻松多了。

说到帮扶，我还想到一个很著名的教育案例。有个小孩的妈妈开完家长会，泪流满面，刚才班主任说她孩子有病，多动症，连三分钟都坐不住。妈妈一路伤心，回家后却换了一副面孔，对孩子说："班主任认为你进步了，在教室已经能连续坐三分钟了。"初中毕业时，班主任说孩子没希望上重点中学，同样，妈妈换了角度改口说，班主任认为你多考几分，一定能上重点高中。最后这个孩子考上了重点大学。这个故事告诉我们，这个学生从小到大遭遇班主任一路打杀，而得到妈妈一路帮扶，最后成功。这个妈妈无疑是一个既有爱心又有智慧的好妈妈。

各位老师，各位朋友，当好一个班主任确实不易，以上所谈三点我和大家共勉。但愿我们康中的班主任除了辛苦之外，从我们身上再散发出智慧和大气来。那是一种美丽的姿态，那是一种风采的展现。

十、永不褪色的好故事

2016 年 4 月

记忆是一坛陈年老酒，愈久愈香。在和学生及他们家长的接触中，我珍藏了很多好的故事，这些故事已经深深地印在我心里，让我的生命更加丰盈。

1. 那年我结婚

1990 年 1 月 3 日我结的婚，那天，在迎亲队伍中有几个非同事非亲戚的小青年，他们一个个喜气洋洋，跑前跑后，专门负责放炮。他们是我毕业后所带的第一批学生，有张宏亮、曹天忠等。我们之间无话不谈，无情不诉，如兄弟般相处。他们早早就打探我的婚期，谋划着做点什么事。一路欢笑，伴着开心的炮响，我的婚礼多了别样的喜气。

2. 班上来了一位"独行侠"

1991 年我带的是毕业班 222 班，开学不多久，班上来了一位个子不高、体型偏瘦、名叫张少武的学生。奇怪，他不多说话，独来独往，平素间摆出一副凛然不可侵犯的架势。观察一段时间后，我有意接近他，试着走进他的世界。原来，他是上一届学生，喜欢打架闹事，属于学校管理部门黑名单上的人。我们谈了几次，他的思想包袱放下了，脸上笑容多些了，各方面表现积极起来了，逐渐地我们成了朋友。我们一直来往，大学毕业后，他先在北京丰台一家医院工作，后来经营两个小公司，正忙忙碌碌闯世界。

3. 给我孩子理发的赵老师

1995 年任 267 班班主任时，班上有个学生叫赵莹玉，学习优秀，其父是运城讲师团的老师。赵老师人很和气很真诚，他想将女儿转到重点班学习，但也不无纠结，征求我意见时，我没有自私地阻拦，也没有轻率地放手，我们一起分析利弊，推心置腹，无拘无束。几经掂量，他们选择留在了我班。后来，我和赵老师结下了深厚的友谊。他家在学校对面，我们时常见面。有一天他看见我家小孩头发长了，就把孩子领到他家给理了发，真让我感动。"君子之交淡如水，小人之交甘若醴"，我们的交往，真而善，纯而美。

4. 一条围巾

2005 年元旦到了，学生郭若男来到办公室，送给我一条围巾。这孩子心善，平时喜欢带个布娃娃之类物件，我们交流过几次，我对她有鼓励有批评。那年天冷，我每天早早地站在楼道迎接学生，大约我在寒风中的身影她看着心疼，便送来这样的温暖。多年来，这条旧围巾我一直带在身边，每年冬天冷时用上几天，不仅仅是暖身，更重要的是暖心。

5. 咱们是亲戚

2009年冬，我班学生杨某和班上同学关系闹僵了，整天烦躁不安，情绪低落，他父母很着急，找我来商量。后来在我们共同努力下，杨某度过危机，情绪好转，他妈妈非常高兴，坚持要认我做"亲戚"。杨某大学毕业要考研了，他妈妈让我提参考意见。杨某的妹妹学业遇到麻烦了，他们不见外又来找我。我只是做了力所能及的分内事，但他们给了我足够的信任。由素不相识到相知相亲，人与人可以走得很近。

6. 老师，我长大了

我所带的406班有个学生叫孙静，热情活泼，好学上进，2006年高中毕业考入四川大学，学建筑，两年后赴澳大利亚留学。一晃十年，这期间她有时利用假期来看看我，有时发来短信问候我。2015年暑假里的一天，孙静又来了，不是一个人，身边站着一个山东籍小伙子。她上完学上班了，最近结婚了，已经是个大人了。她一脸的开心和幸福分明在告诉我：老师，我长大了，请分享我的喜悦吧。

7. 一个电话的联想

2015年4月10日，一个来自临汾曲沃的电话让我惊讶，电话是廉淑云打来的，她是我所带的222班的学生，现在曲沃公安局上班。这个电话一下子把我带回到20多年前，送孩子上学时，她的家长跟我谈了很多。廉淑云的父亲是个被"文革"耽误的人，内心藏着遗憾和伤感，他渴望孩子把自己损失的日子挽回来，从这个闻喜汉子身上我读到责任和力量。222班是1992年那一届毕业班里很优秀的一个班，我为之骄傲。电话里我们聊了很多，廉淑云问候我的身体问候我的家人，拳拳之心，溢于言表。

8. 万荣老武

万荣老武是学生武一丹的爸爸，名叫武智。武一丹本来在盐化中学上学，后来转到康中，我帮了点小忙。老武身体不好，家境一般，但为了孩子上学，东奔西走，竭尽全力。老武人很知趣，见面总客气，只怕影响我工作。但他愿意和我接触，愿意拉拉家常，他把村里的事家里的事，不分内外地说给我。最让我感动的是，他把自己的工作和生活编成诗稿，我们一起分享。他经营几亩桃园，桃子快熟了，他又该惦念着邀请我去摘仙桃了吧！

不离不弃

一、17岁学生的认识水平

2007年6月

语文课正式上课前，总安排一个同学来个简短的演讲，有两个演讲片断提醒我注意学生们接受道理的水平。

片断一：我演讲的题目是《山下的风景也不错》。人生如登山，起初很多人从山脚出发，越往上爬，到的人越少。人们总认为登上山顶的人是成功者，他看到了绝好的风景。其实，山下的风景也不错——

片断二：刚才我在黑板上写了两个数学等式，问大家看到什么，很遗憾，很多同学只注意那个错误的等式而忽视前面那个正确的。看人的时候也容易走进这个误区，单抓缺点不表扬其优点，这是很多管理者、教育者的失策。

这个世界有很多人生道理，我想，没有错误的道理，只有不适合的道理。第一个演讲者的学习成绩在班上倒数，我真担心他用所讲的道理消解了自己爬山的勇气。第二个演讲者浑身是毛病，早操不出，早读迟到，上课睡觉，晚上上网，作业应付，我真担心他误解了老师的心意，好像别人总挑他毛病，而不想想自己为什么要不断地把方方面面的缺点暴露给人呢？

一个人不思进取反而用"山下风景也不错"的道理来宽慰自己，一个人缺点很多反而抱怨别人老挑自己缺点，以上两种学生都找到了能替自己辩解和开脱的道理，乍一听像是道理，细一想，只是一种幼稚的狭隘的认识，甚至说是自私和胆怯也不为过。17岁学生的认识，的确需要引导。

前不久我还听到一个孩子和他妈妈的一次对话。妈妈说，好好念书，将来出息。孩子说，大多成功人士都不是学校里培养出来的。孩子的意思是不好好念书将来也可以成功。可我老觉得他在表明，不好好念书是成功的法宝。

现在关于成功的书比以前多得多，成功的例子多举的是经商方面的，这给人一种误导，想成功就经商，又快又多地赚钱便是成功。这是急功近利的心态，是社会浮躁的反映。

世上道理确实多，希望学生们多读点书，多思考和比较，而不要被纷纷扰扰的社会现象和人生体会模糊了双眼。

二、一个孩子的心理挣扎

2005 年 5 月

某，父母离异，由母亲抚养，现就读高二。

由于受不幸婚姻的影响，某的母亲脾气暴躁，极易发火。生活中一有不如意，本来没什么，但她立马拉长脸，骂骂咧咧，摔摔打打，家里人都让她三分，背地里替她抹眼泪。

孩子学习基础差，习惯也不好，生活在一个气氛很紧张的环境里，时时有逃离家的想法。孩子并不是不懂事，他知道母亲对自己的期望，他也知道母亲养他不容易，有时试着和母亲沟通，但效果往往不好。在母亲发火时，起初孩子顶嘴，据理力争；后来孩子干脆沉默，可沉默使母亲更火。

怎么办呢？孩子找不到更好的办法，在矛盾中苦苦挣扎。母亲发火时，孩子在顶嘴和沉默中只有一条窄窄的缝，一缕阳光，一股空气。

三、致迷茫中的同学

2008 年 3 月 20 日

同学，你说你心不在焉，你说你心事重重，你到底在想啥？

你在想社会的复杂与纷乱？你在想家里的矛盾与变化？你在想老师的好恶？你在想同学间的争斗？或者，你在想失去的童年的快乐？你在想"美人兮天一方"？你在想挣脱学习的镣铐？你在想网游的奇趣？

没有人怪你多想，因为你正在成长，不能不想。没有人能确定你在想什么，甚至你自己也难以名状。你想的很多，很杂，很远，很茫然；你想得好辛苦，好疲劳，欲罢不能，苦恼而无奈。

你皱着的眉头告诉我，你想来想去想不透；你呆呆的神情预示着，你的学习成绩悄悄在滑落；你把持不住今朝，明天很可能一塌糊涂。

同学，走出来吧！走出幻想，走出阴影，迈出坚实的步伐，奔向明确的目标。人间三月读书天，清心空神莫消闲！

四、早恋的疏导

2006 年 1 月

【案例】高二女生李某，学习成绩一般，家庭条件较好。据其母亲反映，该生和同班一名男生交往过密，两人经常一起闲谈、逛街、约会，父母对此提出批评，但收效甚微。进入高二后，该生成绩下滑，据班主任反映，该生在班上和其他女同学有隔膜，曾提出过和某男生坐同桌的请求。各种反映表明，该生已陷入早恋，至少有早恋倾向。

【分析】高中生处于青春期，生理成熟和心理发育导致众多学生有恋爱意念，但紧张的功课，使他们把这种意念强压下去，只有部分同学因主客观原因形成恋爱事实。学生李某家在外县，和宿舍同学关系不谐，有孤独感，渴望被理解和关爱，这时候，幻想中的"白马王子"便闯入其生活，驱之不去。两人交往一段后，便产生了交往依赖。该生也曾有过寻求帮助的想法，但一方面这种事情羞于启齿，另一方面怕遭到误解和简单化的指责。就这样渐行渐远，迷途难返。

【疏导】针对李某的表现，在和家长、班主任及部分学生座谈后，我利用谈话方式对该生进行疏导。

1. 避实就虚谈生活。我和李某见面后，首先询问其生活情况，提了如"吃饭习惯吗""睡眠时间够不够""和同学交往情况如何""和家长及班主任沟通吗"等问题，接着谈到学习障碍，有意把话题引向过多异性交往是影响学习的"隐形杀手"。因为不是直接谈早恋问题，所以李某心理轻松，谈话较顺利。相反地，如果板着面孔，直击软肋，李某可能低其头、缄其口，关闭师生交往的大门。

2. 肯定之中有否定。在谈到异性交往时，我引用歌德的名言"哪个少年不钟情，哪个少女不怀春"，客观地承认异性交往乃人之常情，而且坦率地表明我上高中也如此，大多中学生都有早恋冲动。这时候李某主动地谈了她和异性交往的很多事，就在她谈性渐浓时，我把话题轻轻一转，指出中学生早恋有副作用，往往带来不良后果。

3. 旁征博引论爱情。在有了前面的迂回和铺垫后，我们的谈话进入实质阶段，我列举了高中课本上经典爱情诗文，《诗经·静女》《上邪》《迢迢牵牛星》《孔雀东南飞》《陌上桑》《梁山伯与祝英台》《西厢记》《桃花扇》；我又列举了外国经典爱情影片，美国的、日本的、印度的等；我还列举了些爱情歌曲。大量的例子让李某感到在爱情天地里，她只是一只井底蛙，她过多地注意到爱情的甜美幸福，而没有直面其痛苦和挫折，更没有维护其高尚和严肃。最后我们形成以下共识：①真正的爱情是美丽的、纯洁的、高尚的，往往伴有痛苦，中学生难以承受；②爱别人必须自尊自强，空有一种冲动是浅薄的、软弱的；③爱一个人就应该尊重一个人，真诚地祝福对方，督促对方不断进步，而不是折腾对方，连累对方，伤害对方。

4. 鼓励其心性高远。事实上，通过交谈李某已经不仅仅在思考恋爱问题了，我趁势把话题掉转，谈我们学校的优势是什么，作为康杰人应该如何高品位生活，又从人的一生看青年时代如何心志高远，善待私情，处理"小我"与"大我"之关系。我认为谈到此时，李某已完成了思想超越，从早恋的泥坑中跳了出来。

【结论】中学生早恋是个很难处理的问题，作为教学管理人员要理解学生，要用自己的知识经验和对此问题的研究，折服学生，不能扣帽子，打棍子，简单化处理。当然，别忘了为学生保密。

五、代沟在哪里

2005 年 10 月

两代人之间往往有代沟，在不理解对方和不被对方理解中抱怨指责，先是争吵，继而苦恼，直至沉默对抗，最后形同路人。

一个高二女生向我吐露心中的隐痛。她说，她爱母亲，她母亲是一位伟大的女性，有文化，有修养，有内涵，有才干。但她不能接受的是：一是母亲主观臆断，认为她是什么样，似乎她真的就是什么样。比如她和男同学交往，母亲便认为她在谈恋爱；比如她上网，母亲便认为她在接受不良信息。二是母亲总企图强加给她一些观念，用自己的人生观、价值观全面塑造女儿，可是女儿有自己的生活环境，有自己的路啊！

父母的想法孩子必须完全接受吗？我怀疑。父母在年轻时对自己的父母并没有完全接受，父母的父母也不是如此，照推下去，可以断定，远古的时候，也不是儿女必听父母的。社会的进化，有赖于年轻人的创新，要在继承中创新，如果天下儿女皆听父母的，社会岂不停留在遥远的古代？父母凭什么要求孩子全听自己的？

看来消除代沟需要两代人互相让步，共同努力。处在高中阶段，结合国情，还是孩子多听父母的好，上了大学也许孩子多一点自主更合理。

六、教工子弟管理

2005 年 3 月

说起来挺遗憾，教工子弟中有部分人，他们行为不检点，学习成绩堪忧，给班级管理和学校管理带来阻碍。面对这么一个特殊群体，班主任对其管理应注意几点。

第一，不要畏惧。教工子弟难管，有些孩子的父母是学校的头头脑脑，大多家长都是业务上的骨干，有一定的人际关系根基。有些年轻班主任怕管教工子弟，怕得罪某个领导，怕伤了某前辈面子，也怕子弟们不服管，就这样前怕狼后怕虎，工作很被动。这是一种认识上的误区。

第二，不要厌恶。有些班主任一提起某某子弟便头疼，缺乏管的韧性，管上几次，若孩子不称心，便有了放弃念头。须知，他一旦感觉到老师讨厌自己后，便带着加速度滑向深渊，后果更不好收拾。尽管管理很为难，但还是要从心理上真正接受这些孩子，想方设法促其进步。

第三，放大其优点。再糟糕的孩子都有其优点，我们要善于发现，并能放大，让孩子在鼓励中前进，在关爱下成长。如果总盯着孩子的缺点，似乎对孩子没信心，尽管出于善意，也会事与愿违，很可能导致孩子悲观心理的形成，伴之而来的是充满敌意的反抗。

七、考试失利时，请再坚强些

2008 年 11 月 12 日

进入高三以来，很多同学好像大梦初醒，人整个变样了，确定目标，埋头苦干，课堂专心，作业认真，行色匆匆，着实用功。可是，期中考试一检验，成绩还是不理想，怎么办？

不要怀疑自己的努力，下了苦用了功，虽然在考试中体现不出来，但你所拥有的实力肯定在增加。"园中青草，不见其长，日日以高。"学习如登山，奋力攀援，在半山腰时，一片迷茫，待上到山顶，一切才会豁然开朗，美景尽收眼底。

不要捶胸顿足抹眼泪，认为老天和你过不去。如果适当地流泪能缓解压抑的情绪，那就痛快地流几滴；如果陷入哀怨，一蹶不振，意欲放弃，那就危险得很了。汶川大地震后，天人同悲，但灾情不接受眼泪，废墟呼唤人们重建家园的勇气和坚强。

高考还有半年时间，在通往终点的旅途上，我们还要翻过一道道坎：学科中的难题，考试的失利，情绪的波动，身体的不适等。我们要学会坚强和自救，每遇到困难，多想想高考需要什么，我们拥有什么，还要准备什么。

坚强些，请再坚强些，这是面对不利时有志者的共同选择。

八、学生成绩差，教师难脱其责

2005 年

学生们曾经都是好孩子，活泼可爱，兴趣广泛，健康向上。可惜的是在学校教育中，课业负担和考试压力大，把一部分学生损伤得没了尊严，由怕学到厌学，变得不那么可爱了。

学习遇阻带来行为上的懒散，这些学生和老师、家长的关系越来越不协调，又正处于青春期，对立情绪随之加深。

学生烦老师，"眼角眉梢都是恨"，导致老师横加指责，三番五次之后，教师便放弃该生管理。该生各方面表现不断下滑，最终难以挽救，成了名副其实的差生。

反思学校教育，应从教师们的爱心和责任心反思始。

爱是一切教育的本质，拥有一颗爱心是教师对学生进行教育教学的基础条件和前提条件。有了爱就有了动力、力量和方法。真爱从表情中溢出，在行动中显现，去粉饰，不做作。爱生如子是所有成功教育人士的共同选择。

责任心换个说法就是当管则管。拿上课来说，学生迟到、睡觉、吃零食、听音乐等违规违纪行为，教师必须管起来，不能听之任之。不能因为是小事就不管，小事会酿成大事；不能因为难管就不管，此时不管以后更难管；不能因为影响教学进度就不管，这里虽然影响了进度但赢得了以后的秩序。当然，打铁还得自身硬。教师在教育教学活动中，必须师德高尚，学识渊博，以身作则，树立形象。

因为部分教师爱心和责任心的缺失，致使好学生变差，差学生更差，学生差到一定程度时，教师们懒得去管，从心理上完全习惯了差生的表现，从而消极面对。细究起来，教师的确难脱其责。

九、学生成绩落后，家长进退两难

2005 年 6 月

6 月 8 日，张某家长来我办公室谈他孩子的事。五一节前，我们曾就孩子的事谈过一次，孩子的主要问题是无心学习，胡乱交友，苟且度日。下面是我和他爸爸的对话。

家长：孩子上网，被学校开除，理当如此。孩子已经在家反省几天了，求你们给他一个机会，无论如何把孩子留下。必要的话，我可以面见校长。

梁：你求校长也好，求我也好，目的是什么？

家长：孩子继续在康中上学。

梁：上学的目的是什么？

家长：考大学。

梁：孩子的情况，特别是学习情况，你了解多少？

家长：他够得上中等生吗？

梁：直说吧！他的成绩在班上倒数。平常基本不学。

家长：真的？那他现在痛下决心能赶上吗？

梁：一般地说，跟不上。

家长：我该怎么办？总不能让他停学吧！我把孩子叫来，咱们一块商量。

（下面是我和张某的对话）

梁：你这次回家，应该是带着压力回去的，你实事求是地谈谈你在家这几天都做了啥。

张某：做题了。

梁：是放假前给每个同学都发的那4套题？做了多少？

张某：一套（数学）。

梁：背什么书？背了多少？

张某：背李阳英语，20句。

梁：你背几句我听听。

张某：（只背了一句）

梁：你的各门功课学习很困难，这我清楚，如果出100分的题，你能得40分吗？

张某：不行。

梁：30分呢？

张某：也许可以。

梁：好！现在我听写你50个单词，你要写对17个。

张某：让我看看书再写吧！

梁：如果你觉得没把握，听写你最近学的这几课算啦！

张某：不看书不行。

梁：看来你确实没用心，遭受这么大的挫折，还是麻木不仁。

谈话结束了，我有如下感想。

1. 家长在孩子教育问题上有失误：①家庭教育没有形成合力。张先生搞企业，整天在外面忙，很少管孩子，偶尔管起来，非打即骂，犯简单化的错误。而其爱人，只有教育心情，没有教育智慧，决心很大，方法很少。②家长不了解孩子，每次考完试，孩子谎报成绩，家长信以为真。遇到学校通知家长说孩子违纪，家长满以为是偶然。等到真正了解孩子的纪律和学习情况后，感到震惊，不知如何是好。③家长在教育孩子遇到阻力或效果不理想时，总想着也许明天，也许下个月，也许明年，孩子会醒过来，会懂事，会发奋，而事实上没有得力的措施，家长的期待成为无用的安慰，孩子一天天下滑和消沉，直至不可收拾。所以直面问题和解决问题很重要，一味地向别人求情和茫然地期待，无补于事。

2. 作为管理者在和家长谈孩子问题时，要注意：①必须掌握大量的资料，说明学校工作到位。②真诚平等地讨论问题，不可居高临下，学生有错，家长无罪。每一个差生的家长都很痛苦，且痛苦程度超过老师。一个孩子可能是一个家庭的阴影，是父母后半生的包袱。③和家长谈准、谈清孩子的问题，积极寻找挽救策略，不厌恶，不歧视，不逃避，不推脱。④和家长谈话要遵循教育规律，让家长感受管理者有情有理有水平有品位，他是在和一个教育管理者谈话，而不是上门求生意。要取得家长配合，就得让家长敬服。

十、家长不要管孩子学习

2008 年 5 月 25 日

倘若这个题目让 10 个家长看，估计有 9 个家长和我急。着急的家长会说：我辛辛苦苦挣钱供他上学，我能不管他学习吗？我配当家长吗？

家长向孩子要学习成绩，这是天经地义的事，可现实的情况是很多孩子烦家长管学习。如果不谈学习，也许一家人融融洽洽，气氛很好，一旦谈学习，立马陷入僵局，不欢而散。久而久之，孩子越来越怕见家长，周末回家带上必需的钱和物后，拔腿就走，一刻也不愿多待。家长为此苦恼。

仔细想想，孩子成长中还有一些家长应该关心的问题，比如吃饭、睡觉、交友等问题。如果想和孩子交流好，为什么不从远离学习的地方开始呢？不关涉学习的交流也许能促进学习的进步，死盯住学习的交流很可能是失败的交流。交流的大门关上了，再有理有情的话也讲不进去。

按职分说，家长最应该关心孩子的做人，观察其思想动态和心理活动，调动其情绪，引导其向上。家长如果真正做到了，孩子的学习问题就不会成为一个难题。学习上出问题，十有八九是思想心理上出了问题，所以家长想要孩子有好成绩，请从学习外入手，学习的事交给学校和老师去做。

当然，不必苛求家长都是教育家，对教育问题有科学的清晰的认识。教育是个复杂的系统工程，以上对家长的提示仅是教育的一面。站在学生面前，我们必须理直气壮地说：不主动给家长汇报学习的学生不配当家长的孩子。

十一、学生犯了错，如何和家长交流

2007 年 1 月

班主任工作中有一项不可忽视的内容就是和学生家长交流。在和学生家长交流中，班主任应掌握主动权，使交流效益最大化。为此应该注意避免下列几种情况。

1. **以势压人。** 一般地说，学生家长来学校到班主任办公室时，多是赔着笑脸，说话谨慎，好像是求人办事，表现出弱势者的模样，而有些班主任则站在强势的立场上，对家长居高临下，态度粗暴，多予指责。岂不知真正的教育是平等合作。学生有错，家长无辜，班主任接触家长是教育困难时寻求一种帮助，家长不该是自己撒气的对象。

2. **推卸责任。** 遇到一个犯错误的学生，客观地讲，班主任和家长都有责任，不要把失误的责任全推到家长身上。大多家长在教育孩子时，所花费的时间和精力并不少，一个不成器的孩子是一个家庭一辈子的阴影，这个道理谁都明白，独生子女家庭更是把家庭的兴衰系于孩子的成败。学生成长中有家庭的影响，也有学校教师的作用，为什么对学生管教乏术时，要把责任推给家长？连我们专业人员都束手的工作对象，家长又能有多大的教育本领？当我们主动地谈出自己责任未完全尽到时，可能家长更感谢我们，更能听进我们的言语。

3. **只谈违纪。** 班主任通知家长来学校往往是因为学生违纪，而家长最烦班主任一味地谈学生违纪，家长会认为班主任不抓学生学习专盯自己孩子的错，家长会认为班主任偏激，把孩子看成不可救药的废物，当然也就反感老师了。所以谈话要辩证、全面，既谈违纪情况，也谈学习情况；既谈需要整改的方面，也谈叫人喜欢的方面。也可以和家长谈现在孩子通有的弱点，让家长感觉到，学生的问题是可以理解的，改正后是充满希望的，这样就能和家长一起寻找对策，制定措施了。

4. **无主题漫谈。** 有些家长想和班主任套近乎，于是便带着讨好的神情，扯一些社会上的事情。这时候班主任要控制话题，及时转入正题，很自然地和家长进入实质性讨论，而不要迎合家长，漫无目的、津津有味地谈边缘话题。谨记，我们是在工作，当家长离开你办公室后，要让他感觉到他是和一个教师谈话，把孩子交给这样的老师放心。

教育是一门艺术，和家长交流也有很多学问。我们不但要明确谈什么怎么谈，更应该明确不该谈什么，不该怎么谈。

十二、请给学习落伍学生多些关爱

——康杰初中（现东康中学）班主任工作交流会上发言（节选）

2008 年 11 月 19 日

班主任管理学生，有的是锦上添花，有的是雪中送炭。真正优秀的班主任，总是把目光投向问题学生，这些学生最需要关注和关爱。

1. 成绩差的学生也是人，是受教育者的一员，应该享有和其他学生同等条件的爱和关心。天下父母都有帮扶家境最差的孩子的心，社会上也有同情弱者的道德观，怎么在学校里差生就成了受歧视的对象呢？学校是文明和良心最丰沛的地方。

2. 成绩差的学生不是先天就差，而是在某个节点不当的教育方法使他沦落成差生，因此说，差生变差，教师难脱其咎。我们的同行给我们制造了麻烦，我们为什么不把它纠正过来呢？

3. 成绩差的学生可能有美好的品质，善良的心。我们往往放大了他们的错误，忽视了他们的优点，不细加分析，怕惹麻烦，简单地处理问题，把差生进步的可能性轻而易举地扼杀了。

4. 成绩差的学生可能是你一段时间内工作的难题，但你可知道一个差生意味着一个家庭所承受的压力和这个孩子今后暗淡而艰难的一生。我接触过很多差生的家长，他们的焦急、无奈、流泪，一次次刺痛了我的心。每想到这些，我就想努力为差生做些什么，也许我的努力没有效果，但我明白我必须这样做。

5. 关爱成绩差的学生，能推进班级整体的进步。班风正学风浓，才能达到学习效益最大化。

6. 关爱成绩差的学生，除了态度勇气外，还要有智慧和技术。

教学管理篇

1997 年，我进入年级组工作，由副组长做成组长，在年级组长任上，每隔十天半月，我在年级组外墙的黑板上，写上二三百字，教师、家长、学生都爱看；

2005 年，学校迁入新校，实行学部管理，每个教学部有三个年级，30 多个教学班，100 多名教师，2000 名学生，我担任教学一部部长，利用升旗讲话和教师大会讲话，凝聚人心，鼓舞斗志，把工作开展得有声有色；

2009 年，我走上教导主任工作岗位，工作很杂，头绪繁多，这里从七个方面谈一谈，表明我的担当。我担任市政协委员十年，写了有关教育的提案和社情民意，积极为教育呼吁。我深知，没有爱就没有教育教学管理。

爱教育，是情怀，是执著，是坚守。
爱教育，是思考，是践行，是追求。
爱教育，是呼吁，是突围，是超越。

年级组长的板报

一、致高二同学

2004 年 8 月 20 日

亲爱的同学们：

夏季的酷热和匆促即将过去，如约而至的高二踏着她独有的节奏对高中生活进行新的自我整饬。

曾经的成功与失败、憧憬与迷茫、欢乐与悲伤都被昨日留在了身后。高二始于高一的余韵而终于高三的酝酿，在这由始而终之中，她理当获取得天独厚的满足和丰盈。同学们，请扬起鼓涨的风帆，勤奋作舟，刻苦为桨，满载信心，乘风破浪！将理想融入行动，用毅力缔造尖峰，让青春风采在拼搏中展现。因为熟悉的地方没有风景。重新开始，摩云振翅吧！

二、高二的我

2004 年 9 月 1 日

（一）	（二）	（三）
今年升高二，	回想上学期，	今年升高二，
心中好紧张；	羞且愧难当；	心中好紧张；
领取新课本，	晚上网吧泡，	同伴已发愤，
穿着亮衣裳；	清早懒起床；	我欲大变样；
父母早叮咛，	上课总走神，	洗心又革面，
回响在耳旁；	作业无纸张；	勤奋而刚强；
老班盯得紧，	精神多萎靡，	诸君拭目看，
犹觉背刺芒。	面色有菜黄。	明年我辉煌。

三、我为何而学

2004 年 9 月 1 日

学习的事情很复杂，千头万绪中第一桩要说的是学习目的。的确，每一个学生都应该经常地、严肃地问一问自己：我为何而学。

古人有"书中自有颜如玉，书中自有黄金屋"之语，它鼓励人看书，也鼓励人学习。这种观点强调人学习后能享受到生活幸福，为的是一己之利。

很多人认为学习是为了父母亲友。可怜天下父母心，他们含辛茹苦，望子成龙，如果孩子理解父母，便发誓学成荣归，报效父母，光宗耀祖。这种目的为的是一家一族之利。

也有的人为民族振兴、国家富强而学，这种人有爱国之心、鸿鹄之志、赤子之情、历史之责，当受到礼赞。

必须承认，也有人为促进人类社会的文明进步而学，这种人视野开阔，积淀很深，境界至高。他们的学习目的乃人类最高追求。

同学们，以上四种学习目的，都有其合理的价值，只是层级不同而已。我想说的是：目标越高远，随之而来的动力就越充足，意志越坚强，最后的成效就越可观。

四、预则立

2004 年 9 月 16 日

凡事预则立，不预则废。就学习而言，所谓"预"，指有了明确的学习目的后，还应依据自身情况订立切实可行的学习计划。没有目标的学习是被动的，有了目标而没有计划的学习是零乱的。为学习计，这里提出几条建议：

一、根据自己的实力和潜力，确定在将进行的考试中自己的年级名次和班级名次。

二、对自己各科学习优劣进行比较，继而确定短期或长期的补弱计划。

三、审查自己现在一天的作息安排，寻找能挤出的、可利用的时间，如每天早到十分钟，午间少睡半小时等。

四、如果进入良性循环，可安排一天或一周看多少课外书，做多少课外题，以加深拓宽课内所学的内容。

大目标，小计划，相辅相成，缺一不可；因人而异，相时而定；好好把握，助你成功！

五、早早早

2004 年 9 月 27 日

你可仔细掂量过"早"的价值？

商业竞争，早一步，赢得市场，获利多多；两军对垒，早一步，抢占地形，重创敌军；百米决赛，早半秒，捧到奖杯，凯歌高奏。学贵乎早。鲁迅曾在课桌上刻过"早"，张良拜师起得早，莘莘学子，想考大学，谁敢不早？

早起床，早出操，早读书，早完成作业，早预习课文，一定能早出效益。有些同学看不到早的价值，凡事总拖拖拉拉，浪费时间，结果生活节奏乱，顾此失彼，焦头烂额，情绪烦躁，学习效率低，不知不觉中，和别人拉开了距离，原定的目标计划，统统化为泡影。

"早"使你拥有足够的时间，请把"早"字刻在心上。

六、在反思中学习

2004 年 10 月 17 日

一个学生除了每天不断地学习外，还应该抽出一定的时间反思自己的学习。在反思中至少要思考这么几个问题：我的学习目的是否明确而高远，我的学习动力是否充足而持久，我的学习计划是否周密而切实，我的学习时间是否充裕而紧凑，我的学习方法是否灵活而得当。

为什么必须思考以上几个问题？因为综合分析一下学习的过程，就会发现：学习目的是灯塔，对学习起指引作用，是学习动力的源泉，学习计划是目的的分解和落实，学习时间是学习的必要保证，而学习方法则是加速器。具备以上条件，就会有明显的学习效果。反之则不然。

走笔至此，一个学习流程图便排列出来了。

学习目的—学习动力（兴趣、态度、意志）—学习计划—学习时间—学习方法—学习效果。

七、预习

2004 年 10 月 20 日

学习有三大关：预习、听课和作业。会学习的人往往重视预习关。

预习就是在听课之前对课上将要讲到的内容提前自学。通过预习，过滤出疑点，并做出标记，为上课时集中精力解决问题打好基础。在预习中，自己掌握知识的过程和思考问题的角度带有惯性，而课堂上老师有自己的传授规律和思考习惯，这两者相互融合，对一个学生培养学科思维有极大的帮助，久而久之，学生便像老师那样去认知，去思考，甚至超过老师。

有人认为预习费时费力，岂不知它是上课的有效准备。上课是对预习的强化、巩固和补充，不但如此，还要通过作业来落实。所以，预习是学习的首要的、必要的环节。要想学习好，预习少不了。

八、考试闲话

2004 年 11 月 10 日

"考考考，老师的法宝"，这话只对了一半。考试仅是教师检测教学效果的方式之一，不可夸张其用。

"分分分，学生的命根"，这话至少错了一半。学生固然应该看重分数，但更应看重分数所反映出的学情，一旦沦为分数的奴隶，人便没救了。

要善于利用每次考试，逐渐养成好的考试习惯。考前准备要全面细致，考中答题要从容认真，考后分析要冷静准确。

考试时偷看别人答卷是两败俱伤的事，别人心疼，自己脸肿（打肿脸充胖子），害莫大焉。

考试时翻书抄录太傻，好比炒股，明明已经熊市了，还要买进，非套死不可。

考场如战场，勇士摩拳擦掌，跃跃欲试；懦夫望而却步，四处求援。

考试成绩公布，智者向前看，寻找差距，奋起直追；愚人向后看，自我麻痹，恬然后退。

人生由一次次考试连缀而成，最难的是拷问灵魂：我是谁？我将到哪里去？

九、课堂笔记

2004 年 12 月 11 日

你有课堂笔记吗？你的课堂笔记详备吗？以上是看了"学情问卷调查"后，我们急于提醒同学们的两个问题。

课堂笔记很重要，老师们这么认为，学习成绩优异的学生也有此体会。

那为什么落实起来很难呢?

有的同学习惯于老师讲课时自己在书上划重点、做旁批,认为这样可以替代课堂笔记;有的同学手头有教学参考书,往往能从上面查找到自己的所需,便觉得没必要写课堂笔记。这些想法和做法不是完全没有道理,但论功效,还是自己记笔记功效大。批在书上的会逐渐淡忘,教参上的名家指点,毕竟和自己体验隔一层,只有自己动脑动手加工整理后的才是精品。

课堂笔记是老师讲课的留痕,是自己学习的记录,也是特定教学情境下师生互动的结晶,从这个意义上讲,课堂笔记是最得力的学习助手。

十、关于背书

2005 年 1 月 1 日

学语文、英语必须背书,而且要每天背、大声背、熟练背。不背书的学习是不完整的学习。

理解记忆,记得快,忘得也快;死记硬背,记得慢,忘得也慢。学生阶段,来点死记硬背很有必要。

除了花费一定的时间和力气死记硬背外,背书也要讲点方法:1、任务驱动,即每天安排一定量的背诵任务。有没有目标任务,效果大不一样。有的同学一年到头也背不下几篇文章,主要是没有目标和任务。2、分而食之。对于较长的文章,可以分段分层去背,不要让"长"给吓晕。先分开背,最后整合,化难为易,不亦快哉!3、互相背诵。这样做至少有两个好处:一是有激励作用,同学间谁也不想把面子裁给对方;二是有监督作用,彼此间能把背诵错的地方及时纠正过来。4、以写促背。背在嘴上的敌不住写在纸上的。写是最好的检验,也是最后的落实。

好好背书吧!积攒终生享受不尽的财富。

十一、礼

2005 年 1 月 3 日

我们可以给"礼"字组一大堆词:礼貌、礼节、礼制、礼遇、礼尚往来、礼多人不怪……可是,有时我们不讲"礼"。

在同学交往中,有人出言不逊,有人举止粗鲁;占了便宜便得意扬扬,遭遇委屈则寻衅滋事;请求帮忙不谦恭,伤害别人不道歉,最后落入孤家寡人的境地。

在家庭生活中，有人不懂得长幼有序，内外有别。和父母讲话，不注意用词，不注意表情，不注意有无外人在场，自然也就不注意父母的心理感受了。由于亲情的掩护，这种"非礼"之言行得不到应有的纠正，一走出家门，便四处碰壁。

对待学校老师，有些同学的有些言行叫人实难认可。如乱给老师取外号，上下楼梯和老师抢道，老师问话时表现得心不在焉，不等问答结束便转身走开，其眼神、其表情、其双手、其身姿，去"礼"甚远！

哎，有"礼"者有知，失"礼"者不知其可！

十二、学会复习总结

2005 年 1 月 10 日

本月末我们将面临全市统考，近来各科相继进入复习阶段。可是部分同学不会复习总结，心里没底，手足无措，一会儿看课本，一会儿翻资料，过多地希望老师指导，缺乏自主意识，暴露出一定的盲目性和依赖性，到头来，虚度时光，收获甚微，不能有效地对付考试。为此，我们建议如下：

1. 注重课本

课本对学生来说，是知识之源，能力之源，考题之源。复习时一定要熟悉课本知识，平常做的课外题不过是课本知识的变通而已，任何等级的考题，都能在课本中找到依据。注重课本，就是要注重课本中的基础知识，基本的公式、定理、概念、原理等，并使之系统化、网络化，能合住课本，先把目录背下来，再把各章节的标题说出来，然后说出各章节的基础知识和典型题目，这样一层一层说下去，就能取得考试的及格分数。

2. 扶弱补差

在梳理知识过程中，你会发现自己某学科或某章节相对薄弱，复习中一定要把它补起来。俗话说"高鼻子填不了深眼窝"，中等学习程度的同学可以没有强科，但绝不可有弱科，否则，整体成绩受很大影响。不要抱侥幸心理，不要放到以后再补，抓紧时间，多投精力，现在就补。

3. 把握重点

各学科各章节都有自己的重点，或者称之为学科主干知识，考试中这部分知识考得最多，考题常常在这些地方做文章。所以在掌握基础知识的基础上，一定要明确重点，吃透重点，不管考题形式如何变化，你都能识破它，解决掉它。把握重点，就可能考取高分。

4. 勤于动手

很多题目，看似会做，真正动笔，另番光景。很多课文，会念会背，写到卷上，可能丢分。以上情况都是动手少所造成的。好脑瓜不如烂笔头，肯写多算，笔下自然生辉。学习中因为不写，留下的教训和遗憾太多了，希望大家吸取教训，动手操练，以写促学。

送同学们几句话：合住课本记目录，基础知识记牢固；排查重点找疏漏，动脑动口更动手；比较联系多扩展，准确规范有步骤。祝同学们把好复习总结关，取得好成绩！

十三、想想你的寒假作业

2005 年 2 月 27 日

过完假期，照例是要检查寒假作业的。一检查，便有了三六九等之分：有超额完成的、认真完成的，也有被动完成的、应付完成的，也有偷工减料的，还有根本没做的，说到底，只有用不用心之分。这不觉让人生出联想和感叹。

1. 作业布置时，大家并没有不想做或不想好好做的想法，而真正做的时候缩头了、心烦了、受杂事干扰了。看来，想和做有一定的距离。

2. 岂只是寒假作业,平时作业完成情况不也同样道理？从作业完成情况看，同学间本不应该有差异，但起初是态度上的差异，继而形成习惯上的差异，最后导致水平上、质量上的差异。所以寒假作业是一面镜子，它照出了一个人学习的态度、习惯和水平。

3. 用不用心做事，结果不一样。用心做，复杂一些和难一些的事也能做好;不用心做，即使简单事、小事，也会做得不如人意。

十四、春天的呼唤

2005 年 3 月 8 日

雪化了，花开了，草绿了，鸟叫了，春来了。热爱生活、善待生命的你，能听到春天的呼唤吗？

春天呼唤一切重新开始。大地回春，万物复苏。冬天冰封的寒冷和灰色的压抑已成为过去，所有的沮丧、懊悔以及不幸都成为历史。季节找到了轮回的原点，正如航船扬帆出发，正如红日喷薄而出。春天让人轻松，给人信心。

春天呼唤盎然的生机。也许城里没有季节概念，倘若你走向自然，你会明显感受到多彩多姿的生命运动，那样多变，那样强劲，那样鼓舞人。你会禁不住甩臂踢腿，俯仰天地，融进自然，尽情释放生命的能量和光芒。

春天呼唤播种，播种绿色，播种希望。你在原野放风筝，风筝飞多高，你的心就有多高。唯有播种才显得充实；没有播种的春天，哪有收获的秋天？

热爱生活、善待生命的你听到春天的呼唤了吗？

十五、有魅力才有实力

2005 年 3 月 21 日

最近我们年级举办了几场班级篮球对抗赛，同学们积极参与，真心投入；运动员英姿飒爽，赢得掌声阵阵，个别球员因精湛的表演成为人们议论的焦点。大家很关注运动员的球艺，而对运动员的长相、发型等不多谈论，这说明了有实力才有魅力。

还记得今年春节晚会节目"千手观音"吗？一群聋哑人震撼了几亿肢体健全的电视观众，有实力才有魅力嘛！青年学生喜欢追星，如乔丹、罗纳尔多、邓亚萍、刘翔、杨利伟等都是追的对象。须知他们成为偶像，绝不是因为他们的外表和装饰，关键是其实力。

有实力才有魅力，体育文艺比赛如此，各行各业皆如此，学习也同样如此。希望同学们被别人魅力吸引时，能清醒地看到其实力，更重要的是培养自己的实力，增强自己的魅力。

十六、脸和面

2005 年 4 月 5 日

人有两张脸：一张是看得见的，称"脸"；一张是无形的，称"面子"。高中生大多既要"脸"又爱"面子"，只有少部分人重视"脸"而轻视"面子"。

重视"脸"，自然经常洗。每天早晨洗掉倦容，运动完后洗掉汗渍，野外归来洗掉风尘。沾上油腻要用香皂洗，天冷了怕刺激要用热水洗，长了胡子更是不厌其烦地又剃又洗，十天半月还要来一次彻底清洗。极尽养护之能事，唯恐爱惜之不周。

轻视"面子"，即自尊自律自强意识淡漠。作业字迹潦草，得过且过；

听课无精打采，昏昏欲睡；考试左顾右盼，收发短信；出操拖拖拉拉，嬉笑打闹；张口污言秽语，惊心刺耳；行为粗鲁不轨，有失检点。就这样一点一点地把自己的"面子"剥蚀殆尽，到最后连自己都不喜欢自己。

多么希望我们同学人人有一张白净而充满幸福的"脸"，个个有一张自尊而略带骄傲的"面子"。

十七、网之祸

2005 年 4 月 15 日

4 月 10 日"今日说法"云：天津一少年流连网吧，沉迷游戏，愈陷愈深，不能自拔，最后在悔愧和幻想中从高楼上纵身跃下，撒手人寰。真是触目惊心，可悲可叹！

我们无从揣度这位少年走完最后几阶楼梯时的表情和心情，但我们很清楚他带给爷爷奶奶父母揪心的痛苦，还有同学师长巨大的心理失衡。死者长已矣！

网之害，已成公害，不必远举，就在我们学校、我们班、我们身边，有不少的网迷、网虫，嗜网如命。尽管学校三令五申，但上网之风屡禁不止，究其原因，积习深矣，成瘾癖矣。

不必讳言，无须理由，上网之事，始于兴趣，继于上瘾，终于变态，大致如此，少有例外，以身试之，苦果自食。

孩子，父母焦灼的身影，师长期待的目光，唤不醒你冰冷的心吗？

十八、擦干眼泪 负重前进

2005 年 5 月 9 日

刚刚经过的期中考试，等于给每个同学都画了一张像。因为考试组织得严，所以画像大体真实；因为真实，所以给人带来震惊。有的同学终于流下了伤心羞愧的眼泪。

想想看，在康中度过将近两年的时光，春花秋月，夏雨冬雪，你都做了些啥？入学时的新鲜和向往，现在还残留几许？曾经的誓言和决心，是否抛在脑后？几经沉浮中，消磨了意志，迷失了目标，无颜见父母，羞愧对师长。

该清醒了！认真盘点以往日子，确实吸取教训，痛下决心，把不该做的彻底摒弃；收起眼泪吧！眼泪唤不回逝去的光阴，眼泪也不能收获未来的成功。抓住课堂，抓住作业，加倍地流血流汗，对眼泪也许是种补偿；负重前进吧！东隅已逝，桑榆非晚。再过一个月又要面临 7 门会考，用心规划下阶段的战略战术，争取打一个会考漂亮仗。

十九、多动手，什么都有

2005 年 5 月 15 日

学习上，有一种可怕的现象让人忧虑：只看不写、只想不做、疏于动手。

动手有什么好处呢？第一、促进知识落实。一些同学能流利地背出课文，但写出来往往出错，甚为可惜。有的题目看起来会做，但一进入解题过程，便遭遇尴尬。所以，古有"不动笔墨不读书"之戒律，我有"真知多从手写出"之良训。第二、增强记忆力。"眼过千遍不如手过一遍"，各科学习，概莫能外。动动手，甘苦自知，当然印象深刻了。第三、提高发现问题的能力，培育严谨条理的思维。面对一道题目，当你确定好解题思路而进行求解时，你会遇到未曾预料的困难，也可能因为某个小数点，导致你满盘皆输，所以做题的过程就是不断地发现问题和解决问题的过程，也是调整培育思维不断走向严谨条理的过程，而这些只有多动手才能实现。第四、动手还能保持和集中注意力。

在我们身边，疏于动手的同学为数不少，一年写不完几个作业本，只喜欢涂 ABC，让人着急让人忧，我们急切盼望并大声疾呼，赶快动手写吧！

二十、狼来了

2005 年 5 月 25 日

山坡上那个牧羊童的声声哀叫，被山下麻木的耕田人理解为戏语，于是酿成了悲剧，羊被吃了，孩子也被吃了。这个古老的故事让人听了不寒而栗，可又有多少人因此而提高了警觉感受到压力呢？

今天是 5 月 25 日，再过 10 天，高三同学就要走向高考考场；再过一个月，我们高二同学要参加 7 门会考。这些算不算"狼来了"呢？

哎！总是要等到考试那一天，才知道该念的书都没有念；总是要等到家长来督战，才知道许多行为早该收敛；谁愿意毕业时后悔得眼泪涟涟，可为何不努力在前？也许做家长的太爱唠叨，也许做教师的提醒不断，眼睁睁看有些同学没有目标、没有责任、闭塞耳目、滑向深渊，我心不甘！

真的，狼来了！

二十一、心静天自凉

2005 年 6 月 14 日

"结庐在人境，而无车马喧；问君何能尔？心远地自偏。"（《归园田居》）陶渊明一心想着菊花和田园，所以虽身居闹市，而心里清静，无车马喧响之扰，拒世俗名利之诱。真是修身有术、境界至高啊！

进入 6 月，气温骤升，赤日炎炎，暑气逼人，教室如蒸笼，师生汗似雨。于是乎，意志薄弱者、身体困乏者、兴趣淡漠者、功底虚浅者便产生了逃遁之心。有空调的家室是舒适的，有清风的树荫是凉爽的，避热之念杂生，无暇论及学习，迟迟不进教室，厌烦上课考试，身心憔悴，惶惶不可终日！

我们无力阻止季节的轮回，也不愿对太阳的淫威屈膝。我们有选择调适自己的余地，不妨改陶渊明"心远地自偏"为"心静天自凉"。

是啊！心静天自凉，心专天自凉，身健天自凉，命运在自己手中。你有一颗追求卓越自强不息的心，无论天热与天凉，谁能奈你何？

康杰之秋

教学部长的讲话

一、九月寄语

2005 年 9 月 17 日教学部升国旗讲话

教学一部的老师们、同学们：

大家好！

今天是我们教学一部的全体师生参加升旗仪式，站在这里的是我们教学一部的 3 个年级、24 个教学班、1500 名师生。开学以来，学校实行分部管理，我们有缘在一起工作和学习，希望大家珍惜这个缘分，维护一部的名誉，把我们一部打造成一个团结进取的集体，一个奋勇拼搏的集体，一个文明和谐的集体。

开学以来，同学们先是进行了艰苦的军训，紧接着高二年级进行摸底考试，高三进行了月考，高一上个礼拜刚结束各科单元检测，尽管时间不长，但我们身后留下了一串坚实的脚印。同学们群情振奋，惜时如金，吃苦耐劳，力争上游，赢得了学校各方面一致的好评。大家的努力，使我们部的教学秩序有条不紊，为我们的新校园增光添彩，也让康杰人的形象得到新的诠释和展现。我们可以骄傲地说，我们已经有了一个良好的开端。希望大家保持下去，发扬下去。既然我们是一部，那么各项工作也应该是一流的，我们应该有一流的教学风气，一流的道德风尚，一流的精神风貌，让光荣和梦想伴我们同行。

同学们，时值九月，九月的阳光灿烂，九月的天空高远，九月的风儿强健，九月的情绪饱满。让我们携起手来，共创教学一部美好的明天。

二、莫负春光

2006 年 3 月 9 日教学部升国旗讲话

教学一部的全体师生:

大家好!

今天我讲话的题目是:团结拼搏,再铸辉煌

1. 教学一部的形象是什么?去年在教学一部第一次升旗仪式上我提出:一流的教学风气,一流的道德风尚,一流的精神风貌。这是我们自身的思考和追求,是我们工作的参考和指南,是我们经营品牌的出发点和归宿点。旧话重提,请同学们保持清醒的认识,既然我们生活在一部,学习在一部,成长在一部,那就为一部增光,为一部骄傲,把一部打造成人人羡慕、个个向往的团队。

2. 我们做得怎么样?经过一个学期的努力,我们教学一部已经初步树立起自己的形象。以考试为例,上个学期末,高三年级超额完成预定指标 8 人,高二年级 417、419、420 在全校普通理科班遥遥领先,高一成绩更喜人,439、442、443、447、448 在全校同年级占绝对优势。不仅如此,来自各个部门的信息表明,一部在康杰园有着良好的口碑。同学们,教学一部涌现了一大批志向高远、情操高尚、勤奋好学、成绩优秀的同学,你们是一部的榜样,你们是一部的脊梁,你们为一部撑起了一片晴朗的天空。

3. 新学期开始了,春回大地,万象更新。刚刚闭幕的两个中央工作会议告诉我们,我们的国家正日新月异飞速发展。这两天温家宝总理来视察运城,古老的河东大地焕发出盎然的生机,这一切的一切都在激励着我们。

同学们,人间三月芳菲天,少年壮志不言愁。希望在新的学期里,同学们奋勇拼搏,拼一个青春无悔,拼一个前程似锦,拼一个天遂人愿,拼一个梦想成真!

三、再接再厉

2007 年 8 月 27 日教学部升国旗讲话

各位同学,各位老师:

大家好!

首先让我们以热烈的掌声欢迎高一新同学。高一新同学,你们带着梦想,带着追求,走进康杰园,走进教学一部,这是一个良好的开端。我相信你们一定会把握机会，珍惜环境，充满信心，迅速成长。

在今天这个场合，我们还要特别感谢 2007 年程部长领导的高三师生，他们经过努力拼搏，取得了辉煌的战绩。一方面尖子生很突出：421 班邢瑶同学名列全省文科第 14 名，这是康中今年进入全省文理科前 20 名唯一的一个；在全校理科前 10 名中，我部占 6 名，囊括前 3 名；清华北大在我部录取 3 名同学，占全校半数。另一方面达线人数可观，我部所有班级完成指标，超额指标 31 人，具有绝对优势。同学们，已经毕业的学哥学姐们在成长的路上为我们树立了高高的路标，我们该怎么办？

开学以来，我高兴地看到：高三同学精神饱满，加班加点；高二同学阵容整齐，步伐坚定；高一同学信心满怀，走向正轨；还有班主任和老师们冒着酷暑，全身心投入。我们全部上下，团结一心，乘胜前进，追求卓越，呈现出你追我赶争上游的大好局面。

老师们，同学们，神圣的国旗在我们头顶飘扬，沉重的责任在我们肩头担着，教学一部是我们的家，是我们前进的驿站。让教学一部成为一个响亮的、骄傲的、令人向往的名字！

四、时代使命
2008 年 12 月 8 日教学部升国旗讲话

各位老师、各位同学：

大家好！

我讲话的题目是：高举爱国旗帜，争当时代先锋。

明天是"一二·九"运动 73 周年纪念日，著名的"一二·九"运动在中华民族的发展史上谱写了激动人心的篇章。1935 年 12 月 9 日，北平大中学生数千人，走上街头，示威游行，反对日本帝国主义。这场运动持续半年，影响全国，点燃了全民抗战的熊熊烈火。回眸历史，有两个词在历史的天空闪耀：爱国、青年。

"一二·九"运动的主题是爱国。爱国既是一种自觉的理性，又是一种高尚的情怀。中华民族历尽艰难而不衰，是因为一批批、一代代爱国志士的共同努力。屈原自沉汨罗江，与日月争光；苏武十九年流放，持节不改；岳飞气贯长虹；文天祥九死一生；辛弃疾醉里挑灯看剑；顾炎武呐喊匹夫有责。鲁迅先生把他们称之为"民族的脊梁"，正是这些坚强不屈的脊梁，我们的民族大厦才屹立在世界的东方。

"一二·九"运动的主体是青年。青年是人生的黄金时期，青年是国家的希望和未来，青年的血最热最红。国难当头之际，青年挺身而出，用血肉筑起钢铁长城。曾经有人怀疑当代青年的历史责任感，2008年的中国给怀疑者以响亮的回答。2月的南方雪灾，5月的汶川大地震，8月的奥运盛会，9月的神七升天，历史见证了当代青年的风采。我们不畏艰难，我们勇于担当，我们思考，我们创新，我们是时代先锋。

今天，当我们对"爱国"和"青年"这两个词再次思索时，应该赋予它更多更新的含义。爱国就是爱科学爱文化，就是爱亲人爱朋友，就是爱师长爱同学，就是爱我们校园的一草一木，爱我们校园的每一面墙壁和每一个角落。作为青年，应该志存高远，目标明确，脚步坚定，可以个性张扬但不要个性泛滥，可以在乎某些小事但不要被小节束缚，可以有爱好但不要沉湎其中。请记住：有作为才有地位，有实力才有魅力，高举爱国旗帜，争当时代先锋。

五、打造一流团队

2005年9月25日教学部教师大会讲话

老师们，朋友们：

大家好！

今天我们教学一部全体教师聚集在一起召开新学年第一次教学工作会议，这是学校实行体制改革分部管理后的第一次会议，这是学校大搬迁后给大家带来新感觉的第一次会议。今天会议我主要谈我们的团队建设。

首先，请允许我向大家介绍一下我们部的组织机构及相关情况。首先介绍校级蹲点领导、数学特级教师张世温老师，高一年级组长、部英语学科组长任彦军副部长，高二年级组长、部物理学科组长程顺刚副部长。下面我宣布各学科组长：数学任向阳，化学范进成，生物孙创增，政治宁效直，历史高清泉，地理吉娟玲。以上老师是我们部的宝贵财富，他们在我校我市都是重量级人物。部教导员：王一、赵国爱、马冰同志。我们部共24个教学班：高三6个，2重3普1文，在1号楼一二层；高二8个班，2重4普2文，在1号楼三四层；高一10个班，2重8普，在2号楼二三四层。

这里我简单谈一谈学校为什么要分部管理。搬入新校区，规模一下子扩大，管理成为一个新课题，原来的年级组管理不能适应新形势，经过充分论证，征求各方意见，学校决定实行分部管理。分部有两大好处：一是有利于调动各方积极性，对学生进行近距离管理；二是形成竞争格局，为全面提高教育教学质量注入活力。

分部以后，我感觉肩上压力很大，尽管有张老师把关定舵，尽管有在座的朋友们为我撑台打气，可还是觉得压力比过去大，而且这种压力是立体式的、连续式的。分部以后我的爱部意识或者说部本位意识非常强烈，我相信相当一部分老师和我怀有同样想法。为了把我们的工作搞好，我提三点意见：

1. 牢记四种意识

忧患意识。我们部有我们的优势，但也有明显的不足，就师资而言，真是捉襟见肘，加强了高三，势必削弱高一二；就某个班来说，只有强弱搭配，才能交代过去。如果大家能清醒地意识到这一点并保持高度的警觉，我想不久的将来，在我们努力之后，这份心情或可缓解。

合作意识。合作意识是现代意识，合则赢，斗则败。合作才显和谐，才出效益。不管过去有何恩恩怨怨，不管年龄高低、职位高低、业务水平高低，不管是否在一个年级一个学科，我希望同志们能真诚合作。我可以代表几个部领导给大家表个态：在工作中，我们一定全面、公平、坦诚地做事。也许我们视野有限，但我们胸怀宽广；也许我们一时出错，但我们知错就改；也许我们言辞硬冷，但我们心肠柔热。举个例子，集体备课时有个老师没来，当我问明情况时，他做出解释，我们之间可能达成理解。如果我不问而我心怀不满，那是我不合作；如果我问，他觉得伤面子，发脾气，那是他不合作。

竞争意识。我这里讲的竞争主要是想让一部老师打出自己的品牌，让家长把孩子放到一部放心，让家长对我们一部老师有信心。现在学校分成三个部，竞争格局已定，不想竞争也身不由己，世上很少有人能从容地接受竞争中的失败。说到竞争，运城这两年招生情况明摆着，一流学生上康中，二流学生上运中，三流学生上盐化，我们一部要代表康中而不是成为康中的盐化。

创新意识。创新一词使用频率太高了，以至于有人误读，认为一味地想点子、翻花样就是创新，我不这样认为，我强调的创新有两层意思：一是在新的工作环境下，面对新的工作矛盾，能够在尊重教学规律的前提下，创造性地解决问题和开展工作；二是每个老师要不断超越自我。我谈自己的一个工作体会。教《雷雨》时，我向同学们提了一个问题，谁能给周朴园找到出路，或者帮周朴园找到一种解脱方法。找来找去，大家找不到一个合适的办法，那么曹禺有办法吗？没有。这就对了，周朴园是个可怜的人，是个悲剧性人物，大家越是找不到办法就越能体会到《雷雨》这部剧作的悲剧意义。大家是否认为我的教学策略算是创新呢？一个教师带班也好，教课也好，如果几十年如一日，一直在重复昨天的故事，那活着的趣味就太少了。只有不断超越自我，不断创新地工作，才能不断地收获快乐。

2. 抓好两方面工作

绝不让任何一个学生掉队——

这一条主要是给班主任提的。我们有 24 个班，除了重点班，几乎每班都有人数不等的差生。这些学生基础薄弱，学习习惯差，往往伴有复杂的家庭背景（或家境优越或父母离异），我们要对这些学生尽可能地关爱和严加管束，允许这些学生成绩差，但绝不允许他不学。不能因为难管就不管。有时我甚至刻薄地想，差生是老师惯出来的。一个学生，当老师厌倦了他、放任了他的时候，这个学生进步的最后一缕光线也随即消失。有人说，个别学生差不影响大局，我担心差生的传染力、负面影响恐怕大于我们的估计。决不能让一个差生掉队，康中不只是好学生的乐园，也应该是差生转化的基地，促进差生转化也许更能显示一个教师的水平。

当天问题当天解决——

这一条主要是给科任老师提的。说到底，是个落实问题，尤其是高一学生。我们要尽量督促学生今天问题今天解决，不要拖到明天，因为明日多得很，拖到后来，一塌糊涂，一筹莫展，补都没法下手。所以宁可不让他吃饭、不让他睡觉，也必须让他把当天的最基本的任务完成。洋思中学校长蔡林森的三个孩子，原本都很差，但蔡校长偏不信这个邪，硬是把孩子挽救过来。他没有什么高招，就一条，当天问题当天解决。后来蔡校长的做法发展成洋思经验：堂堂清，天天清，周周清，月月清。我知道，要做到这一点确实要吃苦，但坚持一段，形成规矩，就会进入良性循环，就会轻松有效。

3. 打造一流团队

一流的团队需要一流的教师队伍，人人有道德境界，人人有学术水平，人人有生活品位。同志们走到一起，是缘分，要珍惜这个缘分就要把它变成福分。我设想，有一天，如果教学部停止运行，希望大家带着留恋和怀念说起教学一部，希望说起这段日子，年长的同志认为人尽其才，工作舒畅，年轻的同志认为自己得到成长，把工作的根扎进了一片肥沃的土壤。如果大家都这么想，那么一部就更像一部了。

一流的团队就要有一流的教学风气，一流的道德风尚，一流的精神风貌。

老师们、朋友们，大家在一起共事，希望我们一部的全体教师精诚团结，众志成城，积极进取，敢于负责，让一部成为康中的名片。谢谢大家！

六、考试成绩评析

2006 年 3 月 3 日教学部教师大会讲话

老师们：

又是一年三月三（阳历 3 月 3 日），吉日良辰。春意浓浓，春满校园。开学近三周，在听取路校长的讲话后，在高一、二年级开过教学分析会后，我们坐在一起，共谋新学期我们教学一部的发展，这个会很有必要。今天会议的主题是：统一认识，统一步伐，满怀信心，向更高的目标攀登。下面我讲三个问题。

1. 对教学部再认识

第一，创设和谐氛围。教学部运行了半年，最近听到人们比较三个教学部时这样说：一部是社会主义制度，二部是封建制度，三部是资本主义制度。这话让人半喜半忧，喜的是这毕竟道出了我们工作的部分特点——把思想沟通和情感交流放在首位，积极创设宽松和谐的工作氛围，让大家感觉到有压力但不压抑，有自主但不自由，有争议但不争斗，有名利但不追名利。忧的是目前的管理带来负面影响，怕有人借此耍心眼、钻空子、讨便宜、做表面文章，享受他人劳动成果。

第二，对部长的要求。教学部长和大家在一起，一定要自律，能吃苦，能吃亏，能受委屈，坦诚待人，公心论事，不争模范和荣誉，看轻钱财和地位，一部的事再小也大，个人的事再大也小。我们三位部长愿和同志们手拉手，肩并肩，心连心，风雨兼程，一路走下去。请大家理解我们，相信我们，支持我们。

第三，形成多方合力。分部后人们之间的关系紧张了，部长可能抱怨碰上倒霉的副部长，副部长可能抱怨碰上倒霉的班主任，班主任抱怨弱科老师，反过来也一样。分部管理，竞争激烈，无形之中让人们在一起工作时，变得互相挑剔。著名的"木桶理论"告诉我们，木桶盛水量取决于最短的板的高度。学生不能有弱科，班级不能有弱科，年级不能有弱班，只有相关因素形成合力，才形成集体强大的竞争力。

2. 面对期末考试

半年过去了，从部的角度看，我们的工作可以用两句话来概括：一是理顺工作关系，完善例会制度，各就其位，各司其职；二是分年级分阶段，抓重点，统一部署，协同前进。

下面就期末考试各年级成绩情况谈一谈。高三我们超指标 8 人，其他部未完成任务。重点班除完成指标外，尖子生发展势头好，全校前 10 名我部占 4 名，冲刺北大清华有望；普通班都超额完成任务，408 进步最大，一改过去落后面貌；文科班尖子生和整体实力都让人欣喜。

高二这次考试重点班有 17 名同学去北京参加奥赛辅导，再加上外语成绩统计有误，实力暂时没显示；普通班情况绝对乐观，417、419、420 班遥遥领先；文科班整体情况良好，422 大放光彩。高一更喜人，重点班尖子生占绝对优势，如果去掉副科，全校前 20 名我们占 19 人；普通班全校统计前 8 名，我们占 4 个，分别是 442、443、447、448；而且语数外理化五大科均分全是第一。

学习成绩外，学校政教处、团委、公寓科反馈信息均表明一部各方面声誉都很好。

我一向不爱激动，也不太看重成绩，但面对同志们辛苦的成果，面对同志们心血的结晶，我不能不激动，下面关于成绩我谈四点意见：

第一，成绩是大家的，是大家苦干加巧干得来的，在座的各位有一半人我能讲出你们的故事，这些事令我感动不已。每个年级每个组都有些老师一心扑在工作上，自身事和家务事给工作让路，克服困难，任劳任怨。你们是一部的脊梁，撑起了一部晴朗的天空。当然，成绩的取得是合力形成的，军功章有副科老师的一半。

第二，面对成绩，高兴之余，请冷静地想一想，哪些是我们的辛苦换来的，哪些是我们遵循教育规律用巧干得来的，哪些是我们以情动人感召学生得来的，哪些是我们落实到位对症下药得来的，还有没有差距可弥补，还没有空间可发展，我们还能为学生做些什么，我们自身发展前景如何，我们各个层面、各个方位合作得如何。

第三，成绩是一个阶段工作的记录，新的学期我们要更加努力，保持先进，现在其他两个部不甘落后，正在积极地寻找对策，负重赶超。同志们，守住先进比争到先进更难，只有保持先进才是真正的先进。

第四，成绩对部工作人员提出了更高的要求。和大家相比，我感觉到部长们的工作、教导员的工作还有差距。民间说：只有落后的领导没有落后的群众，确实有道理，我们几个可以说心肠好、心思正、作风硬，但不敢说水平高，甚至不敢说管理，最好说成是服务。请大家对我们部的工作多提意见或建议。

3. 感谢大家

客观地讲，学校搬迁后，由于基础设施不到位，我们遇到了一系列麻烦和问题，截至目前，教师们的吃饭、午间休息、来往乘车、办公设施、教辅资料等都不能很好落实，这里我打心里想对老师们说声谢谢。

谢谢老师们克服困难，正常上课；谢谢班主任夜以继日，连续苦干，稳定学生秩序和学生心理；谢谢很多老师给部里工作以善意的提醒和及时的帮助；谢谢很多老师能识大体顾大局，服从安排，不说气话，不说怪话。这段时间先后有老师病了，有些老师躺下就不想起来，有些老师趴在办公桌上午休——老师们的感情太朴素了，老师们的觉悟太高了。现在是非常时期，大家这样做是对我最大的理解和支持，是对本部工作最大的支持。一段时间内，我们还要经受搬迁的震荡，希望大家能一如既往，挺过困难，安下心来，进入角色，尽快度过适应期，真正深入教学。

七、促进学习落实

2007 年 9 月 19 日教学部教师大会讲话

各位老师：

大家好！

首先给大家通报今年高考我们部的好成绩，我们打了一个大胜仗，程部长率领高三人马，务实较真，潜心研究，齐心协力，奋力拼搏，取得了辉煌的战绩。一方面尖子生突出：421 班邢瑶同学名列全省文科总分第 14 名，这是今年我校文理两科唯一进入全省前 20 的学生；全校理科前 10 名，我部占 6 名，囊括前三名；清华北大我部有三人录取，支撑学校半壁江山。一方面达线人数可观：各班均超指标完成任务，共超指标数 31 人，占学校超指标数半数以上。可以说既是春色满园，又有红杏出墙。为什么有这么好的成绩？我认为他们学习落实抓得好。

学习落实是个老大难问题，去年在全部大会上这么提，今年也这么提，明年还要这么提。学习落实有很多手段和方式，今天，我想和大家探讨每周总结和作业批改两个问题。

1. 用每周总结促进落实

每年高考结束我都在想，为什么我们有那么多学生考不上？为什么有相当一部分学生考那么点分？有的学生辛辛苦苦学了，但就是成绩上不去，我想应该让这些学生自己总结反思，每周一次，一科一科地过。其中语文英语主要是默写自己背诵过的内容；数理化各科主要是整理出重要的公式概念定理规律，归纳出每个知识点所含有的几方面内容，提炼出容易出错的细节，筛选出最典型的最具实战意义的题目，从而做到心中有数。如果真正做到了，周周如此，那么遇到考试就不心慌，复习起来步伐不乱，会的跑不了，不会的不遗憾。有了这个想法后，用半年时间宣传鼓动。首先让课头组长建立样板，复印后发给各班，然后和部分学生座谈交流，最后在我班试验。每到周六，学习委员给每个学生发 1 张 8 开纸，周日晚上收回，学习委员和科代表组成评议组进行审阅。坚持了一段时间后，发现有学生偷懒，提前买好纸，不到周六就写完，还有学生把课堂笔记原样抄来，还有人把别人的辛苦成果照搬过来，还有人不好好整理一周学习内容而过分装饰花里胡哨。尽管问题不少，但家长普遍反映挺好。

上个学期高一高二两个年级正式开始这样做。高一从印刷厂定做了册子，高二自己设计印成册。坚持了一个学期，各班执行程度参差不齐，但总体效果还可以。

推行每周总结这一学法，至少有以下几个好处：第一，帮助学生抓住周末时间。学生如果自己认真做，估计好学生要花费 3 小时，中等生要花费 5 小时，差学生要花费 7 小时。第二，养成学生动手习惯。现在不动手的学生大有人在，往往心里有眼里有就是手里没有，结果一写就错，丢了该得的分。第三，这是一种自主学习，学生自己选择，自己安排，加工整理。毕竟是自己心血浇灌，当然就锻炼了自己，提高了自己。第四，考试前只要把每科的每周总结仔细翻看就能达到一定效果。特别是自己做过标记的地方，能让人浮现出学习情景，记得很牢。

现在社会上教辅资料太多，专家们做出一顿顿美餐来喂学生，学生太容易会了，效果未必就好。回想我们上学时几乎没有资料，上课用心笔记，下课用心整理，感觉收获很大。本学期我们将坚定不移地推进这项工作，希望大家出主意，想办法，讲实效，争取用这种学法鼓起学生们信心，促进班级学习水平整体提高。

2. 用作业批改促进落实

教学是个实在活，督促学生写作业，从批改中发现问题，针对性地辅导，这几乎是所有出成绩老师的法宝，洋思中学的经验也不过如此。今年高考人们都在议论"郭六云现象"，郭六云有什么了不起，论出身，论经验，论水平，在我们很多人之下，但他制造了神话，他所带的 414 班高考成绩辉煌，他的数学成绩也相当可观，而且它通过数学科，提高了学生们士气，拉动了其他科学习。郭六云是个血性男儿，敢打硬仗，敢啃硬骨头，又不服输的劲头，他所有的力气都用在批改和个别辅导上。我们部也有这样的老师，像王婷、申艳玲，一年来，这两位老师几乎每晚 10 点回家，只是这样的老师太少了。下一段我们将通过各种方式鼓励老师们下功夫批改。今年咱们老师们负担有所减轻，希望加强批改，青年教师尽可能全批全改。

关于作业，希望老师们布置作业时一定考虑质量和数量，一定让课代表把作业抄在黑板上，一定要求当天完成。

八、教师队伍建设

2008 年 9 月 26 日教学部教师大会讲话

各位老师：

最近运城市委市政府号召全市各行业各部门展开思想解放大讨论，今年暑假期间，新绛县举办教育宣传周活动，提出"大讨论、大反思、大推进"的口号，路校长带领学校教学管理人员去新绛县，学习了新绛经验。结合以上两个背景，我们召开今天这个会，这次会议可以称之为教学质量大讨论动员会。一所学校要想教学质量高，除了拥有好学生外，关键是要有一支能征善战的教师队伍，关于加强我们部教师队伍建设，我谈一些看法。

1. 形成好风气

我们 100 位同志在一个部门共事，要想把部门搞好，最重要的是在重大问题和根本问题上思想明确而统一，心情轻松而愉快，从而形成良好的风气和和谐的氛围。今年 5 月 9 号，在高二年级教学分析会上，我提出四点意见：①坚持理解互助团结和谐，反对搬弄是非明争暗斗，培养良好的人际关系；②坚持从容大气健康向上，反对急躁冒进患得患失，培养优雅的做人品位；③坚持严于律己令行禁止，反对松松垮垮我行我素，培养过硬的工作作风；④坚持高效教学思考创新，反对应付差事得过且过，培养科学的工作态度。希望以上四点能够被同志们接受和落实，以上四点也可以归结为一句话：大家都做而且想做该做的事，大家都怕而且讨厌不该做的事，这就叫风气正。

搬到新校、分部以来，三年多的时间过去了，在第一次全体会议上，我们就响亮地提出三个"一流"的目标，其中最重要的一条是形成部门良好风气。这一点我每次大会上都强调，我们一步步挖掘和丰富其内涵，一次次感受其沉重的分量，我们体会到追求这一点的艰难，也品尝到由此带来的成绩、收获和喜悦。我们越来越达成共识，并随之出现了令人欣慰的好人好事。请同志们相信，有良好的风气作保证，这样的集体终究会成为先进集体。也请同志们相信，只要我们愿意，我们部门定能形成好风气。

2. 促进师品师德建设

今年暑假学校清退了 5 名教师，这件事表明在教师队伍中还有不符合职业道德的现象，也表明学校在处理这类问题上的决心。相反地，我们也有一大批师德楷模，如今年高考喜获丰收的王仙朵老师，她爱校如家，爱岗如命，爱生如子，真心付出，倾情打造。她取得的成绩绝不是偶然，绝非一日之功。

学校曾出台"教师行为十不准"，它是我们行动指南。我认为要求师品师德，说透了就是要有一颗心。有了这颗心，不但教书，更要育人；有了这颗心，站在讲台上，你是一个教师，走出课堂，你就是学生的亲人，关心其生活，养成其习惯，端正其思想，引导其为人；有了这颗心，和学生家长接触时，你就会热情大方，不卑不亢，喜其所喜，忧其所忧；有了这颗心，面对问题学生，你就不会冷漠厌弃，而去热情鼓励，全力帮扶；有了这颗心，你就会捡起地上的纸片，擦去墙上的污迹，而不是袖手旁观，漠然处之。

老师们，我们从事的是特殊行业，也许以上要求过分了点，但一个好老师的确是这样修炼成的，而一个失败的教师肯定或多或少在这方面出问题。

3. 争当名师

我理解名师有三个条件：厚实的功底，先进的理念，鲜明的个性。

教师要功底深厚，要积累大量的学科知识，包括核心知识、边缘知识和前沿知识，形成自己的知识体系。文科教师要背诵一定数量的文章，量不够就不能内化，不能联系，也就不能感悟。理科教师要演算若干习题，否则就抓不住重点，找不到窍门，思路狭窄，照本宣科，低层次重复，泥泞中行进。我听过各种层次的课，好把式思维活跃，信手拈来，深入浅出，四两拨千斤，妙语惊人，随机出彩，为什么能这样？一言以蔽之，功底深厚。女同志最清楚，只要面和得筋道，蒸包捏饺擀面条，手随心到。当然，夯实功底，需要下苦，不怕吃亏，夏练三暑，冬练三九，要静下来专下来坐下来定下来。

当你埋头苦干三年后，你想飞跃，那就要理念来支持。理念这东西听起来很虚，但细想之后就会发现，它渗透在每一个教学设计和教学行为中。我举一些例子，大家揣摩。二十世纪五六十年代，国家不限制生育，因为领导人信奉人多力量大，往深里说，这是农民意识，现在看来这很落后了。改革开放二十年，从国家每个阶段提出的口号看，也是一个观念更新的过程。现在讲科学发展观，它包括四层意思：以人为本、全面、协调、可持续。这个理念就很先进了。回到教学上说：如教师上课时，不宜说"今天我们讲第几课"，而要说"今天我们一起探讨某个问题"。说法不一样，体现了执教者对教师角色的认知差异。再如下课后学生说"谢谢老师"，教师也应该说"谢谢同学们"，这表明师生间是一种合作关系。我们常说以人为本，它最基本的意思应该是尊重人的认识，理解人的情感，发挥人的价值，促进人的发展。这句话用在教学上就是以学生为本，考虑学生感受，宽容学生错误，促进学生认知，丰富学生情感，提高学生成绩，一切从学生实际出发，一切为了学生，学生是学习的主体。说到底，不能以教师为本，不能以书本为本，不能以分数为本。

用先进的理念武装自己，是一名教师走向教育家的必经阶段，理念能帮助你从繁杂的教育表象中解脱出来，帮助你不断追寻教育的真谛。

最后说一说个性。我认为每一个成功的教师都注意把握自己的个性，把自己的教学个性发挥到极致。世上没有完全相同的两片树叶，也没有完全相同的两个人，也没有完全相同的两个教师。我和年轻教师交流时，在鼓励他们听课时，也鼓励他们对别人经验的消化和加工。最怕他们陷入模式。模仿是必要的，它能缩短成功的时间，但一味地模仿，则是爬行主义，非走进死胡同不可。

话凑到这，我想再扯一扯工作纪律方面的事。在我们排课的时候，在我们调整教室的时候，在我们调整学生的时候，还有一些事情的安排上，90%多的同志都能从大局出发，有事好商量。个别同志很执拗，耍小孩子脾气，用"我不高兴""我不愿意""我管你那么多"之类的话呛人。也许我们掌握的信息不全，也许我们工作能力有限，但遇到事情最需要大家理解和商量，最怕遭到冷漠拒绝和你奈我何的神情。在这里，我可以明确地告诉大家，我尊重每个老师的劳动，尊重每个老师的感情，尊重每个老师的选择，但我们这个集体不容任何人个性泛滥。

以上我强调了成为名师必不可少的三个条件，说实在的，连我自己也达不到，但这丝毫不影响我们朝这个方向努力。康中60年风雨沧桑，每一个时期都有一批精英。我相信在座的各位会在三五年内崭露头角，我希望从我们这个团队中走出一批人。

4. 想明白我们在为谁工作

我们究竟为谁工作？有人说我们是为学校为校长工作，有人说我们是为家长为学生工作，这些话有一定道理。但我想强调，我们同时也在为自己工作。不仅是为得到工资，更重要的是每个人都在用工作书写自己的历史，都在给自己画像。工作得好，自己精神充实，心情愉快，自尊自强；相反的话，情绪低落，烦躁郁闷。学生说你闲话，同事看你笑话，领导找你谈话。与其说你在工作，不如说你是在服劳役。长此以往，你精神上受得了吗？所以，想到为自己工作，就有了热情和动力，就有了目标和责任。

工作中难免有挫折，遭遇不公，受些委屈。古语说：不如意事常八九，可与人言无二三。在工作中，在生活上，只要三人以上，必有矛盾和麻烦。人们有各自的认识标准、情感好恶、利益远近，很难有人把事情处理得大家都满意，但人们都期望当事人出于公心、诚心、宽容心。暑假前后，我们先后经历高中级职称人员推选、入编和各种评模，有些同志无论如何都应该入选，但事与愿违。我感到惋惜，心里很难受。我了解大家的工作，但我不能把最真实的情况反映给评委，我没有能力让决策人给每个同志以恰当的评价和公正的对待。说实在话，今天开会的讲稿早在 8 月初就完成了，但我矛盾了好几次，提起又放下。现实的残酷几乎折断梦想的翅膀。可如果没有梦想，我还有什么底气在这儿讲来讲去？

我来康中工作 20 多年了，接触一任又一任校长，一拨又一拨同事，我也经历过很多不顺，有时气得破口大骂，有时灰心得想躺倒不干。许多年过去了，很多事在当时过不去，回头看看，来回想想，几乎没有什么放不下。我劝同志们往大处想，往远处想，看开些，看淡些。我相信，天道至大，公理必胜。

同志们，今天我鼓起勇气给大家讲这番话，也许我的想法过于超然，但这是我的真实想法，我不想个别同志让困难打倒，也不想个别同志因不公而改变做人的准则。

肖川博士曾说，有心的地方就会有发现，有发现的地方就会有欣赏，有欣赏的地方就会有爱，有爱的地方就会有美，有美的地方就会有自由，有自由的地方就会有快乐。我希望我们的老师像肖博士说的那样，做一个有心的人，做一个幸福的人。

康杰之冬

教导主任的担当

我是 2009 年 8 月走上教导主任工作岗位的, 我深知这个角色对康杰中学这所重点中学的意义, 我只有竭忠尽智、勤奋认真地工作, 不敢粗枝大叶, 更不敢高高在上和颐指气使。

面对 100 多个教学班的庞大的教学队伍, 我们的工作作风是 "规范, 细致, 高效"。我们的工作重点是 "以服务为宗旨, 共建和谐; 以常规为基础, 确保质量; 以评价为杠杆, 鼓励竞争; 以检测为抓手, 促进落实; 以规范为标尺, 提高效率; 以改革为契机, 推动创新"。

一、明确职分, 把握重点

2010 年 5 月

教导主任是学校教育教学质量的责任人, 是校长的教学助手, 是教学的行家里手, 是教改的促进者, 是教师的贴心人。教导主任应该学习先进教育教学理念, 把握政策方向, 合理规划教学, 深入一线调研, 严格检查, 公正评价, 保证教学秩序, 提高教学质量。

1. 以服务为宗旨, 共建和谐

管理教学更本质地讲是服务教学。第一服务对象是校领导, 必须领会校领导班子对学校发展的规划, 必须明确阶段性目标和工作重点, 贯彻执行学校各项会议决议, 不扯皮, 不推诿, 积极行动, 迎难而上。第二服务对象是广大教师, 在教师待遇及教师所关心的问题上, 在教师工作条件工作环境及教学设备设施配置上, 反映教师诉求, 保护教师权益, 提高教师幸福指数, 让每一位教师辛苦并快乐地工作。第三服务对象是学生, 教导处大门永远开放, 热情接待每一位家长和学生。

诗人臧克家在《有的人》诗中说: "骑在人民头上的, 人民把他摔垮; 给人民作牛马的, 人民永远记住他!" 教学管理如果背离服务宗旨, 高高在上, 颐指气使, 必将成为孤家寡人。

2. 以常规为基础, 确保质量

教导主任要牢记责任和使命, 确保教学质量不断提高。加强常规管理,是保证质量的重中之重。

所谓常规管理，无非是对教研备课、上课、自习辅导和作业批改检查等环节的监督检查。做好这篇大文章，我们通过年级组在"例会—检查—总结公布"这些方面下功夫。本学期着力解决学习落实（作业）这个老大难问题。

3. 以评价为杠杆，鼓励竞争

没有评价的管理是粗放型管理，带来的必然是混乱管理。发挥评价的杠杆作用，鼓励先进，鞭策后进，一直是我们不断探索的课题。

我们的教学评价分两大体系。评价教师工作以学年度为单位有 8 个指标，即 4 次评教结果和 4 次期中期末考试成绩等级。评价学生学习成绩设特优生三个等级共 100 名和进步生若干名两个奖项。这里主要就教和学的因素而谈谈评价，其实，我们的评价是多元的、动态的，我们更注重过程性评价。

4. 以检测为抓手，促进落实

教学要不时地"回头看"，一个教学单元结束，年级组要组织统一检测，据此得到教情和学情的反馈，这是教学落实的有效手段。虽然是检测，同大型考试一样，严肃命题，严格监考，统一评卷，登分排队。

猴子掰玉荽的故事提醒我们，辛苦的同时要检点，漏洞在哪里？有没有得而复失？

5. 以规范为标尺，提高效率

教导处工作很繁杂。从工作内容上讲，有常规性工作、阶段性工作和临时性工作；从工作形式讲，有开会、统计、检查、上传下达等；从接触人员讲，有领导、教师、家长和学生；从涉及部门讲，有市局招办、基教科、教研室等。越是繁杂越要讲效率，提高效率就是要规范办事，按政策办，按程序办。

6. 以改革为契机，推动创新

改革是方向是出路。商王成汤的《盘铭》说："苟日新，日日新，又日新"；《诗经·大雅·文王》说："周虽旧邦，其命维新"。我们康杰中学要实现由历史名校向时代名校的跨越，就得抓住国家改革开放的历史机遇，审视传统，挑战自我，不断创新。教导主任有责任积极推进学校改革创新，大胆实践，勇于探索。

二、常规管理，从细从严

2015 年 12 月

说千道万，教学管理的重头戏还是常规管理。我校常规教学管理，按照

《常规教学管理条例》，在教导处指导下，通过年级组具体实施来完成，主要在"例会布置—检查记录—汇总公布"等环节和措施上落实，要求从细从严。

例会：每学期初各年级全体教师大会，每学期期中各年级教学分析会，教导处每周五下午年级主任碰头会，年级组每周班主任例会和每周学科组长例会。例会内容为：总结通报、安排布置和专题研讨。

检查：每天上课上自习到岗情况普查，每天作业抽查，每天教研组集体备课检查，每月教案检查。所有检查均有登记，用以汇总公布。

2015年11月，我们着手健全教师业务档案，力求对教师业务各个方面进行全面真实、追逐性记录，此一举对常规教学管理也起到一定的促进作用。

身为教导主任，常规教学管理是我工作中最耗时耗力的部分，朝夕于是，念兹在兹。下面附2010年4月14日全体教师大会上我就这个问题的谈话。

这里我来谈谈常规教学。

常规教学是个老掉牙的话题，但又是常谈常新的话题。常规教学包含备课、上课、自习辅导、作业批改、考试等环节。作为我们这样一所老校，经过一代代康杰人的不懈努力，经过艰苦的摸索改进，在常规教学方面已经形成了一套较完备的制度，相应的，也有较成熟的做法。回顾20世纪80年代，我校誉满三晋，这和常规教学坚持得好不无关系。我们再来数一数近年来各地的名校，几乎无一例外地把常规教学做到实处，甚至可以说，各种各样的教学改革都建立在常规教学的基础上。实践证明，没有常规，就没有改革，就没有质量，就没有声誉，就没有未来。也许年复一年的单调循环使我们心生厌倦，也许在种种诱惑面前我们乱了方寸，也许社会浮躁影响得校园摆不下安静的书桌，也许过多的评比检查竞争消解了我们的耐心，太多太多的也许使我们的常规教学不再按部就班，不再中规中矩。的确，在有些环节上出现了偷工减料、得过且过、有形式无内容、化复杂为简单等一系列不应有的现象，以至于对上经不起领导检查，对下无法向学生交代。因此，有必要在这里对常规教学再做强调。

1.备课

上好一节课，到底该用多长时间备课，这当然因人而异了，我想，真正吃透教材把课备好总该不少于两个小时吧。文科的老师要多翻些资料，理科的老师要精选例题，除此之外，还要细心揣摩解决问题的切入角度，还要设计问题的生成情景。这么多备课内容，绝不能拿"我会""我懂""我教过"等说法来了结。经验丰富的老师，请不要自以为是，墨守成规；青年教师不可粗枝大叶，生吞活剥。青年教师参加集体备课，拿到教案母本后，要再加工，手写心会，化为己有。青年教师在听了老教师课后，不要贪图省事，照猫画虎，一定结合自身实际，上自己的课。我们规定年级组一学期检查教案两次，仅仅是一种督促和提醒，重要的是每个教师在心里竖起标杆。

2.上课

这里主要强调课堂纪律。教师们首先要做到不迟到早退，不坐着讲课，不拖堂，不私自调课，这些是基本要求。还有些是坚决制止的，如吸烟、接打手机、侮辱体罚学生、让学生停课检查等。有些是提倡的，如不穿很响的高跟鞋、不着奇装异服、不涂指（趾）甲不浓妆。教师们还要维护自己的课堂纪律，严禁在课堂上学生嬉笑打闹，看闲书，玩手机，传纸条，睡大觉。课堂上出现特殊情况不好处理时，及时和年级组或班主任取得联系。副科老师也要看好自己的门户，自尊自爱，咱们的思想松一步，学生可能松十步，一定守住自己的阵地。

3.自习辅导

这里强调两点。一个是要足时。早读40分钟，迟到早走，掐头去尾，到年级组坐一会，真正和学生接触时间所剩无几，辅导效果可想而知。另一个自习辅导要主动出击。我们的学生不善发问，教师不能坐在讲台上等着鱼上钩，最好是走下讲台，到学生中去，在交流中引出问题。另外，在发挥自习功能上，目前侧重落实和巩固训练，对预习环节有所忽视，今后老师们如果在预习布置上多加重视，我想对课堂大有好处。

4.作业

去年以来，教学处到各部各年级查了好几次作业，遇到不少问题，突出的有：①不同的部资料使用不统一，作业布置不统一；②教师批改作业数量多少不一，批改规范程度有差异；③作业检查方式和检查力度有差异。今年寒假，教导处让各部统计寒假作业完成情况，究竟学生们完成得如何，完成不好又如何追究，在座的各位年级组长、班主任、科任老师，心里有数。作业问题已经成为制约我校教学质量的一个因素，教导处昨天开了高一二组长会，想在商量讨论的基础上，提出下一段促进这项工作的几个措施。

①各课头组长制定作业周规划，提前一周安排好本组作业，共几次，每次的具体题目；

②带一个班的教师和青年教师作业全批全改，带两个班的批每班的一半，以此类推；

③各班课代表每晚把本科作业完成情况报学习委员，学习委员每周把作业完成情况报年级组，年级组每月一次作业批改大检查，并把检查结果分成

等级。

5.考试

去年9月以来，教导处组织了大大小小14次考试，每一次都有改进，尽可能把组织工作做到合理、细致、严谨、科学。可是在考试中我们总遇到一些问题，概括如下：①有的老师不愿监考，或直接推辞，或找人代监；②有的教师监考不按规程去做，把卷子倒放、折角，有一次竟然有个老师忘了给学生发答案页；③有的教师批卷不细致，批错率高；④有的组不及时抱卷子等等。恳请大家积极配合，把考试工作做实做细，不要因为你小小的失误给教导处带来极大的麻烦。

老师们，上学期期中考试后，教导处曾发过一个关于常规教学的文件，让各部召开全体教师大会讨论学习，今天郑重其事，又来强调这个问题，其目的是让大家重视再重视。这不是什么难事，也不需要借助别人力量来完成，相信各位能够在过去工作的基础上，再上一层楼，共同努力，把我校教育教学质量提到一个新高度。

三、课堂改革，快步慢走

2014年10月

课堂是教学主阵地，课堂改革势在必行，早改比迟改好，大改比小改好。在课堂教学改革的路上，我主张"快步"。

多年来人们习惯把课堂看成教师的舞场，教师把握话语权，是知识和真理的化身，而学生是接受的容器，"头抬起，眼瞪大，看着黑板不说话"。这种课堂使学生的主人地位得不到重视，从而造成学生被动学习的局面。

在教与学的矛盾中，学生是主体，学习是学生自己事，这一点必须明确。学生学习过程是提出问题、分析问题和解决问题的过程，这就迫使教学把问题前置，确定先学后教的指导思想。

韩愈在《师说》一文中指出，"闻道有先后，术业有专攻"，不错，教师闻道在先，术业有专攻，但这种优势不能成为教师高高在上向学生灌输知识的理由，相反地，教师要充分利用这一优势，创设情景，启发诱导学生，从未知到已知，生成能力，收获探索的快乐。

为什么课堂教学改革目前阻力这么大？

1. 来自学生方面的。学生们在初中学习时，已经形成依赖教师的习惯，不去主动安排学习计划，不去具体进行学习设计，不去探究学习内容的内在联系，学习能力未被开发。学生进入高中学习后，遇到课改，突然间不知所措，有时很忙，忙成一团乱麻；有时很闲，闲得近乎无聊。总之难以适应学习主人角色，于是产生些抱怨。

2. 来自家长方面的。毕竟大多家长对教育的认识是有局限性的，家长们总拿自己上学时作比。入学前家长就忙着打听把孩子放到名师班上，结果大失所望。家长们怕自己孩子成了课堂改革的"小白鼠"，竭力反对，甚至组团抗议。如果给家长讲明白，家长有认识能理解，这个矛盾是可以解决的。

3. 来自教师的。惯性可以冲垮理智，使惯了刀的你让他要棍，怎么都别扭，这是一种情况。还有，老担心把学生放开，就把学生耽误了，怀这种想法的人不在少数。还有一种人，怕学生不按预设轨道来，提怪问题，自己驾驭不了课堂，这是不自信的表现。

不管阻力来自哪儿，总要承认它的客观存在，出路只有一条，那就是尊重规律，结合学情，扎扎实实走出一条路来，用事实证明，所以我主张"慢走"。

所谓"慢走"指的是对不适应课改的学生我们得给一个时间和过程，通过帮扶和过渡，逐渐把学生送入轨道，对个别过渡慢的学生，不要着急，不要歧视，耐心做工作，相信他一定会转变过来。

所谓"慢走"也指创设自主学习环境和条件。例如使用学本，一定要在学本编写上狠下功夫，不要把课本复制到学本上，不要把教辅资料改头换面整成学本，真正从学生角度，从本科知识的内在规律出发，由浅入深，由表及里，做成学生学习的"拐杖"。

相信每一位教师和每一位学生都能接受课堂教学改革，并在不断调整中，提高能力，超越自我。

四、"教学信息"，统筹引领

2013 年 7 月

我校搬迁入住新校区后，规模扩大了，全校专职教师 380 人，教学班 100 个左右，学生人数近 6000 人。学校实行教学部管理，每个部就是一个小学校，每个部三个年级有自己的管理体系。部与部之间，鸡犬之声相闻，老死不相往来。部与部之间明争暗斗，可笑的是夫妻在不同教学部却不敢交流教学上的事，怕对方听到"敌情"。封闭到如此地步。这给教学管理带来两大难题，一是信息交流不畅，二是教学行动协调困难。为打破壁垒，促进交流，统一步调，我在管理上利用发布"教学信息"的方式，化解矛盾，实现互通共赢。

几乎每周我们都要编辑发布一期"教学信息"。内容板块有：教学安排，督导检查结果公布，批评与表扬，一事一议等。有话则长，无话则短，信息全面，导向明确。教导处发布的"教学信息"一时成为校园热议话题。下面附上 2013 年 3 月 7 日至 4 月 23 日发布的十期信息，从中窥见我的工作用心。

教学信息一

一、2 月 17 日（正月初八）校领导慰问高三寒假补课教师。

二、2 月 19 日（正月初十）上午，学校召开教学专题会议，会议围绕"促进内涵发展，提高教学质量"进行了热烈讨论。

三、本学期高一学生根据文理学习侧重重新组班，每部设置了 3 个理科重点班，其余为普通文理侧重班。重点班将实行滚动管理。

四、本学期高二课程有调整，在原有方案基础上，文科班每周政治科增加 1 个课时。

五、2 月 27 日，我校 2013 年高考报名工作彻底结束，本届高三共报考 1855 人，其中文史类 426 人，理工类 1297 人，其余为体育艺术类。

六、3 月 1 日前，各部高三举办了不同形式的高考百日冲刺誓师活动。

七、3 月 4 日前，各部先后召开了全体教师大会，部署新学期工作。

老师们，春回大地，万物复苏。新的学期，我们将以新的姿态、新的精神迎接新挑战。本学期，时间短，假日多，任务大，希望大家惜时如金！

教导处
2013 年 3 月 7 日

教学信息二

一、3 月 8 日、9 日两天高三四校联考。

二、3 月 12 日下午，华东师范大学教授金忠明在康杰大讲堂为全体教师做了题为"名师智慧与课堂教学质效提高的策略"的报告。

三、3 月 12 日下午始，高三学生高考体检，14 日下午结束。

四、3 月 14 日上午，路校长巡视各教学部时，对教学一部教室内外环境提出表扬，要求各部提高环境卫生标准，重视环境育人作用。

五、3 月 15 日晚，全体教师在康杰大讲堂开教学分析会，教学刘校长对2012 年高考进行总结分析，教学各职能部门负责人通报了各年级及创新部的教学情况。一系列数字和表格，让人警醒，给人鼓舞。这既是一次教情学情剖析会，又是新学期教学工作动员会。

六、本周约有 200 多名高三学生赴太原参加高校自主招生考试。

七、本周教导处检查上课，有 5 名教师不在课堂。

八、本月底高一二将进行月考，各学科组和学部早做准备。

教导处

2013 年 3 月 18 日

教学信息三

一、3 月 17 日高一重点班学生人人签署承诺书，同意执行学校有关重点班滚动管理的制度。

二、3 月 18 日和 19 日高三进行省适应性训练考试，此次考试和河东校区联合评卷。

三、3 月 18 日下午教学检查中发现，2012-14 班音乐课教师缺席，2011-15 班电脑课有 15 名学生滞留教室，2012-33 班体育课有 5 名学生滞留教室。

3 月 22 日上午 2012-07 班地理课教师缺席，2010-24 班化学教师缺席。

四、3 月 20 日二部阶梯教室开全校组长会，要求各组长做细教学计划，责任到人，细到每周每课时，同时强调大组协调统一行动。会上提出非高考科目教师站好课堂。

五、本月底高一二将进行月考，各教学部学科组提前做好准备。

教导处

2013 年 3 月 22 日

教学信息四

这期信息谈一谈边缘生转化工作。边缘生转化工作是高三工作的重头戏，这项工作直接关系到各部各班的高考升学率。

边缘生确定：理科全校排名在 900—1100 名学生，文科全校排名在 230—280 名学生。

边缘生诊断：学习外问题：思想、心理、性格、身体、家庭情况、师生及同学关系等各种因素。学习内问题：弱科、弱章节、概念不清、记得不准、做题少、步骤不全、答题不规范、学习时间分配不合理，动手能力差等问题。

边缘生转化措施：1.各教学部把本部各班边缘生名单及每个学生的问题列清上报教导处；2.各班把本班边缘生列表印发给各科任教师，表格中有姓名、问题，进入高三每次考试的分数和排名，让科任教师明确自己的工作对象，并兼顾其他边缘生，形成聚焦；3.给边缘生吃偏饭。课堂上多提问多检查多鼓励，课下每周约见至少 2 次，每次不少于半小时，每次作业全批全改，争取做到面批面改，每次考试后进行试卷分析。

边缘生转化设奖：高考后部内设专项奖励，成功一个给负责该生的教师奖励 500 元。

希望老师们对边缘生再辛苦些再用心些。

你的一个眼神，能让他获得自信和动力；

你的一次批改，能助他进入达线行列；

你的一次面谈，能改变他的学习成绩和人生命运！

教导处

2013 年 3 月 28 日

教学信息五

高三二轮复习目前在紧张进行中，4 月底将进行最后阶段的题组训练，既然我们认可题组训练是最后阶段提高学生成绩的有效手段，那么题组的质量就成为高三复习备考的重中之重了。从某个角度讲，最后训练的六组题是决定今年高考的关键。我们要求每个学科组统筹安排，精心组题，集全组之力量和智慧，命好最后六组题。

一、教导处于 4 月 10 日前给各组提供去年高三所用题组的纸质稿和电子稿，于 4 月 10 日前和 4 月底分两批给各组提供含有北京三区、衡水、金太阳及各地联考题等组题所用资料。老师们也可根据段燕青提供的题库选择些题目。

二、各学科组利用 4 月第一周集体备课时间，详细安排组题工作，各科根据自己的人力及学科特点，在列出双向细目表的基础上，合理分工，具体到人，作为一项系统工程来对待。4 月 20 日前交出第一组题，4 月底交出第二三组题，5 月 11 日前交出后三组题。

三、各学科组长是组题责任人，全面考虑安排本组组题工作，严格审查把关题组质量，综合科组长注意协调各小科组题工作。特级教师所命题组也编排在六组的序列中。

四、每一组试题标题是"康杰中学 2013 年××科模拟训练卷×"，标题下是"命题人：×××审题人×××　×年×月×日"，组好题后交组长审查签字，送交文印室。

五、组题工作具体要求

1. 按照高考样题形式，依葫芦画瓢，从提示到题干到分值，包括符号，尽可能仿高考题，不要因为随意改动给学生以误导。

2. 可以采用某套题中的原题，决不能现成搬用某套题，充分发挥剪刀糨糊作用，仔细筛选，为我所用。

3. 仔细校对，精益求精，对图表数字尤其要求准确无误，无论试题或答案，追求零错误。

4. 注意知识点覆盖，避免同质重复。

5. 掌握难易比例，可适当地有意地选进些难题。

6. 高考结束后，对照高考题每个组要对所编题组进行总结评价。

7. 进入题组训练后，各教学部不准发任何资料给学生。

最后六组题：师生们千辛万苦迎战高考之抓手，2013年我校高考成败之所系！

教导处
2013 年 3 月 28 日

教学信息六

一、3 月 25 日上午和 3 月 28 日上午教导处查各部教师上课无缺席。

二、3 月 26 日晚自习开高三教学工作专题会，通报省适应性考试情况，商讨后期备考策略，安排总复习题组编写。

三、3 月 30 日高一二进行了月考，我校自己命题，全校统一编排试场，统一评卷。考试暴露问题有：一有的学科试题校对不细；二个别学生无故不参加考试；三有两个学科评卷拖拉。现考试结果已发到各部，请仔细对照数据，分析总结。

四、为了给忙碌的高三教师提供方便，创新实验部和教学二部在年级组备放了微波炉，希望这样的"热心工程"发挥作用！

五、高三复习两忌：埋头做题求量不求质更不去深入思考；一味学习忽视体能训练。

六、4 月 2 日，三门峡市外语中学一行人来我校听课交流座谈。

七、严禁在教学时段教学区域进行有偿补课，学校已制定出相关规定，近期将检查执行。

八、4 月 3 日下午最后一节课，有的班级提前下课，影响极坏。学生虽然归心似箭但从心里鄙视提前下课的教师,有的家长直斥这样的教师素质低、坏规矩。小事不小啊！

教导处
2013 年 4 月 7 日

教学信息七

一、4 月 8 日上午全体教导员开会，下午全体部长开会，要求进一步加强常规教学管理，从严从细，真实全面地进行检查统计。教导处还给部长们发了《你在为谁工作》一书和《中国教育报》近期刊登的"共筑中国梦"六篇社论。

二、每一位上课的教师有责任保证自己的课堂秩序，把学生迟到、旷课、睡觉、玩手机等现象制止住、登记上、杜绝掉。上课第一件事就是在班级日志上登记缺课学生。

三、教学一部充分发挥飞信作用，隔三岔五，除了发布通知，还给老师们发来问候、提醒、喜讯和批评等短信。部长和老师们身心在一起、苦乐在一起，分担"寒潮、风霜、霹雳"，共享"雾霾、流岚、虹霓"。这也是一种教学部文化。

四、本周各教学部对开学以来作业收交批改情况进行检查，受表扬的教师名单附后。

五、4月12日下午新东方教育集团总裁俞敏洪先生来我校讲学，全体外语教师和所有学生包括康杰初中初二年级学生听讲。

六、拟定本月底进行期中考试，各教学部教研组早做准备。

七、各年级学科组长务必于本月15日（星期一）给教导处报下学期教材和是否使用省编资料。

教导处

2013年4月12日

教学信息八

4月9日晚，教学一部召开了一场别开生面的小型班主任经验交流会。参会的曹晓丽、针鹏、郑伟斌、秦青青、王杰、荆林霄六名班主任分别介绍了各自班级发展的状况，管理班级的经验和困惑。程顺刚部长、郭六云、冯林芳副部长针对每位班主任的经验介绍给予了点评，充分肯定了每位老师班级管理中的亮点，指出各自存在的问题，并提出了具体的工作建议和要求。教学一部关心青年教师的成长和进步，不仅敢给青年教师压担子，而且注重培养，对青年教师成长中的具体问题及时会诊和指导，这是对青年教师的真关心。教学一部不断创新教学管理方法，这是提升内涵发展、促进教学质量提高的具体体现，这种做法值得各教学部学习和借鉴。

高考临近，对文科尤其是历史学科复习有两点建议：第一，建议老师手批试卷，指出学生答题非规范性失误；第二，建议老师关注名师博客。教学应与时俱进，一支粉笔两本书的时代早已过去，很多全国知名的专家学者型老师都有自己的博客，实时发布最新的总结和思考，这对老师的成长学生的进步都很有帮助，刘建荣老师提议大家在百度搜索周长森的博客，进去看看，必有收益。

北京四中高三年级部分学科优秀教师作了《关于 2013 年高考复习策略的建议》讲座，各教学部高三年级均有下载，请各位老师抽时间看看。

教导处
2013 年 4 月 12 日

教学信息九（高三后期工作安排）

4月20日、21日高三进行五地市联考。自22日起进入以考代练复习阶段。这一阶段要达到的目的是：通过训练7组题，拔高同学们的学习能力和考试能力。

一、日程安排

	星期日	星期一	星期二	星期三	星期四	星期五	星期六
4 月		22	23	24	25	26	27 自考（一模）
	28 周六连上	29 休息	30 休息				
5 月				1 休息	2 统考（二模）	3 统考（二模）	4 全天周六
	5	6	7	8	9	10 四校联考	11 四校联考
	12 休息	13 自考（三模）	14 全天周六	15 全天周六	16 统考（四模）	17 统考（四模）	18 全天周六
	19 休息	20 自考（五模）	21 全天周六	22 全天周六	23 统考（六模）	24 统考（六模）	25 全天周六
	26 休息	27 自主复习	28 自主复习	29 自主复习	30 自主复习	31 自主复习	

注：1. 4 月 22 日至 26 日和 5 月 5 日至 9 日按照周一到周五的课表上两轮。2. "全天周六"指的是按周六课表全天上课。

二、具体要求

1. 自考:学生们在自己教室考;时间是数学(07:00—09:00),语文(09:30

—12：00），综合（14：30—17：00），英语（19：00—21：00）学生在教师指导下互评卷子，登记分数。

2．统考：全校统一编排试场，执行高考时间，全校集中评卷，公布成绩。每天第一科考前安排两个课时，两天四课时，数学两节，语文英语各一节。

3．大体按照"考试—讲评—休息一天"交叉进行的模式来循环；中间有两个时段可按照课表上两周课；周六按课表全天上课，周日休息。

4．体育教师除参加正常监考外，服从年级组工作安排。

5．所有教师在最后阶段处理好工作和家务事，一律不准请假。

6．所有学部不准给学生印发任何资料。

7．除省五地市联考外，其他考试费用年级组核算。

三、5月27日至31日为自主复习；6月1日、2日最后一次仿真训练。

教导处

2013 年 4 月 18 日

教学信息十

一、高三工作

1．原定本月 27 日考试移至 26 日，27 日按周五课表上课。

2．五月份安排有调整，如表（略）

3．召开上周末考试分析会。

4．对一模、二模考题再审定。

二、高一二工作

1．周一评教。

2．24 日全天和 25 日上半天期中考试，考程已发到各部各年级，本次考试在整顿考试纪律上将实行新措施。

3．各部抓紧时间检查教案和作业批改，五一前上报结果。

4．25 日后半天和 26 日全天运动会，27 日全天上周六课，28 日半天上周六课。

三、全校五一放假自 4 月 28 日上午 12 点至 5 月 1 日下午 6 时。

教导处

2013 年 4 月 23 日

五、高考复习，十条建议

2016 年 3 月

我们学校是升学预备型学校，高考升学率是衡量学校办学水平的一项重要指标，年年高考，年年复习，为此，我们投入了大量人力财力，有成功的经验，也有失利的苦处。为了促进高三备考复习，我提出如下建议。

1. 思维比知识重要

目前高考复习大多采用三步走的方案。第一步即所谓的第一轮复习，其目的是夯实基础，梳理主干知识，建立学科知识体系；第二步即所谓第二轮复习，其目的是通过专题训练，强化主干知识，形成学科思维和学科思想；第三步即第三轮复习，其目的是通过以考代练和高密度综合训练，使学生养成规范答题的习惯，同时，提高综合能力及高考适应能力。这三轮复习中，第二轮的形成学科思维很重要，这直接影响到答题角度和方向。如面对"愚公移山"这个材料，语文教师和地理教师、物理教师解读的角度不一样，就是这个道理。复习必备大量知识，在此基础上形成能力，能力之上是学科思维。

2. 弱科比强科重要

按理说，高考六个科目都很重要，有强科是好事，但千万别有弱科，俗话说"高鼻子顶不了深眼窝"。著名"木桶理论"讲，木桶盛水量多少，取决于最短那块板的高度。同学们应该理性看待各门功课，找出弱科，并制定补弱计划，力争在第一轮复习结束时，补齐短板。弱科的形成往往和学习者的兴趣相关，兴趣低，投入少，自然就弱了，时间一长，和别人有明显差距，接着就产生了畏惧心理，似乎补不起来。事实上，自己能力不差，只要树立信心，由浅而入，一定能补起来的。

3. 自主比上课重要

这一点不是说上课不重要，是强调复习中学生个体的主观能动性。学校有大计划，课堂是用来完成大计划的，是解决共性问题的，而每个学生有自己的实际学情，这就要求必须结合自身学情，结合自己学习特点和学习习惯，自主安排课外空闲时间。学校不可把学生课外时间安排太紧太密，留出空间，让学生自主。自主学习能力强的学生，高考往往有意想不到的收获。

4. 交流比独学重要

在复习过程中，一个人静下心来，默默地做题、阅读、思考，这是可贵的，但我认为同学间的交流更重要。交流讨论可以取长补短，相得益彰；可以相互启发，把问题引向深入；可以提高注意力，因为有情景在，也能减缓遗忘压力。文科学生更应该多交流讨论，利用饭前饭后，散步休闲等零碎时间，随时随地展开讨论。通过交流讨论，强化记忆，即时纠错，思想碰撞，何乐不为？

5. 书写比口说重要

一定要多写，口说不算，口说和写到纸上还有一段距离。写不出来，写不下去，不是用词问题，而是思想矛盾和思想混乱问题，写要求精确和清晰。写的过程可能出现笔下误，这一点不可小瞧，还是写少的缘故。写的时候，字迹要工整，符号要规范，不可省时省力，只有规范，才能效益最大化。写表面上看用时较多，但写过之后，脑中留痕，记得牢。我曾观察过，书写整齐的同学不一定比书写潦草的同学用时多，那是练出来的，开始时慢，后来就快了，习惯成自然。

6. 少做比多做重要

复习中自然要大量地做题，但做什么怎么做，却大有讲究。首先选好题，俗话说"宁吃仙桃一口，不吃烂柿一筐"，太难太偏的题坏脑坏手，引人误入歧途。从这个角度讲，精选些好题做，比整日在题海中沉浮要科学得多。所谓好题，历年来的高考题是样板。其次，做题之后要研究，找出这道题和《考纲》的关系，和课本的关系，和学科其他知识点的关系，研究是为了举一反三，触类旁通，取得以少胜多的效果。我班学生中有一对孪生兄弟，哥哥比弟弟刻苦，平时做题多，但不注意精选和研究，高考结束，哥哥成绩反倒不如弟弟。

7. 顾后比瞻前重要

有的同学劲头十足，头朝前，一味地进攻，我劝他不妨停一停，进行回顾和整理，一门功课，辛辛苦苦学了几年，有的学了10年，应该分门别类很好地进行整理。一间仓库如果堆放杂乱，物品多也无益，反倒不如整齐有用。高三复习密度大，需要一天一整理，一周一整理，一单元一整理，一阶段一整理，这样，日有所进，月有所长，愉快而充实。许多学校要求学生建错题本，有的教师进行经典回放，这些都是很好的做法。

8. 实力比分数重要

说说考试吧。排名和分数，学生们普遍很在乎，分高则喜，分低则忧，这种情绪变化是人之常情，但更理性地讲，不应该把分数和实力等同，要从失误中找问题，有失误要分清是考试方面问题还是近段学习上问题。考试方面问题也要分卷面问题，速度问题，还是心理问题。学习上的问题也要区分是弱科问题、训练量问题还是知识与能力问题。冷静客观地进行一番分析，考试就变得更有意义。有人说，考试其实是在比失误，一语中的。

9. 身体比学习重要

高考绝不单单是学生学习上的比拼，而是各种因素的较量，其中身体因素至关重要。身体差的同学在学习时间上首先输一筹，还会出现注意力不集中、脑子反应慢等问题，所以高三学生切不可忽视体育锻炼，不要心疼锻炼时间，磨刀不误砍柴工。另一方面要保证睡眠，特别是中午要睡一阵子，"头悬梁，锥刺骨"的精神可学，但做法实不可取。老百姓常说，身体强壮人鬼神也怕三分，可见身体对稳定情绪所起的作用。高考期间，正值暑天，没有好身体，怎能保证有好成绩！

10. 心理比身体重要

身体欠佳，可以通过加强锻炼来弥补，最麻烦的是心理情绪方面出现问题，每年高考都有一部分同学受此影响。这方面最大的敌人是过度焦虑，睡不安，吃不香，精神不集中，复习效率低，总担心考不好，最后真的发挥不理想。如何调整？第一加强体育锻炼，身正心正；第二有规律地生活，吃饭睡眠按规律有节奏地进行，吃睡一乱心必乱；第三做出周密计划，让坏心绪无孔可入；第四和亲朋好友聊家常，舒缓紧张心理。心理调适，因人而异，自强自信，勇于面对，没有翻不过的山，没有趟不过的河。

六、墙壁说话，又闻书香

2015 年 4 月

2015 年 4 月，为迎接全省课堂教学改革推进会在我校召开，学校决定对教学楼墙面统一布置。接受这一任务后，我从常校长办公室借来一本介绍我国古代家庭教育的书，仔细翻阅，选出 22 段文字，内容是做人治学类的。后来把这些内容做成版面，黄底黑字，古色古香，散发着浓郁的古典文化气味。这也算是一个教导主任对学校文化建设的贡献。现附录如下：

1. 鲤趋而过庭。曰：学《诗》乎？对曰："未也。"曰：不学《诗》，无以言。鲤退而学《诗》。他日，又独立。鲤趋而过庭。曰：学《礼》乎？对曰："未也。"曰：不学《礼》，无以立。鲤退而学《礼》。

子谓伯鱼曰：女为《周南》《召南》矣乎？人而不为《周南》《召南》，其犹正墙面而立也与。

——孔子《庭训》

2. 黎明即起，洒扫庭除，要内外整洁；即昏便息，关锁门户，必亲自检点。一粥一饭，当思来处不易；半丝半缕，恒念物力维艰。宜未雨而绸缪，毋临渴而掘井。自奉必须俭约，宴客切勿留连。器具质而洁，瓦缶胜金玉；饮食约而精，园蔬胜珍馐。勿营华屋，勿谋良田。

——朱柏庐《朱子家训》

3. 御孙曰："俭，德之共也；侈，恶之大也。"共，同也，言有德者，皆由俭来也。夫俭则寡欲。君子寡欲，则不役于物，可以直道而行；小人寡欲，则能谨身节用，远罪丰家。故曰："俭，德之共也。"侈则多欲。君子多欲，则贪慕富贵，枉道速祸；小人多欲，则多求妄用，败家丧身。是以居官必贿，居乡必盗，故曰："侈，恶之大也。"

——司马光《训俭示康》

4. 夫志当存高远。慕先贤，绝情欲，弃疑滞。使庶几之志，揭然有所存，恻然有所感。忍屈伸，去细碎，广咨问，除嫌吝。虽有淹留，何损于美趣，何患于不济。若志不强毅，意不慷慨，徒碌碌滞于俗，默默束于情，永窜伏于凡庸，不免于下流矣。

——诸葛亮《诫外甥书》

5. 夫明《六经》之指，涉百家之书，纵不能增益德行，敦厉风俗，犹为一艺，得以自资；父兄不可常依，乡国不可常保，一旦流离，无人庇荫，当自求诸身耳。谚曰："积财千万，不如薄技在身。"技之易习而可贵者，无过读书也。

——颜之推《颜氏家训》

6. 汝年时尚幼，所阙者学。可久可大，其唯学软。所以孔丘言："吾尝终日不食，终夜不寝，以思，无益，不如学也。"若使面墙而立，沐猴而冠，吾所不取。立身之道与文章异，立身先须谨重，文章且须放荡。

——萧纲《诫子》

7. 木之就规矩，在梓匠轮舆。人之能为人，由腹有诗书。诗书勤乃有，不勤腹空虚。欲知学之力，贤愚同一初。由其不能学，所入遂异闾。

——韩愈《符读书城南》

8. 学贵变化气质，岂为猎章句、干利禄哉。如轻浮则矫之以严重，褊急则矫之以宽宏，暴戾则矫之以和厚，迂迟则矫之以敏迅。随其性之所偏，而约之使归于正，乃见学问之功大。以古人为鉴，莫先于读书。

——庞尚鹏《庞氏家训》

9. 读书须先论其人，次论其法。所谓法者，不但记其章句，而当求其义理。所谓人者，不但中举人进士要读书，做好人尤要读书。……所以读一句书，便要反之于身，我能如是否。做一件事，便要合之于书，古人是如何。此才是读书。若只浮浮泛泛，胸中记得几句古书，出口说得几句雅话，未足为佳也。

——朱柏庐《读书》

10.读书以百遍为度，务要反复熟嚼，方始味出，使其言皆若出于吾之口，使其意皆若出于吾之心，融会贯通，然后为得。如未精熟，再加百遍可也，仍要时时温习。若功夫未到，先自背诵，含糊强记，终是认字不真，见理不透，徒敝精神，无益学问。

——何伦《何氏家规》

11.夫君子之行，静以修身，俭以养德。非淡泊无以明志，非宁静无以致远。夫学须静也，才须学也。非学无以广才，非志无以成学。慆慢则不能励精，险躁则不能治性。年与时驰，意与日去，遂成枯落，多不接世，悲守穷庐，将复何及？

——诸葛亮《诫子书》

12.心犹首面也，是以甚致饰焉。故览照拭面，则思其心之洁也，傅脂则思其心之和也，加粉则思其心之鲜也，泽发则思其心之顺也，用栉则思其心之理也，立髻则思其心之正也，摄鬓则思其心之整也。

——蔡邕《女训》

13."玉不琢，不成器；人不学，不知道。"然玉之为物有不变之常德，虽不琢以为器，而犹不害为玉也；人之性因物则迁，不学则舍君子而为小人，可不念哉？

偶此多事，如有差事，尽心向前，不得避事。至于临难死节，亦是汝荣事。但存心尽公，神明自佑，汝慎不可思避事也。

——欧阳修《家诫二则》

14.愿汝等言则忠信，行则笃敬。无口许人以财，无传不经之谈，无听毁誉之语。闻人之过，耳可得受，口不得宣，思而后动。若言行无信，身受大谤，自入刑论，岂复惜汝，耻及祖考。思乃父言，聆乃父教，各讽诵之。

——羊祜《诫子书》

15.人无志，非人也。但君子用心，有所准行，自当量其善者，必拟议而后动。若志之所之，则口与心誓，守死无二，耻躬不逮，期于必济。若心疲体懈，或牵于外物，或累于内欲，不堪近患，不忍小情，则议于去就。议于去就，则二心交争。二心交争，则向所以见役之情胜矣。

——嵇康《家诫》

16.人或毁己，当退而求之于身。若己有可毁之行，则彼言当矣；若己无可毁之行，则彼言妄矣。当则无怨于彼，妄则无害于身，又何反报焉？且闻人毁己而怨者，恶丑声之加人也，人报者滋甚，不如默而自修已也。谚曰："救寒莫如重裘，止谤莫如自修。"斯言信矣。

——王昶《诫子侄文》

17.交游之间，尤当审择，虽是同学，亦不可无亲疏之辨，此皆当请于先生，听其所教。大凡敦厚忠信、能文无过者，益友也；其诣谀轻薄、傲慢亵狎，导人为恶者，损友也。推此求之，亦自可见得五七分，更问以审之，百无所思矣。

见人嘉言善行，则敬慕而录纪之，见人好文字胜己者，则借来熟看或传录之而咨问之，思与之齐而后已。

——朱熹《与长子受之》

18.其道维何，约言之有四戒四宜：一戒晏起，二戒懒惰，三戒奢华，四戒骄傲。既守四戒，又须规以四宜：一宜勤读；二宜敬师；三宜爱众；四宜慎食。以上八则，为教子之金科玉律，尔宜铭诸肺腑，时时以之教诲三子。

——纪昀《寄内子》

19.凡人之情，莫不好逸恶劳。无论贵贱智愚老少，皆贪于逸而惮于劳，古今之所同也。人一日所着衣所进食，与一日所行之事所用之力相称，则旁人韪之，鬼神许之，以为彼自食其力也。若农夫织妇终岁勤动，以成数担之粟数尺之布，而富贵之终岁逸乐，不营一业，而食必珍馐，衣必锦绣，酣豢高眠，一呼百诺，此天下最不平之事，鬼神所 不许也，其能久乎？

——曾国藩《谕纪泽纪鸿》

20.不力行，但学文，长浮华，成何人。但力行，不学文，任己见，昧理真。读书法，有三到，心眼口，信皆要。方读此，勿慕彼，此未终，彼勿起。宽为限，紧用功，工夫到，滞塞通。心有疑，随札记，就人问，求确义。房室清，墙壁净，几案洁，笔砚正。墨磨偏，心不端；字不敬，心先病。列典籍，有定外，读看毕，还原处。虽有急，卷束齐，有缺坏，就补之。非圣书，屏勿视，敝聪明，坏心志。勿自暴，勿自弃，圣与贤，可驯致。

——李毓秀《弟子规》

21.夫坏名菑己，辱先丧家，其失尤大者五，宜深志之。其一，自求安逸，靡甘淡泊。其二，不知儒术，不悦古道。其三，胜己者厌之，佞己者悦之。其四，崇好慢游，耽嗜曲蘖。其五，急於名宦，昵近权要。

——柳玭《柳氏家训》

22.莫贫于无学，莫孤于无友，莫苦于无识，莫贱于无守。无学如病瘵，枯竭岂能久？无友如堕井，陷溺孰援手？无识如盲人，举趾辄有咎。无守如市倡，舆皂皆可诱。学以腴其身，友以益其寿，识以坦其心，守以慎其耦。时命不可知，四者我宜有。……小子谨识之，勿为世所狃。

——蒋士铨《再示知让》

七、将心比心，尊重教师

2016 年 3 月

一个有着近 400 名教师的中学，能够叫出教师名字最多的人是谁？恐怕要数教导主任了。因为工作关系，我和老师们有这样那样的交往，我尽可能地了解理解每一位教师，我尊重教师的劳动，我想最大限度地发挥教师们的价值和作用。

1. 我辛苦着你的辛苦

尽管教导处工作繁忙，但我还是坚持站在讲台教语文，这样虽然辛苦，但和教师们离得近，能更多地看到他们辛苦，更多地陪伴他们辛苦。

学校规定的早读和晚自习时间形同虚设，老师们至少提前半小时早就在教室候学生了。晚自习下了，一定有班主任还在和学生谈话。休息日，你到教学区转转，总有教师陪学生自习，总有教师在教研组备课，八小时工作制和教师们无关。

教师们辛苦是有目共睹的，是良心使然，他不一定要表扬，他需要理解和支持。我愿从他们身边走过，匆匆中给他们以微笑。

2. 我感动着你的感动

在和教师们并肩作战一路走来中，我有着太多的感动，教师们自觉自愿地毫不张扬地默默地传递着正能量。

我第一次感动是听到一个女教师的故事。她要上课，年幼的孩子无人看管，她只好把孩子绑在床头。我能想象到，她在通往教室的路上一步三回头的神情。

陈朝娥是体育老师，每逢下雨天放学的时候，他撑着把雨伞站在操场边，招呼下课的学生不要从操场穿过，免得把操场踩成泥潭。他沙哑的声音永远在操场四周回荡。

王鲜朵老师是低血糖患者，有次上课晕倒在课堂，不省人事，同学们七手八脚把她抬到教室旁边的语文教研组。她平躺在办公桌上，似睡非睡，脸色煞白。

刚搬迁到新校时，教学楼楼梯转弯处打滑，张清泉老师摔成骨折，正是准备高考的紧张日子，他坚持拄拐上课，学生们每天从灶房把饭端到教研组。

梁冠卿当班主任时，为了尽快记住每个学生的名字，给学生制作桌签；吴国勋用不同颜色的馒头做成教具，帮助学生建立化学分子结构；冯雷杰从楼道走过，顺手捡起地上纸片……

不用再举例了，这样的事太多太平常了。我就生活在这样一个时时受感动、彼此受感动的集体里。

3. 我烦恼着你的烦恼

人生在世，不如意事常八九，可与人言无二三。

我知道，你有来自工作的烦恼。在学校工作十多年，却不是正式在编教师；该晋升职称了，说是名额有限得排队等候；评模范时，成绩优秀的该评，可自己把一个基础很差没人愿带的班转化成中等班，就不该评上吗？本想安安静静地教学，可检查、评比、考核、排队、培训等接踵而至，没完没了；遇到调皮学生，不管吧，于心不忍，管重了，怕学生出意外，怕家长恶意纠缠；到某个部门办事，常遇到不理解的尴尬；如此等等。

我知道，你有来自生活上的烦恼。老年教师"发苍苍，视茫茫，齿牙动摇"，免不了头疼脑热；中年教师上有老下有小，不能为老人床前尽孝，孩子上学就业结婚买房不那么顺畅；今天和小区物业吵了一架，明天在街上违章遭罚款；房价高得离谱咱认了，没想到一根葱也得两块钱；如此等等。

我知道，烦恼归烦恼，烦恼之后你依然努力工作。

4. 我幸福着你的幸福

每到期末，批完最后一份卷子，如释重负，你是幸福的。

教师节或逢年过节，新老学生的问候短信，纷至沓来，你是幸福的。

高考结束，一份份录取通知书发到学生手上，你是幸福的。

大赛归来，手捧红色奖金烫金的获奖证书，你是幸福的。

课堂上，争论热烈，形成高潮，你是幸福的。

做题时，苦思冥想，一道灵光闪现，一切豁然开朗，你是幸福的。

写作中，终于找到一个词，恰当妥帖，你是幸福的。

休息日，你睡到自然醒，你是幸福的。

我的同行，我的朋友，你没有奢求，你幸福着学生的幸福，我幸福着你的幸福。

政协委员的呼吁

一、整顿网吧，挽救学生

2007 年 3 月 15 日

互联网的兴起和发展给整个社会带来极大促进。但互联网的信息庞杂，泥沙俱在也给社会带来负面影响。部分不道德甚至不法商人唯利是图，利用网吧拉青少年下水，使大批未成年人沉迷网吧，身心俱损。学生上网多从事三种活动：玩游戏、聊天、浏览色情网页。游戏网络最容易使青少年上瘾。其内容以凶杀为主，模拟情境，分不同等级，还伴有奖励措施，诱使青少年越陷越深，不能自拔。网上聊天大多是无聊话题，不负责任地胡侃瞎说，互相逗着玩。或者真假参半，欺哄瞒骗。学生上网主要是为了逃避现实。学习压力大，家长教师管教严，使他们产生抵触情绪。于是泡进网吧，取得暂时的解脱。网络世界是虚拟世界，他们想达到什么目的，似乎不费多大力气便可达到；想要多少痛快似乎就能得到。远离了现实生活的复杂性，严肃性。学生们思想单纯，抑制力弱，不能克制自己，一接触网络，人便整个垮掉，完全被俘虏，久而久之便上网成瘾。大批学生上网时间在周末或假期，部分学生请假借故上网或偷偷摸摸钻学校管理空档，甚至极个别学生以网吧为家，夜以继日，持续不归。中央电视台曾曝光天津一少年因迷上网络游戏而自杀。我们运城也发生过和网络有关的青少年凶杀案。前不久，《第一时间》报道了在圣惠桥附近发生的一起绑架案，案情具体是两个十七八岁的学生因为上网没钱而胡乱绑架了一个上学路上的小学生，结果还把这个可怜的孩子殴打致死。一时间闹得家长们人心惶惶，上班时间也坐立不宁。由此可见，沉迷网络不仅害己而且害人！我们经常在学校里发现，有些学生神志恍惚、昏昏欲睡、面黄肌瘦、目光呆滞、心不在焉。这都是网络的危害。网络害了学生的身体，学业，思想情感，甚至毁了孩子的一生。网吧是学生上网的主要场所，网吧追逐学校而建，网吧为学生提供一切上网的方便，所以我强烈呼吁全社会谴责不道德网吧！为千家万户负责，为下一代负责！强烈呼吁相关部门整顿检查，依法要求，让不法网吧停业关闭！

二、高考复习大军对教育生态的破坏

2008 年 3 月 17 日

近年来，我市高考达线人数逐年攀升，按理说，这是一个好现象，但透过繁荣的表面，往深里看，也许心里会升起几许担忧。请看表格中的数字：

年　份		参加高考人数	达二本线以上人数
2006 年	应届	25039	2457
	往届	12305	3710
2007 年	应届	26463	2558
	往届	13584	3986
2008 年	应届	33377	2239
	往届	13619	5540

（2008 年达线人数是推测数，以高三全市期末统考为据）

以上数据显示：①复习生在高考大军中占一定比例。2006 年应往届的比例是 2.03:1；2007 年的比例是 1.95:1；2008 年减为 2.45:1。②复习生在高考达线人数中占绝对比例。2006 年超过应届生 1253 人，2007 年超过应届生 1428 人，2008 年似乎更猛，若以全市期末统考为准，那就超过应届生 3301 人。而且据了解复习生考取名牌大学的人数也远远超过应届生。人们印象中的高考大县如今主要靠复习生来支撑。可见应届生在高考中被挤压得喘不过气，只剩下一片狭小的空间。

为什么这么多学生愿意受着煎熬加入复习大军呢？原因有四：①录取结果不理想，或学校或专业或地域不符合心愿，还有一种情况，录取和分数极不相称，不甘"下嫁"。②社会竞争激烈，就业压力大，拼命考名牌，非名牌不上，有的学生连续拼读三年。③职业教育欠发达，外地职校不被看好，当地职校缺乏吸引力，职业教育对千军万马挤独木桥起不到分流作用。④各县校拉有潜质的复习生以壮门面，用发奖金、免学费、配优质资源等条件诱惑学生复习，在小范围内实现双赢或多赢，达到所谓社会效益和经济效益并举，皆大欢喜。

复习生现象带来的直接受害者是应届高中毕业生。由于起点不同，竞争不公，应届生被迫沦为弱势群体，在蛋糕切分中，只占一小块，难难相因，冤冤相报，自然就诞生了"高四族"、"高五族"。这种恶性循环导致复习班生意火爆，继而出现拉名师竖招牌的竞争局面，校外办班兼课的现象不可阻挡，教师队伍备受冲击。只有很少的人用很少的精力来经营应届生，很多人用很大的精力经营名利双收的复习班。这是教育资源的极大浪费，是对教育生态的极大破坏。

有鉴于此，建议如下：①改变目前报志愿及录取方式，尽快实行"平行志愿"法，即考生在每个录取批次的学校中，可填报若干平行学校，按"分数有限，遵循志愿"的原则投档录取，避免高分低录现象的发生。②加快当地高等职业教育的发展步伐，结合当地经济特点，为应届高中毕业生提供多选择的希望之路。③教育行政部门出台相关政策对各县校复习生招生实行"三限"（限人数、限分数、限钱数），多予以行政干预。

总之，正视复习生现象，力促我市高中教育健康和谐地发展，保证良性循环机制，为教育强市做贡献。

三、生源大战当休止

2008 年 3 月 20 日

进入五月，气温渐高，生源大战的温度也在升高，无论是重点校，还是普通校，从领导到教职工，都在为新一届招生工作紧张忙碌，拟定对策，构想广告，出动人马，抛撒财物，张网捞"鱼"，其热闹繁杂不亚于农贸市场。今年如此，年年如此。

生源大战始于弱校为求生存而争生源，当名校感到压力后也不得不放下脸面加入，所以每年中考前，各初中学校迎来一批批摸苗子的"贵客"，学习成绩好的家长也倍感荣幸，不断接受来访。中考成绩公布后，战斗进入白热化。有限的成绩好的学生成了香饽饽，众目所望，众手所抢，以利诱之，以钱惑之。为争生源，各种奇招怪方无所不用。民办学校兴起后，生源大战再上台阶，金钱的杠杆作用大行其道。于是重点中学出现了考前招生的怪现状；于是地方政府把一些好学生圈养起来，不准参加中考；于是有的中学高一提前开学，稳定已有成果。这种情况一直持续到教师节，大战硝烟才散尽。然而，这两年又出现了高考前到重点中学买好学生的"地下活动"，许以重金。神不知鬼不觉。各校领导和班主任高考前胆战心惊，只怕到嘴的桃子被人摘去，这又可以看成生源大战的衍生物。

生源大战是教育异化、教育市场化的表现，它暴露出职能部门执政能力弱化或不作为的弊端。生源大战的结果是学校伤痕累累，筋疲力尽，考生不能自主选择，四顾茫然。这无疑助长了教育的不正之风。此风不杀，教育永无宁日。

为此，建议市委市政府整顿秩序，从严执政；建议职能部门明确限定，分层分片；呼吁家长理性择校，拒绝诱惑。

四、关于我市教育均衡发展的建议

2010 年 4 月 15 日

今年两会期间，温家宝总理说，社会的公平和正义应像太阳的光辉一样。教育公平是社会公平的一个重要方面，近年来成为人们热议话题。回顾改革开放三十年的历程，一方面我们为我市教育发展的成就感到欣喜，另一方面为存在的问题而焦急，其中教育公平问题越来越受到人民群众的关注。在一时间难以达到优质教育资源很充足的情况下，人们更愿意接受现有教育资源的合理配置，也就是说，保证教育的均衡发展是促进教育公平的有力举措。

实现我市教育均衡发展可能会遇到一系列矛盾，如由历史原因而形成的城乡差异，由人们认识不同而形成的升学教育和职业教育的差异，公立学校和社会力量办学的差异等等。实现均衡发展必然冲击现有教育格局，甚至会使部分单位和个人现有利益受损，但以上种种不能阻挡我们改革的步伐。尽管前路布满荆棘、山重水复，但为人民服务的政府必能承担起历史赋予的责任。为此，对我市教育均衡发展提建议如下：

1. 在国家政策前提下实施地方政府政策倾斜，在入编、晋级、评模等方面向教育相对落后的领域或地区倾斜。如有的县在中考结束后，保证高中录取时，对初中薄弱校实行分配名额降分录取的政策。

2. 资金扶持。在教育经费分配上，照顾薄弱校，帮助其修缮校舍，更换教学设施，改善办学条件，克服锦上添花的心理，多行雪中送炭的善举。

3. 教师流动。就现在高中教育而言，好教师的流向呈现出这样一种趋势，初中好教师向高中流动，县城好教师向市里流动，市里中学好教师向外地流动或向本地待遇较高的部门流动。一个好学校，需要一批好老师，这些好老师能吸引大批好学生。教育行政部门在扶持弱校时，除选派好领导外，还要给学校调配好教师，招收好学生，如此三位一体，不愁弱校变强。当然，不能扶持一个，摧垮一个，形成新的不平衡。国家实行特岗计划，有的地区实行轮岗制度，这些可资借鉴。

4. 结对帮扶。强校可以在政府撮合下，和弱校联手办教育，输出管理模式，共享教育资源。强校也可以扩大规模，把弱校组合到旗下，实行集团经营。我市芮城县在这方面已经有了大胆的尝试。

五、陪读现象该叫停

2011年4月8日

不知从何时起，有一股风越刮越猛烈，那就是陪读现象。按理说，学生在校有吃有住，教室有班主任和教师负责，宿舍有管理员负责，完全可以正常地生活学习，为什么那么多家长要陪读呢？

造成陪读现象的原因主要有三。首先是学生要求。学生中有相当一部分人享受惯家庭生活的优越，不愿过集体生活，对整理内务既无兴趣，又无能力，甚至上了大学还依赖父母。还有一部分学生迫于考试压力，想拥有更多的自主学习时间，而集体住宿不能满足时间上的要求。其次是家长要求。现在孩子少了，家长疼爱孩子程度比以往任何时候都深，总担心孩子在校吃不香、睡不稳，所以不管孩子愿不愿意，不充分考虑陪读利弊，一门心思要陪读。也有家长为孩子学习着急，想通过陪读，检查督促孩子学习，以便孩子成绩由差转好或好上加好。也有少数家长怕孩子在学校缺乏管束，滋长恶习，陪读事实上成了一种监管。第三个原因是社会环境。大家知道，各校周围房产开发火热，宣传品极力诱惑，各方面因素为陪读现象推波助澜。

陪读现象是一种不正常的教育衍生物，其弊有四。第一，破坏教育完整性，弱化学校教育功能。学校教育不仅仅是文化科学知识的传授，更重要的是人的教育，家长陪读人为地剥夺了学生一部分受教育的机会。第二，违背学生成长规律。学生住校，在面临生活琐事中走向自理自立，在和同学交往中引发矛盾处理矛盾，从而学会做人，在犯错纠错中辨明是非，学会控制自己，而这些被家长忽视。第三，引发学生间相互攀比。同一个班级里，既然有了家长陪读，那么别的学生势必也要求自己家长陪读，逐渐地，陪读就成了风气。第四，给家庭生活带来不必要的负担。陪读要租房，要转移家庭生活重心，造成财力和人力的极大浪费，有的家庭还因此激化夫妻矛盾，真是苦不堪言。

综上所论，陪读现象弊端种种。对学校、对学生本人、对家庭，都有消极作用，应该立即停止。为此，我们呼吁全社会共同努力，限制和消除陪读现象。一方面，各级各类学校要加强自身建设，用正确的观念引导学生，用严格的管理让家长放心，用严明的制度限制家长陪读。另一方面家长要充分理解教育内涵，支持学校教育，全方位关注孩子成长，让家庭在和谐中发展。

六、关于整顿学校门口食品摊点的建议

2012 年 3 月 26 日

近年来，涉及学生安全的问题日渐增多，从中央领导，到新闻媒体，再到普通百姓，对学生安全的关注度一再升温。我市学生食品安全工作，在各级政府及相关部门的监管下，取得了一定的成绩，但仍有不尽如人意之处。笔者认为，各大中小学校门口食品摊点缺乏整顿，存有隐患，应予高度重视。

1. 现象

我们经常能看到学校门口小商小贩们私设摊点，卖给学生食品。摊主们有的推着车子，有的撑把大伞；卖出的食品有油炸类小吃，有馍夹菜或饼夹肉，有包装精美的糖果，甚至还有从饭店里炒煮出来的面条等。这些现象在各大中小学校门口普遍存在，赶在上下学时显得更火爆热闹。

2. 危害

第一，这些食品安全系数低，未经有关部门严格审查。原料低劣，加工粗糙，甚至腐烂变质，如果遇到刮风下雨，食品卫生更难保证。不难想象，学生们食用后，轻则肠胃不适，重则上吐下泻。俗话说"病从口入"，学生是家庭的宝贝，是国家的未来，面对不卫生食品对学生的侵害，切不可等闲视之。

第二，乱设摊点，影响交通。小小摊点，利润可观，于是摊主们抢占地盘，无所顾忌，挤占道路，形成拥堵。上下学时人流高峰，本来交通就不便利，经这么一凑，更是热闹，人车争道，苦不堪言。

第三，废物遗弃，污染环境。食品袋、鸡蛋壳、臭豆腐的快餐盒，是最常见的固体污染，除此之外，叫卖声争吵声形成噪音污染，还有气体污染和液体污染，说句夸张的话，整个一垃圾场。学校应是干净和安静的代名词，校门口严重的环境污染极不雅观，有辱斯文。学生们在这样的环境里指望得到什么熏陶？谈什么情趣情操？

总之，校门口食品摊点有百害而无一利，对广大青少年的身体和心理造成伤害，对城市交通和环境带来负面影响。对此现象，学校头疼，家长埋怨，呼吁政府采取相应行政手段，尽快治理。

3. 建议

第一，建议城管部门加大管理力度，如果有相应的制度条款，则依法执行；如果没有相应的制度条款，则尽快制定，明确告示，广泛宣传，限期整改。

第二，建议学校管理人员，一方面加强学校超市和食堂管理，为学生提供良好服务；另一方面加强对学生进行思想教育和习惯养成教育，让学生自觉抵制，远离不安全食品。

第三，建议家长对孩子多加管束，纠正孩子不良习惯，同时尽家庭之力，让孩子吃饱吃好，不再流连校门口食品摊点，从源头上卡住。

七、关于市区内增加新建学校的建议

2013 年 3 月 25 日

近年来，随着城镇化进程加快，我市城市规模不断扩大，向东向北发展势头迅猛。楼房增加了，小区增加了，人口增加了，却不见新建学校，市民孩子上小学初中难的矛盾日益凸显，政府应该正视这一现象。

1. 现状及分析

第一，以人民路为界，城市东区初中只有市实验中学一所学校，小学只有人民路逸夫和运师附小三所学校，这是与改革开放初期当时人口配套的学校布局，显然满足不了现在东区市民孩子上学的需要。东区情况如此，北部新区和空港新区的情况相比之下更差。

第二，社会兴办的一些私立学校似乎缓解了百姓入学压力，但私立学校存在其固有的问题。一是收费高，普通市民家庭不堪重负；二是师资队伍不稳定，难以保证教育教学质量。办教育建学校应该是政府行为，是公益性投入，私人办学大多是商业行为，不能替代政府作为。

第三，上学难给家庭社会带来许多相关问题。每年暑假，家有学生的人四处奔走，求爷爷告奶奶，托关系走后门，千方百计争上学指标。开学了，天天接送，风雨无阻，有的家校相距几公里，负担很重，苦不堪言。如果我们合理规划布局，千百个家庭或许省心省力，安心工作，安宁生活，幸福度日。

第四，新建学校说到底是政府投入问题。我市经济状况差，财力有限，但再穷不能穷教育，再苦不能苦孩子。兴建学校是关涉人民群众切身利益的敏感性事件，是造福子孙后代的根本性事件，是城市走向文明展现活力的标志性事件。很多地市经济发展后大投入办教育，也有不少地市经济欠发达可是过紧日子不耽误教育。城区内加快新建小学和初中，刻不容缓，势在必行。

2. 建议

第一，在东部新区、空港新区和北部新区各建两所小学和一所初中。

第二，考察私立学校办学情况，条件成熟时可收归为公立学校。

第三，对市实验和北城初中等名校施行瘦身减肥，派调部分教师支持新学校发展。

第四，今后城市规划和发展必须把新学校建设纳入体系中，并作为重要项目予以考虑。

八、农村寄宿制学校有苦难言

2013 年 3 月 23 日

近几年农村教育出现了一些新变化，可喜的是许多学校建得漂漂亮亮，设施齐备，硬件条件可观，可忧的是一些学校逐渐成为空壳，学生越来越往城镇集中，生源大幅减少，造成校舍闲置的尴尬局面。还有更需要关注的是，寄宿制学校在两难的夹缝中艰难生存。

寄宿制学校工作人员由两部分组成：一部分是在册备案人员，包括校长教师等，这些人享受地方财政工资；另一部分人是照顾寄宿学生起居伙食安全保卫等事务的勤杂人员，这些人是临时雇用，他们的工资补助是个大问题。必须雇用勤杂人员，也必须给他们付出相应的劳动报酬，可是怎么落实呢？他们不在编，政府财政支出没有此项目，学校不能向学生收费，一旦查出，谁都负不起责任。活儿得有人干，钱却没出处，这就是寄宿制学校的生存状况。

党的十八大和全国两会都强调，让改革红利惠及亿万人民。发展农村教育就是让农民子弟有学上安心学，就是要直面矛盾解决实际困难，而一些地方政府对此视而不见，管理缺位失职。据说，有的县 15 年未曾增加一名农村学校工作人员编制。我们担心，若干年后，农村将无学校可言。

建议：对农村寄宿制学校进行专项普查，核实寄宿学生人数，并据此配备足额勤杂人员，勤杂人员待遇由政府出面落实，建立此项工作的长效机制和体系。

九、中学周六补课急需合理安排

2013 年 10 月 2 日

我国实行双休日制度以来，大多学校周六并不放假，而是把以前的上课变成了补课，向学生收取补课费给教师以假期劳动补偿。这样做是否合理，一直存有争议。曾经有山西省五部门联合发文，规定了周六补课是允许的，而且规定向学生收费每生每节课不得超过 2 元钱。这一规定在执行上尺度不一，经济条件好的地区收费在每生每节 1 元以上但不超过 2 元，经济条件差的收费在 1 元以下。尽管标准不一，毕竟有规可依，学校家长普遍接受认可。

今年 9 月份省教育督导检查，重点整治违规办学，明确指出周六补课收费原来规定已停止执行，即现行周六补课收费是违规行为。这样一来，好多学校不知何去何从。

如果学校不组织周六补课，给学生们放假，那必然导致学生们流向社会，于是乎有的进网吧，有的在社会上晃悠，大多可能进了收费昂贵的社会文化补习班。其结果是既加重学生家长负担，又不能保证学生学业成绩。

如果学校组织周六补课，那教师们的补课费谁来发放就成了问题。学校没有这笔费用，自筹资金负担不起；向学生收费属违规行为，无人担此责任。

开学一个多月了，各校都在观望打探，胆大的偷偷摸摸收点发点，把上课改为自习，随时准备重整旗鼓。

总的说来，旧规废了，新规不合，学校矛盾，家长抱怨，教师无奈。在此，呼吁有关部门，尽快从实际出发，给这一涉及千家万户的事情以明确可行的解决。

十、关于对校外辅导部加强监管的意见

2016 年 3 月 19 日

近两年，社会上兴起办班热，热在哪里？第一是数量多，分布广，大街小巷，随处可遇，尤其是名校周边；第二是名目杂，有的叫辅导部，有的叫补习班，或者叫精英班、特长班、一对一小班等等，名目虽异，实质相同；第三是收费高，有的按课时收费，每课时从 50 元到 500 元不等，有的按项目收费，有的实行大包，多则 5 万元以上。总的来说，这个市场很火爆，而且愈演愈烈。

为什么如此多的家长对社会辅导部趋之若鹜？第一，部分家长忙于工作或忙于生意，没有时间和精力管孩子，一些小学下午 4 点就放学，学生们放学后无处可去，无人管理，于是只好由辅导部托管，还达到督促孩子完成作业的目的；第二，部分家长求才心切，不愿让孩子输在起跑线上，所以东奔西走，为孩子找特长家教，利用节假日让孩子学奥数、学舞蹈、学绘画、学武术等等；第三，助强和补弱，上校外班的大多是为了补弱，但不可否认，还有一部分是孩子在校吃不饱，家长想通过加餐，使孩子更加优秀；第四，高考冲刺班，那些参加特长考试的学生，几乎放弃文化课而攻专业，取得专业合格证后，距离高考仅剩半年时间，只好对文化课进行恶补，这一部分收费最高，据说在 5 万元以上；第五，有的学生行为习惯不好，难以在学校完成学业，而且在学校三天两头滋生事端，家长只好把孩子送到校外小班，实施特殊教育。以上各种需求，再加上广告的诱惑，就催生出校外各种辅导部的怪胎。

这里且放下校外辅导部是是非非的话题，从政府负责任的角度，从加强监管的角度，提出如下建议：

1. 要求合法手续和规定合理收费。社会办班是营利性组织，必须到工商部门注册，领取执照，拿出收费标准，还应缴纳一定税额。这对消费者（家长、学生）是一种保护，对天价收费也能起到遏制作用。

2. 严禁虚假广告。按照《广告法》的要求，严格审查广告的真实性，严厉打击虚假广告，让老百姓花钱花到明白处，购买服务物有所值，杜绝用"名校名师"的幌子招摇撞骗。

3. 学校作息灵活调整时间。有些学生家长没时间在放学时接管，学校可搞些文体活动，适当延长学生在校时间，助家长一臂之力。

4. 学校利用场地和师资，加大学生特长培养，发挥学校全面育人的作用，为家长排忧解难，牢牢占领教育主阵地。